云岭旅游经济丛书

旅游飞地效应研究

Research on Tourism Enclave Effect

钟晖 田里 著

中国旅游出版社

《云岭旅游经济丛书》编委会

总序

《云岭旅游经济丛书》是近年来我领衔的学术团队对旅游经济研究所沉淀的系列成果。旅游经济研究以旅游产业作为研究领域，以旅游经济效应作为研究导向，关注的是旅游经济发展所产生的各类经济、社会、文化、生态、管理等所带来的影响。团队开展旅游经济研究的学术范式遵循三个逻辑：

一是确立研究对象。选择旅游经济作为研究对象基于下属因素：一是产业边界相对清晰，旅游经济属于部门产业经济，综合性产业经济，辐射性产业经济，具有鲜明的产业边际；二是产业要素明确，包含了整个旅游业的产业要素，涉及旅行社、酒店、旅游交通、餐饮、景区、娱乐等要素；三是统计数据可获得性，包括产业统计数据（旅游经济指标）、要素统计数据（经济部门指标），数据支撑以保证研究结论的可信度。

二是选定研究方向。在确立旅游经济研究对象基础上，研究主题涵盖旅游经济波动、旅游经济极化、旅游经济扩散三大发展态势的各类旅游现象。旅游经济波动方向，可选择增长态势、路径依赖、经济脆弱性、增长质量、旅游反弹力等研究选题；旅游经济极化方向，可选择孤岛效应、虹吸效应、回流效应、涟漪效应、拥挤效应等研究选题；旅游经济扩散方向，可选择空间扩散、产业扩散、扩散机理、溢出效应等研究选题。

三是确定研究选题。研究选题必须是一个具体的、具有研究价值的真实问题，不仅理论上具有创新研究价值，而且实践上具有探究意义，这是应用型学科研究选题必须遵循的原则。选题研究开展包括三个部分内容：一是理论构建，浅层次理论构建包括概念、类型、特点、作用等内容，多层次的理论构建包括动力、演化、机理、影响等内容；二是实证分析，包括指标、模型、计量、结论；三是管控对策，包括原则、路径、措施、建议。

正是基于上述考量，将近年来我指导完成的关于旅游经济研究成果汇集出版，这既是对以往研究过程的追忆，也是将研究结果呈现给社会。学术让我们心情宁静，研究让我们有缘相识。

是为序。

田里

2021 年 7 月

序言

随着我国旅游业的快速发展，不同类型、不同等级、不同地区的旅游景区也随之迅速成长。但在旅游景区发展的同时，景区圈“景”为“区”、“围城”式开发等问题严重，“飞地”现象在旅游景区中日益凸显，景区和社区的差异越来越大，两者矛盾逐渐激化，成为阻碍景区可持续发展的重要问题。学者们虽然对旅游景区中的“飞地”现象有所关注，但缺乏相应的系统研究。将“飞地”理论应用到旅游景区发展中，立足于景区和社区和谐发展的视角，能够弥补相关理论研究的空白，也能为景区的可持续发展提供指导。

基于上述分析，本书综合运用文献分析与问卷访谈相结合、定性分析与定量评价相结合、学科交叉与软件辅助相结合、横向比较与归纳总结相结合的研究方法，在阐明研究背景与问题、研究进展与述评、研究依据与方法、研究目的与意义、研究思路与框架（第一章）的基础上，以地理学、区域经济学、景观生态学、旅游学等相关理论（第二章）为基础，创造性地提出旅游飞地的概念，并系统分析了旅游飞地的提出、成因、演化、特征、类型等内容，初步建立了旅游飞地理论框架（第三章），在理论研究的基础上，构建了旅游飞地效应指标体系和测度模型（第四章），并以普者黑六大旅游景区为实证进行测度（第五章），根据实证结果，从预警、“反规划”、调控三方面提出旅游飞地效应逆变机制（第六章），最后，得出了本书的研究结论和未来展望（第七章）。本书的主要观点和结论包括：

（1）本书从微观的视角，将“飞地”引入旅游景区研究范畴。旅游飞地指景区与周边社区存在鲜明差异并缺少相互联系，形成孤立发展的旅游现象。旅游飞地形象、直观地表达了景区和社区的隔离状态及割裂关系，为旅游景区研究和旅游影响研究提供新的独特视角。

（2）旅游飞地包括经济飞地、文化飞地、景观飞地等类型，是一个“初化→兴化→孤化→极化／融化”的演化过程，具有经济利益的割裂性、社会文化的挤出性和景观生态的破碎性等特征。其成因是：在外部方面包括空间区位的锁闭性、发展模式的单一性、管理体制的多重性等，在内部方面包括利益追逐的驱动、社区参与的障碍、人为生态的破坏等。

（3）旅游飞地效应测度体系由1个目标层、3个子目标层、2大指标类型和21项具体指标构成，在熵值法确定指标权重的基础上，构建了“D/C”飞地效应评价模型。其中，差异性指数（D）越大，飞地效应越大；连接度指数（C）越大，飞地效应越小。

（4）普者黑六大旅游景区中，经济飞地效应最高的是摆龙湖景区（4.4010），最低的是落水洞景区（0.4940）；文化飞地效应最高的是山河湾景区（2.3649），最低的是落水洞景区（0.8125）；景观飞地效应最高的是八道哨景区（1.3359），最低的是摆龙湖景区（0.3999）。从整体飞地效应总值来看，普者黑旅游飞地效应从高到低分别是经济飞地（2.3663）、文化飞地（1.2267）、景观飞地（0.9768）。

（5）旅游飞地效应有三种逆变机理，即前逆变——预警机制，包括建立预警指标体系、确定预警界限值、制作预警信号图、发布预警信息等，中逆变——“反规划”机制，包括确定一个目标、采取四项分析、做好四个规划、进行两种反馈的旅游“反规划”流程，后逆变——调控机制，包括降低差异性、增强连接度、实施恢复管理等。

钟晖

2021年7月

目录

第一章　绪论 **1**
一、研究背景与问题 1
（一）研究背景 1
（二）问题提出 2
二、研究进展与述评 4
（一）研究进展 4
（二）研究评述 14
三、选题依据与意义 15
（一）选题依据 15
（二）研究意义 23
四、研究思路与方法 24
（一）研究思路 24
（二）研究方法 24
五、研究内容与框架 25
（一）研究内容 25
（二）研究框架 27

第二章　理论基础 **29**
一、地理学相关理论 29
（一）飞地理论 29
（二）孤岛理论 30
（三）ArcGIS 理论 31
二、区域经济学相关理论 33
（一）增长极理论 33

（二）点轴开发理论 34
（三）核心—边缘理论 36
三、景观生态学相关理论 38
（一）“斑—廊—基”理论 38
（二）“反规划”理论 39
（三）景观安全格局理论 40
四、旅游地相关理论 41
（一）旅游影响理论 41
（二）利益相关者理论 43
（三）可持续发展理论 44

第三章 旅游飞地基本理论解析 46
一、旅游飞地的概念 46
（一）旅游孤岛 46
（二）旅游飞地 47
（三）旅游飞地效应 48
二、旅游飞地效应的成因 48
（一）外部成因 48
（二）内部成因 49
三、旅游飞地效应的演化 50
（一）演化模型 50
（二）演化阶段 51
四、旅游飞地效应的特征 52
（一）经济利益的割裂性 53
（二）社会文化的挤出性 54
（三）景观生态的破碎性 55
五、旅游飞地效应的类型 56
（一）经济飞地效应 57
（二）文化飞地效应 58
（三）景观飞地效应 59

第四章　旅游飞地效应测度模型构建　60

一、模型设计原理及构成　60

（一）设计原理　60

（二）模块构成　61

二、指标体系筛选和确立　63

（一）指标选取原则　63

（二）指标体系筛选　63

（三）指标体系确立　64

三、指标体系具体说明　65

（一）经济飞地效应指标体系（*EE*）　65

（二）文化飞地效应指标体系（*SE*）　69

（三）景观飞地效应指标体系（*LE*）　72

第五章　普者黑度假公园 ETA 模型测度　76

一、普者黑度假公园 ETA 测度方法　76

（一）数据收集方法　76

（二）数据处理方法　77

（三）权重确定方法　78

（四）模型评价方法　79

二、普者黑度假公园 ETA 测度数据　81

（一）原始数据　81

（二）赋值依据　82

（三）归一数据　109

三、普者黑度假公园 ETA 测度结果　111

（一）指标权重　111

（二）评价结果　113

（三）比较分析　118

第六章　旅游飞地效应逆变机理　123

一、预警机制　123

（一）预警系统 124
（二）实证结果 127
（三）指导建议 128
二、“反规划”机制 130
（一）“反规划”理论 130
（二）“反规划”流程 133
（三）“反规划”实践 135
三、调控机制 146
（一）降低差异性 146
（二）增强连接度 147
（三）实施恢复管理 149

第七章　研究结论与展望 153
一、研究结论 153
（一）理论结论 153
（二）实证结论 154
二、研究创新 155
（一）概念内涵 155
（二）研究视角 155
（三）研究方法 155
三、研究展望 156
（一）理论体系持续拓展 156
（二）研究对象持续跟踪 156
（三）评价研究持续优化 156

附录 1：社区居民调查问卷 158

附录 2：企业经营户调查问卷 160

附录 3：基于 AutoCAD 地形图 162

附录 4：基于 ArcGIS 遥感数据图 164

附录 5：基于 MATLAB 分析数据表 **167**

附录 6：普者黑景区基础数据调查报告 **168**
一、普者黑旅游者调查报告 168
（一）游客调查主要结论 168
（二）问卷调查单项分析 168
（三）问卷调查交叉分析 180
二、普者黑经营户调查报告 182
（一）经营户调查主要结论 182
（二）问卷调查单项分析 183
（三）问卷调查交叉分析 193
三、普者黑村民调查报告 194
（一）调查主要结论 194
（二）问卷调查单项分析 195
（三）问卷调查交叉分析 206
四、普者黑传统村落调查报告 207
（一）村落概况 207
（二）仙人洞村调查分析 210
（三）普者黑村调查分析 216
（四）落水洞村调查分析 219
（五）村落测绘分析 221

参考文献 **227**

后　记 **244**

第一章　绪论

本章主要解决以下5个方面的基本问题：阐述论文研究背景，描述问题提出的必要性；梳理相关研究文献，厘清研究方向；分析选题依据和方法，说明研究的可行性；综述研究目的和意义，论证研究价值；确定研究思路框架，明确研究逻辑。

一、研究背景与问题

（一）研究背景

旅游景区的持续发展给当地社区带来的影响是多方面的，涉及自然环境（地形地貌、生态格局、气候环境、景观水体、动植物群落）、社会文化（村落民居状况、基础设施改善状况、居民收入变化、居民农业土地损失情况、生活方式改变）及经济领域（当地居民就业、创业机会）[①]，需科学测度影响的性质（积极或消极）、表现形式（显性或隐性）、范围、频度及程度。旅游景区国家层面、地方、企业、旅游者、居民这5个主要方面的利益主体对环境与旅游业发展利益诉求的差异性，如国家要生态、地方要发展、企业要效益、旅游者要风景、居民要增收。随着旅游产业的持续发展，旅游企业横纵向一体化，对旅游市场的垄断和旅游产业链上的经营活动进行精准控制[②]；政府部门以管理效益最大化为目的，旅游经营者以获得经济利益为

① 刘爱利，刘家明，刘敏．国外飞地旅游研究进展［J］．人文地理，2008（1）．
② 田里．旅游经济学［M］．北京：高等教育出版社，2006：298-300.

目的，游客以自身需求为目的，政府以管理绩效为目的，当地社区的利益被忽视、被边缘化[①]；外来资本取代社区对旅游发展的控制权；景区圈“景”为“区”、“围城”式的开发模式等。旅游景区开发带来的各类负面效应逐渐凸显，影响旅游景区与周边社区的可持续发展，引起社会、企业和政府的高度关注。

旅游景区发展的初期阶段，旅游飞地效应指数逐渐缩小，社区居民对发展旅游的支持度逐渐升高，由飞地走向与当地经济社会的融合。然而，随着旅游景区发展的不断成熟，旅游飞地效应日益凸显，主要表现在以下几个方面：（1）外来旅游企业的进入导致当地社区居民参与旅游的机会逐渐减少；（2）社区居民就业层次低、报酬低，就业机会受景区发展阶段的影响；（3）外来资本主导旅游景区发展，社区居民丧失对旅游发展的控制权。

（二）问题提出

随着我国旅游业的持续发展，景区的旅游飞地现象逐渐凸显，影响着景区与周边社区在经济利益、社会文化和景观环境上的可持续发展。主要表现在：（1）一元化发展模式致旅游景区周边居民得不到旅游开发带来的经济红利；（2）空间区位边缘化致景区周边居民在旅游发展过程中受益未达到预期值；（3）社区居民与游客之间各项联系受限致当地居民对旅游发展持反感情绪；（4）“围城”式旅游景区不利于生物多样性的保护及生态安全格局的稳定；（5）多元化管理体制致管委会与地方政府之间缺乏应有的协作与对话机制。旅游产业是第三产业中影响范围最广、发展速度最快、资源消耗最低的产业，极大促进了当地经济发展和产业转型，推动了社会、经济和文化的发展，提升了旅游景区的认知形象和旅游品牌价值。但是，由于一些旅游景区过分依赖外来资本和管理团队，忽视了当地社区在社会文化、经济利益和景观生态等方面的诉求，全国已多起发生旅游景区与当地居民激烈冲突的事件，造成当地居民对旅游景区发展的态度从好奇→接受→恼怒→对抗，影响旅游景区与周边区域的可持续发展。

1. 凤凰古城“一票制收费”事件

2013 年 4 月 10 日，凤凰古城实行“一票制收费”。第二天，大批商户

---

① 毛彦斌. 社区参与：可持续旅游发展的途径选择［J］. 经济研究导刊，2008（10）：198.

和当地居民因不满“一票制”政策关门歇业，同时聚集在古城北门码头附近。从4月10日起，每一位进入湖南凤凰古城风景名胜区的游客，不论是否参观古城内的景点，都将收取148元门票费，这一政策引起了当地居民和游客的普遍质疑。

受益的，是收钱者。一方是经营古城的公司，一方是以土地入股的县政府（40%门票收入）。受害者，也有两方。一方是要掏钱买票进城的游客，另一方是生意大不如前的古城商户。谁家没有外地的亲戚朋友，哪个商家又没有外地的客户，但是，凤凰古城收费却给这些正常的人际交往、商贸活动制造了障碍，限制了人们的行动和交易自由，引起各大网络媒体的广泛关注，评论：好女不嫁凤凰男，因为每次上门都要钱，“凭什么游客来参观我的房子，收的钱却归你？”等。

2. 峨眉山“堵路维权”风波

2014年6月28日，峨眉山景区山门口有上百位当地村民拿着写有“我们要生存，我们要吃饭，还我家园，还我林权证”等字样的横幅站在道路中间。同一日，峨眉山景区发布通告称存在山体滑坡、塌方等地质隐患，从6月28日13时起暂时停止对外接待游客。峨眉山景区“堵路维权”风波引起网络、媒体及社会的广泛关注。7月1日，峨眉山市委、市政府出台了《关于解决峨眉山景区群众有关具体问题的通知》，《通知》中写道：给村民每年分红门票收入的3.5%，7月1日开始发林权证，景区女性年满55周岁、男性年满60周岁，每人每月发放生活费500元，各景区用人单位在同等条件下优先录用景区村民。像这样居民参与旅游发展受限的开发范例，很可能只是富了开发商，富了投资客，甚至富了旅游部门，却穷了当地民众，甚至因景区建设而使当地民众承受了本不该承受的不便。

造成凤凰古城“一票制收费”事件，峨眉山“堵路维权”风波、海南岛游客一下飞机就钻进高端酒店，然后就是晒太阳，跟当地居民没有任何关系等问题，其原因是多方面、多维度、多系统的，也是本书旅游飞地问题研究的核心问题。必须从旅游景区发展与当地经济利益、社会文化和景观生态等方面全面分析其原因，构建指标体系和测度模型，根据具体案例实证研究提出调控对策，为旅游景区的可持续发展提供理论支撑和实践指导。

本书在旅游景区这一相对微观的层面上，从纵向时序和横向空间两个维度，研究和衡量旅游景区开发建设带来的旅游飞地效应问题。完善旅游飞地理论体系，探索旅游飞地效应测度指标体系，构建旅游飞地效应测度模型，提出解决旅游飞地效应的逆变机理调控措施，为解决旅游景区面临的现实问题提供可行性思路，为我国旅游景区的可持续发展提供理论支撑和规划引导。

二、研究进展与述评

由于我国旅游业是一项新兴产业，多数文献对旅游的发展持积极、乐观、肯定的态度，总结旅游发展对地方经济、社会、环境等起促进作用的文献较多。但是，越来越多的学者敏锐地觉察到旅游发展带来的各类负面效应逐渐凸显，影响我国旅游业与周边社区的可持续发展。

（一）研究进展

旅游飞地效应测度与逆变机理、调控机理相关研究进展包括旅游飞地基本理论研究、旅游飞地效应测度研究、旅游飞地效应调控研究三个方面。

1. 旅游飞地基本理论研究

国内关于旅游飞地理论的研究还处在初级阶段。但是，国内学术界普遍认同旅游飞地是旅游发展中应避免和改善的“隔离状态”。本书从旅游飞地概念、旅游飞地成因、旅游飞地效应三个方面对以往国内学术界关于旅游飞地理论成果进行总结述评，形成对旅游飞地相关研究的理论基础。

（1）旅游飞地概念研究

飞地（Enclave），最早属于地理学研究的概念，随着交叉科学的发展，其他学科也借鉴引用了“飞地效应”这一概念原理，用于诠释相应学科内“部分与总体之间存在差异的一种特殊状态”。

“飞地”概念被国内外学者应用到了政治、经济、文化等领域。王先锋（2003）将飞地理论拓展到经济学中，认为飞地指“不发达地区中的小块经济发展地区”；杨玲（2014）认为飞地经济模式是一种“嵌入式”的经济转移模式，即把资金、项目等一系列要素引入产业园建设中，以此带动产业转移。经济飞地是学术界研究的重点，其他的表现形式也包括“人才飞地”“农业飞地”“技术飞地”“工业飞地”“资金飞地”等。此外，学者们还对城市飞地（王先锋，2003[①]）、文化飞地（张德明，2012[②]；邹雁，2015[③]）等做了一定的研究。章锦河等（2007）则专注于旅游经济问题的研究，认为旅游经济影响指旅游景点的经济利益与周边居民之间缺乏应有的经济联系与相互作用，独自发展形成孤立的经济高地现象[④]。田里等（2016）的旅游经济飞地效应测度及调控研究，构建了旅游景区经济飞地的理论体系，运用普者黑实际案例定量测度其旅游经济飞地效应值，根据测度结果提出调控对策。毛彦斌（2008）从社区参与角度出发，扩大了对“飞地”定义的地域前提限制，认为“旅游飞地”现象指旅游活动发生地与旅游地所在社区之间存在明显的界限，界限可是有形的实体边界，也可是无形的意态界限，旅游者与当地平民的社会联系被切断，旅游活动空间孤立于东道社区空间[⑤]。随后学术界对“飞地”概念的探讨呈现出具体化以及突破化两个趋势。具体化又表现为如下实例化及聚焦化两个方向。王旭科、宋健（2010）则将研究的视角聚焦城市，在“城市经济开发区被称为一种最为典型的飞地”的思路引导下，指出城市景区陷于孤立式发展，呈现出与周边环境、城市社区相割裂、隔离的形态特征。宋伟河（2011）认为旅游飞地是一种旅游非持续发展现象，社区旅游一体化的可持续发展是旅游飞地问题解决的重要途径选择，即对文化、经济、社会、环境、心理进行多维整合的社区参与模式[⑥]。王红宝（2013）则聚焦文化角度，将旅游文化飞地定义为旅游开发商将本土文化进行开发而使其丧失了原有本土的真实价值的现象。王云帆（2014）虽仍然以具体景区（峨眉山）为案例切入点，对定义则突破了以往地域的前提限制，以“模式”为关键点，指出现行的开发模式使得一些景区圈“景”为“区”，并使景点隔绝于当地，沦为“旅游飞地”。从上可以看到，国内关于旅游飞地的研究虽然刚刚起步，但是对于其相关概念的研究已经经历了从具体切入到泛化研

---

① 王先锋．“飞地”型城镇研究：一个新的理论框架［J］．农业经济问题，2003（12）：21–31，80.

② 张德明．文化飞地的空间表征［J］．杭州师范大学学报（社会科学版），2012（6）：22–26.

③ 邹雁．广府文化中心地广州的客家飞地［J］．华南理工大学学报（社会科学版），2015（4）：52–57.

④ 章锦河，李佳佳，陈冬冬．风景名胜区旅游经济的孤岛效应分析［J］．安徽师范大学学报，2007（11）：713.

⑤ 毛彦斌．社区参与：可持续旅游发展的途径选择［J］．经济研究导刊，2008（10）：198.

⑥ 宋伟河．社区旅游一体化的可持续发展之路——浅析“旅游飞地”现象及问题解决的途径选择［J］．科协论坛（下半月），2011（10）：189–190.

究再到现在的分化深入的三个阶段。国内学术界对于旅游飞地概念的探讨，渐渐摆脱了地域的前提设定，而从其本质原因等更加深入的内在机理进行定义。

（2）旅游飞地成因研究

对于旅游飞地成因的相关研究，国内学者主要围绕旅游开发商、旅游景区、当地政府、社区居民、管理部门等这些主体进行分析，研究进展由浅层次的现象描述到本质性的理论探索和体制分析。B J Shaw 和 G Shaw 基于世界经济发展格局和旅游发展时代背景分析其产生原因，发达国家利用其充足资金、先进技术、市场客源对经济相对落后的发展中国家进行强力控制，从而导致这种现象的发生①。M Benbow 则从所在社区的微观角度出发，认为飞地的产生是由当地基础设施的局限性、当地企业数量少及当地只关注特定旅游细分市场等因素造成的②。田里、钟晖（2016）研究认为造成旅游景区孤立发展现状的原因主要包括外部成因和内部成因两个方面，外部成因有空间区位锁闭性、发展模式的单一性、管理体制的多重性；内部成因有利益追逐的驱动、社区参与的障碍、人为生态的破坏。范少鹏（2012）根据北京市地区现实和理论分析，阐述了北京市区域发展存在的原因有一般性原因和深层次原因两个方面：一般性原因偏重于客观方面，是区域自然环境、历史发展、社会经济等自身客观条件所导致的；深层次原因则更加侧重于区域主体的主观层面，主要从二元体制、区域政策、资源配置等方面来深究其根源。章锦河、李佳佳（2007）基于旅游经济发展的视角，从二元化管理体制、一元化发展模式、空间区位边缘化、社区参与的障碍四个角度分析其成因，并提出相应的对策促进我国风景名胜区旅游的可持续发展。刘家明（2008）通过对度假区开发过程的深入分析，界定了度假区的飞地现象，并阐释了度假区飞地现象产生的原因及影响因素。度假区飞地现象的形成是度假区功能结构、开发商开发理念、社区社会经济支撑能力共同作用的结果。度假区的功能特色、档次与等级、核心客源、文化特色、社区的经济发展水平、劳动力储备状况，都是影响度假区飞地隔离程度大小的关键因素。度假区功能的完备性，排除了其

① Brian J.Shaw & Gareth Shaw.Sun and sales：enclave tourism and local entrepreneurship in Indonesia［J］.Curent Issues in Tourism，1999，2（1）：68–81.

② Dr.Mary Benbow’s homepage［EB\OL］.http：//home.cc.umanitoba.ca/–benbow/newenclave.html.

与社区相互配合共同满足游客需求的可能性；而度假区高消费游客带来的对产品、设备、服务的高质量需求，普遍超越了社区的支撑能力，使度假区飞地的产生成为现实[①]。王旭科、宋健（2010）围绕城市景区的问题，从外部和内部两个方面分析了其产生的原因。外部成因有：城市化进程的加快对城市景区周边空间不断侵蚀；景区发展未考虑其对周边景区的空间、氛围与形态上的影响。内部成因有：园林部门、文物部门与当地政府社区形成了明显的二元化体制；城市景区的管理部门存在部门利益心理[②]。文彤、单樑（2011）基于增长极理论，以南国桃园度假区为例，认为最根本成因是其作为增长极的极化效应超过了扩散效应，且度假区与周边社区村落、产业园区缺乏经济作用通道，外向经济联系薄弱，从而形成二元化的旅游格局[③]。严婷（2013）通过多方面资料的收集，认为环境优美的广东省珠海市局部房地产“飞地”现象十分明显，通过对广东省珠海市旅游房地产“飞地”现象界定以及成因进行分析，在了解房地产“飞地”同时提出了对房地产“飞地”对当地社区的影响[④]。

（3）旅游飞地影响研究

国内外学术界关于旅游影响的研究热点都经历了“经济—环境—社会文化”的时间轴线，其各个方面的研究态度也都经历了从乐观主义到理智甄别的思考深化过程。随着我国旅游业的发展成熟以及学术界研究的深入，对旅游影响的评定也逐渐涉及对相关社区及旅游者感知等方面的评价。此时，飞地效应作为旅游负面影响的典型表现形式，日益受到学术界的重视与解读。刘爱利等（2008）在总结旅游负面影响的基础上，不仅指出了旅游飞地“企业排挤、经济漏损、居民抵制、收入下降、丧失控制”五大负面效应，并且分析了地区不同阶段、不同发展程度飞地效应的大小变化规律[⑤]。钟晖、田里（2016）对普者黑六大片区受空间区位、资源特征、生态环保等影响因素，在旅游演进的发展过程中，政府、旅游企业、开发商、社区村民等在景观生态

① 刘家明．旅游度假区“飞地”特征及成因研究［J］．(2008)．

② 王旭科，宋健．城市景区的孤岛现象及其治理［J］．城市问题，2010：35-36.

③ 文彤，单樑．旅游度假区飞地问题的规划解读——以佛山市南国桃园为例［J］．旅游论坛，2011（2）：40.

④ 严婷．旅游房地产飞地经济现象的成因及影响研究——以广东省珠海市为例［J］．中国商贸，2013（18）：111-112.

⑤ 刘爱利，刘家明，刘敏．国外飞地旅游研究进展［J］．人文地理，2008.

方面的利益诉求有所差异，呈现出的旅游生态飞地效应程度、频度、范围等各异，矛盾突出，建立旅游生态飞地“反规划”调控机制，实现旅游景区与区域生态环境的可持续发展。毛彦斌（2008）则进一步推演其旅游影响，指出造成对东道主地区经济、社会、环境、文化等方面的消极影响，其最终结果为旅游非持续发展。陈友莲（2011）从旅游扶贫绩效概念，分析了旅游飞地定义，重点研究了旅游飞地对旅游扶贫绩效的影响，提出了正确处理外部投资者与当地居民之间的旅游扶贫利益分配关系、鼓励当地居民积极参与旅游扶贫、适度引进旅游扶贫资金、技术和人才等防范旅游飞地的对策建议[①]。

范少鹏（2012）将这种影响描述的对象扩大成一个城市（北京），指出不仅使其与周边二元化发展，也是城市自身发展的瓶颈，终将危害自身发展。从上可以看到，国内学术界对于旅游飞地影响的效应研究相对匮乏，研究重点经历了从对旅游飞地周边社区的影响内化到对旅游飞地自身的影响的阶段。国内学术界对于旅游飞地影响的研究逐渐从与社区之间的矛盾困扰中跳出，揭示了其对飞地本身命运的阻碍。

2. 旅游飞地效应测度研究

国内关于旅游飞地效应的定量研究还停留在少数尝试的阶段。本书将从测度对象、测度方法、测度模型三个方面对以往旅游影响测度中对旅游飞地效应测度研究有理论基础意义或方法论启发的研究成果进行总结述评，形成对旅游飞地效应测度研究的理论基础。

（1）测度对象相关研究

国内关于测度对象相关研究分别从测度对象结果、测度对象趋势、测度对象类别三个方面不断靠近对飞地效应测度对象的描述。国内学术界亟须通过对这些对象飞地效应的测度，来描述和总结上述日益突出的旅游影响 。

国内学术界关于旅游对经济的影响测度研究经历了由片面、主观到全面、客观的进展历程。康蓉（2006）提出利用旅游卫星账户测度中国旅游经济的理论和方法，从而更加准确地揭示了旅游业对经济的贡献[②]。钟伟（2013）运用固定效应面板数据估计方法，不仅测算比较了不同类型城市旅游业与经济规模和增长速度的关系，而且回答了旅游业扩张对经济增长的内在传导作

① 陈友莲．“旅游飞地”对旅游扶贫绩效的影响及其防范［J］．市场论坛，2011（12）：39-40.

② 康蓉．旅游卫星账户与中国旅游经济测度研究［D］．西北大学，2006.

用[1]。杨懿、潘华（2015）则对旅游的发展进行了另一个方向的反思，通过“敏感性（Sensitivity）—应对能力（Resilience）”模型的测算，指出旅游过度发展将造成旅游经济依赖型目的地经济脆弱性增加，较早提出了旅游对经济存在的负面影响[2]。由上可以看到，国内学术界对于旅游经济影响的测度进行了数据来源、测算方法、正负判定等方面的革新。

国内学术界关于旅游对生态的影响测度研究主要集中在旅游环境容量和旅游对环境的负面效应两个方面。章小平、朱忠福（2007）通过定量分析，得出了九寨沟景区旅游心理日容量、最佳（适）日容量、综合环境容量、最大日容量、年容量的具体数据[3]。谢园方、赵媛（2012）基于国内外相关文献研究，将目前国外旅游业碳排放测度研究分为旅游产业碳排放测度和旅游地碳排放测度两大类，并对这两大类碳排放测度方法进行了总结和分析[4]。肖雄辉等（2013）则基于上述有关理论，以景点与资源点引力测度为依据进行游客调度，打开景区内景点间隔离，避免景区内游客量不平衡造成的环境破坏[5]。由上可以看到，国内学术界关于旅游生态影响的测度研究的两个方向有逐渐融合并倾向于使用模型进行“沟通社区—景区—景区内部”解决方案的趋势。

由于旅游对社会文化影响的复杂性，国内学术界关于其统计分析的定量测度直到2000年以后才开始起步。卢小丽、肖贵蓉（2008）运用统计分析的方法开发了中国居民旅游影响感知的测量量表，该量表包括居民旅游正面影响感知和负面影响感知题项，解决了以往测量量表居民旅游影响感知衡量标准不一致、测量量表缺乏信度和效度检验的问题[6]。张广海、高乐华（2008）设计了旅游目的地文化变迁评价指标体系及量化评价方法，不仅用以测量旅游目的地文化变迁的内容、方向、程度，并可以掌握其变迁原因[7]。左神曼

---

① 钟伟.旅游业扩张对城市经济增长的影响［D］.华东师范大学，2013.

② 杨懿，潘华.旅游经济依赖型目的地经济脆弱性及其评价研究［J］.经济问题探索，2015（8）：161-169.

③ 章小平，朱忠福.九寨沟景区旅游环境容量研究［J］.旅游学刊，2007（9）：50-57.

④ 谢园方，赵媛.基于低碳旅游的旅游业碳排放测度方法研讨［J］.人文地理，2012（1）：147-151.

⑤ 肖雄辉，戈鹏，朱虹明等.旅游高峰期景区游客引力分流调度模型研究——以九寨沟风景区为例［J］.旅游科学，2013（6）：39-51.

⑥ 卢小丽，肖贵蓉.居民旅游影响感知测量量表开发的实证研究［J］.旅游学刊，2008（6）：86-89.

⑦ 张广海，高乐华.旅游目的地文化变迁量化评价方法及实证研究［J］.旅游科学，2008，107.

（2014）通过 *Spss* 定量分析，建立社区增权路径，尝试性地构建了社区参与旅游的新模式，引导无权社会结果的改变，实现旅游地的可持续发展。由上可以看到，国内学术界关于旅游社会文化影响的测度研究由居民感知视角向游客、旅行商、政府部门等多元化研究过渡。

（2）测度方法相关研究

模糊评价法（FCE）在旅游定量研究中运用十分普遍，主要包括旅游资源评价、游客满意度以及旅游产业自身评估等方面。层次分析法（AHP）是对定性问题进行定量分析的一种简便、灵活而又实用的多准则决策方法。谢春山等（2010）通过专家访谈等方式构建了区域旅游效应评价的指标体系，改进熵权模糊评价使之更加客观，对区域旅游效应进行了测度，并对经济效应、环境效应、社会效应进行了大小排序[①]。周海洋等（2013）运用因子分析的方法确定指标体系和相应指标权重，采用模糊评价法（FCE）对图们江区域旅游合作效应进行综合评价，指出区域旅游合作产生的综合效应是正向效应[②]。董萧琼（2010）用层次分析法（AHP）确定了各指标的权重，最终建立了西部自然景区旅游业可持续发展指标评价标准以及计算了西部自然景区旅游业可持续发展综合评价指数[③]。王春燕、王黎炜（2014）运用层次分析法（AHP）进行定量分析，得出区域沙漠旅游经济、社会、环境效应的大小正负结果[④]。皇甫鹏帆、刘丽华（2014）则综合利用了层次分析法（AHP）与熵权模糊法评价平遥古城旅游发展中社区参与效度，得出了社区参与效度结果并对其形成机理剖析，提出提高社区参与效度的建议[⑤]。模糊评价法（FCE）、层次分析法（AHP）在旅游影响客观评价、旅游方案选择决策上各自的优势以及相互组合的便利性，为旅游飞地效应的测度提供了良好的定量测度工具。

---

① 谢春山，李诚固，孟文．基于熵权模糊评价的区域旅游效应评价模型及实证研究［J］．生产力研究，2010（9）．

② 周海洋，张家成，张海君．基于模糊评价的图们区域旅游合作效应指标体系研究［J］．产业与科技论坛，2013（13）：43．

③ 董萧琼．西部自然景区旅游业可持续发展评价模型研究［D］．西安科技大学，2010．

④ 王春燕，王黎炜．基于层次分析法的塔里木盆地沙漠旅游综合效应分析［J］．塔里木大学学报，2014（4）：65–70．

⑤ 皇甫鹏帆，刘丽华．基于熵权AHP分析法古城类景区社区参与效度研究——以平遥古城为例［J］．哈尔滨商业大学学报（社会科学版），2014（2）：117–122．

（3）测度模型相关研究

测度模型的构建一般始于科学评估指标体系的建立。约翰和康普顿（Ap，J.andJ.L.Crompton，1998）提出了一套由 35 个项目组成的衡量旅游影响的评估指标体系，反映被调查对象群体的关于旅游社会文化、社会生活环境、生态环境变化的感知和主观印象的量化表达①。这套模型被国内学术界借鉴后，越来越多的评价模型被应用于旅游影响评估②。刘蕊等（2009）通过德尔菲法遴选出重要指标从而构建了三峡飞地旅游优先开发的层次分析模型，最终求得权重值并确定出所选 8 个飞地的优先开发顺序③。董萧琼（2010）通过专家赋值、层次分析法（AHP）、多目标线性加权求和法等计量方法，参考国家标准、西部自然景区相关研究数据，并结合“三重底线”（环境效益、经济效益和社会效益均大于零）评价模型，建立了西部自然景区旅游业可持续发展指标体系及评价模型④。由上可以看到，国内学术界关于自然风景区的旅游飞地高发地区等相近效应测度模型的构建，都历经提出指标体系、引入信效度高的数据、运用适当测度方法等步骤。旅游飞地效应测度模型的构建将为旅游飞地效应的测量、评价、控制提供更加科学、更加全面、更加客观的路径。

3. *旅游飞地效应调控研究*

国内关于旅游飞地效应的调控相关研究包括：调控机制、调控路径、调控对策三方面，以形成对旅游飞地效应调控研究的理论基础。

（1）调控机制相关研究

学术界对于旅游飞地的调控主要从逆变和保护两个对立视角进行研究，一些学者认为应杜绝旅游飞地效应的发生，以促进旅游景区可持续发展和区域协调发展。而一些学者为了保证旅游景区生态自然和文化原始，提倡对旅游飞地现象进行强化和保护。王维艳等（2009）运用人文哲学视野中的“文化生态”理念和分析框架，基于泸沽湖摩梭人的文化孤立现状，从文化主体、

---

① Ap，J.andJ.L. Crompton，（1998）Developing and Testing a Tourism Impact Scale，Journal of Re-searh，Vol.37，November.

② 张文，唐飞 . 评述 Ap 和 Crompton 的旅游影响评估尺度［J］. 北京第二外国语学院学报，2004（1）：55–63.

③ 刘蕊，李江风，张恒等 . 层次分析法在三峡成库后孤岛旅游优先开发中的应用［J］. 国土资源科技管理，2009（2）：74–78.

④ 董萧琼 . 西部自然景区旅游业可持续发展评价模型研究［D］. 西安科技大学，2010.

客体、生态建设、学术指导等层面，针对性地提出了泸沽湖摩梭母系文化保护机制和科学研究机制[①]。章锦河、李佳佳（2007）通过对风景名胜区旅游经济影响的成因分析，提出了二元协调机制来调控区域经济发展，消除旅游经济负面影响。宋伟河（2011）基于社会系统理论，从保障当地社区居民利益出发，采用文化、经济、政治、环境进行多维整合的社区参与模式，建立文化协同机制、经济利益分配机制、政治权利保障机制、环境生态补偿机制，从而促进社区旅游一体化发展[②]。唐继刚（2012）认为乡村旅游"飞地化"与城乡统筹发展背道而驰，乡村旅游通常被认为是破解我国城乡二元结构，实现城乡统筹发展的一条有效途径[③]。范小鹏（2012）从逆变机制设计理论的视角出发，通过设计科学合理的参与合作机制，完善区域协调发展的联动机制，来避免城市产生孤立效应，缩小地区发展差异。王云才、韩丽莹（2014）基于景区孤立现象来分析江苏角直古镇传统文化景观保护的空间模式，并提出整体保护机制，从三个层次建立保护规划体系，实现传统文化景观空间的拓展、连接和传统文化景观与缓冲空间的有机复合[④]。

（2）调控路径相关研究

总结以往关于旅游飞地调控的文献，学术界主要通过三种路径进行调控：前馈控制进行规避、过程控制进行监督、反馈控制进行治理。陆均良（2005）针对旅游业如今普遍存在的"信息飞地"现象，提出我国单体旅游企业信息化服务应遵循 Web 网站—客户端系统—内部信息系统（即 W–C–I）整合模式的框架[⑤]。范小鹏（2012）通过对逆变机制要素的设计，认为解决北京市城市孤立式发展困境，缓解地区发展差异，需借助外部强制力来扭转系统的不平衡状态，建立一个新型平衡系统。具体需按以下几条路径进行：立足公平，完善补偿机制和法律法规；立足特色，促进区域协调发展；立足长远，合理

① 王维艳，林锦屏，李强等. 泸沽湖摩梭母系文化孤岛及其文化生态透视——兼论泸沽湖摩梭母系文化的保护［J］. 云南地理环境研究，2009（1）：18–23.

② 宋伟河. 社区旅游一体化的可持续发展之路——浅析"旅游飞地"现象及问题解决的途径选择［J］. 科协论坛，2011（10）：189–190.

③ 唐继刚. 乡村旅游"飞地化"的破解之道［J］. 农村工作通讯，2012（20）：15–16.

④ 王云才，韩丽莹. 基于景观孤岛化分析的传统地域文化景观保护模式——以江苏苏州市角直镇为例［J］. 地理研究，2014（1）：143–156.

⑤ 陆均良. 让信息孤岛相连——谈旅游业的信息化服务现状与信息系统整合［J］. 信息与电脑，2005（5）：21–24.

资源分配和坚持可持续发展原则。王云才、韩丽莹（2014）通过对传统文化景观飞地化苏州市角直镇的案例分析，以反规划理念为指导思想，以合理建设与开发为调控路径，通过确定保护圈层模式、构建文化景观遗产廊道和景观生态网络格局这三种方式对文化景观飞地现象进行调控，从而形成旅游景区点、线、面三层次的空间大融合。

（3）调控对策相关研究

为了规避和治理旅游飞地效应，大多数学者基本从景区整体规划、政策调控、社区参与、反馈控制等视角提出具体解决措施。特勒与沃尔（1996，2000）从旅游收入结构的制衡考虑，先后两次选择印度尼西亚龙目岛进行后向经济联系的研究，结果发现，增强旅游与其他部门之间的后向经济联系能减少旅游收入的大量漏损，缓解区域经济不平衡现象[①]。约瑟夫（2005）则从当地社区的视角考虑，一方面采取措施减少对外来资本的依赖，发展和培育本土投资主体，另一方面对当地居民的需求、利益给予充分满足，提供给当地居民更多的高层次就业机会，提升居民参与旅游，发展决策制定的水平[②]。针对我国保护地的现象，沈孝辉（2004）从保护地与国家、地方政府、社会居民、开发公司四者的关系着手，探讨造成保护地孤立化的原因，并提出国家层面、地方政府层面、旅游与开发公司层面、社区居民层面、保护地层面、公众参与层面六个层次的政策性建议。王旭科、宋健（2010）抓住整合管理与开发的理念，采取以下几点措施进行调控：建设旅游廊道，实现景区有机连接；整合主题线路，实现景区协同发展；围绕城市景区，优化主题社区；推进城市的景区化发展；推动景区的开放式发展；对城市景区进行成片保护与开发[③]。沈宏婷（2008）以城市经济开发区作为范例，综合经济、规划、保护、管理四个角度，采取平衡内部经济结构、开发和完善城市功能、提高空间内涵与质量、成立一级行政区来创新管理体制这四种措施来促进城市飞地转向协调可持续发展的新型城市[④]。陆叶（2009）以贵州安顺屯堡古村为案例

① David J. Telfer and Geoffrey Wal1.Link ages between tourism and food production［J］，Annals of Tourism Research，1996，23（3）：635，653.

② Joseph E.Mbaiwa.Enclave tourism and its socio-economic impacts in the Okavango Denta，Botswana，［J］. Tourism Management，2005（26）：157，172.

③ 王旭科，宋健．城市景区的孤岛现象及其治理［J］．城市问题，2010（3）：34-37.

④ 沈宏婷．由“孤岛”到“新城”——国内开发区发展转型趋势［J］. 江苏商论，2008(1)：138-139.

点，提出了传统古村寨景观建设应该遵循可持续发展原则和和谐原则，将景观资源保护与开发相结合，具体在宏观上对景区进行准确定位和微观上充分挖掘旅游产品的艺术性、文化性、独特性①。毛彦斌（2008）针对造成社区参与旅游发展的缺失性和被动化，提出应在旅游规划、开发、经营、管理、监督各环节上加强社区居民对旅游景区的经济参与、政治参与、环境参与、文化参与、心理参与能力，达到多领域、全方位、高层次广泛参与的效果，从而实现社区旅游的一体化发展②。

（二）研究评述

从目前国内外旅游飞地理论、旅游飞地测度、旅游飞地调控研究情况来看，探索旅游飞地成因、特征、演化、类型、关键影响因素、影响程度和范围、测度模型及逆变机理等相关系统研究较少，对构建旅游飞地理论、指标体系及建立测度模型等相关研究尚属空白。本研究综述主要包括以下三个方面：

1. 研究尺度

宏观层面：旅游发展对区域社会、经济的带动、旅游经济卫星账户、乘数效益等方面研究较多。而从微观层面：旅游发展与周边社区的经济利益、社会文化、景观生态等系统相关研究较少。现有旅游飞地效应研究以定性描述为主，对其效应还没有科学定量的分析。

2. 研究内容

旅游业发展与经济、社会、环境影响的正或负单一效应研究较多，但对旅游景区发展对区域经济、社会、景观的正（负）效应、纵向时序旅游发展阶段、横向空间区域范围、程度、频度等相关研究较少。

3. 研究层面

侧重于某些方面、个案实证的个别问题，如劳动力的就业状况、环境变化、经济漏损、GDP 贡献、旅游乘数效应等各单一方面的特征和影响研究，缺少对经济、社会、景观三方面系统完整的研究，而这对于分析我国旅游景区存在的旅游飞地效应问题至关重要。

① 陆叶."孤岛文化"影响下的传统古村寨景观特色研究［D］. 中南林业科技大学，2009.

② 毛彦斌. 社区参与：可持续旅游发展的途径选择［J］. 经济研究导刊，2008（10）：198-200.

三、选题依据与意义

（一）选题依据

1. 现实需求

（1）城市旅游飞地破除的需求。由于城市化的快速发展，城市景区周边缓冲空间不断被压缩，周边建筑风貌、天际线等被高楼大厦破坏，绿地、河流廊道被割断，城市旅游飞地问题突出，影响我国旅游景区生态安全格局的稳定和可持续发展。如北京的天坛、故宫、颐和园；南京的总统府、夫子庙；上海的豫园、中共一大遗址；苏州的留园、狮子林等古典园林；济南的趵突泉、大明湖；泰安的岱庙；昆明的民族村、九乡风景名胜区等。

（2）当地居民有旅游决策权的需求。近年来，我国旅游飞地效应矛盾突出，如 2013 年 4 月 10 日，凤凰古城收费事件，大批商户和当地居民因不满“一票制”政策关门歇业，同时聚集在古城北门码头附近集会，反对利用门票经济强化其飞地效应。2014 年 6 月 28 日，峨眉山“堵路维权”风波引起网络、媒体及社会的广泛关注，是由于旅游资源产权不清、旅游收益分配不均所造成的。因此，旅游飞地问题是当前我国旅游景区所面临的待解决的现实问题。

（3）实现区域旅游可持续发展的需求。根据旅游地生命周期理论，旅游景区在发展、巩固阶段实现旅游的增长极化效应，停滞阶段旅游关联带动扩散效应弱，飞地效应达到最大值，导致当地社区居民对旅游发展持憎恨情绪。因此，需要科学测度，建立调控机制，弱化飞地负相关效应，强化其正相关效应，实现旅游景区与社区的可持续发展。

2. 理论空缺

目前，国内学者对旅游飞地的研究较少，旅游飞地的概念界定、特征、类型、演变、成因、影响等方面的理论系统研究还不清晰，探讨旅游飞地的内涵和外延，提取关键影响因素进行科学、系统、定量数据分析，旅游飞地效应的测度指标体系，测度模型的构建，旅游飞地效应预警、“反规划”和调控机制等方面的研究尚属空白。

3. 研究选点

普者黑是研究旅游飞地效应的理想案例地，具备研究典型性、重要性、代表性等特征，既可满足实证研究需求，又对我国旅游飞地研究具有示范作用。因此，本书选取普者黑度假公园作为实证研究对象。普者黑度假公园位于云南省文山壮族苗族自治州丘北县境内，是国家级风景名胜区、国家级湿地公园、国家 4A 级旅游景区、国家级循环经济试验区以及省级旅游度假区、省级自然保护区等，是中国喀斯特景观的标志地。石林的剑状石峰、桂林的河流孤峰、荔波的喀斯特森林、武隆的喀斯特天坑，普者黑则以喀斯特湖泊峰林著称，是云南省特大型旅游景区，拥有 387 平方公里，6 大片区，400 余个景点。山环水绕的大地盆景，具有山水一体、村景交融、峰峦叠嶂的主体特征，又有近景中景远景组合、天上地下水中构景、动景与静景互衬的衍生特征。普者黑度假公园受空间区位、资源特征、生态环保等因素的影响，在旅游演进的过程中，政府、旅游企业、开发商、社区村民等在经济利益、社会文化和景观生态等方面的利益诉求有所差异，呈现出旅游飞地效应程度、频度、范围等各异，矛盾突出，是我国旅游景区发展阶段中面临的典型问题。探索普者黑度假公园旅游飞地效应及逆变机理研究具有较高的理论与实践意义。

（1）区位条件

① 地理区位

普者黑位于文山州丘北县城西北部，地处东连珠三角、西接云南腹地、南抵东盟、北至黔桂的四大区域交会区。文山州接壤广西，邻近贵州，东靠泛珠三角区域，是云南走向泛珠三角区域的东大门。同时，文山州南邻东盟自由贸易区，是云南省通往越南和东南亚地区的重要门户和陆路通道，丘北县地理区位：丘北县地处云南省文山州西北部，南与砚山县、开远市接壤，东与广南县毗邻，北与师宗县、广西壮族自治区西林县衔接，西隔南盘江同弥勒市、泸西县相望。距离州府文山市 114 公里，距离云南省省会昆明市 286 公里，距离曲靖市麒麟区 290 公里，两市总人口占云南省人口的 30%。丘北县是文山州距离云南省内两个最大城市空间距离最近的县。普者黑地理区位：普者黑旅游区位于丘北县城西北部，处于锦屏镇、双龙营镇、曰者镇、八达哨乡接合部，距离县城锦屏镇 2 公里。旅游区北至岩峰村，南抵马头山，西达摆龙湖，东至老光坡，面积 387 平方公里。

② 交通区位

普者黑地处云贵高原通往珠三角、东盟自贸区的主干交通沿线，拥有公路、航空和下一步的铁路的交通可达性。公路交通：普者黑旅游区地处云南省通往珠三角和东盟自由贸易区交通干线沿线。丘北县是滇东南交通干线中重要的一环，是滇东南连通广西、贵州、越南的主要通道之一。境内通往外部的主要公路有丘北—广南公路、丘北—泸西公路，丘北—师宗二级公路，由此大大提高了普者黑旅游区的外部交通通达性。旅游区内有普炭公路、八道哨—新沟农场—摆龙湖—舍得公路，是连接普者黑旅游区主要景区的干道公路，由此构建起丘北普者黑旅游交通内网，极大地方便旅游者快捷地周转于普者黑旅游区的各个景区。航空交通：文山普者黑机场是滇东南唯一的支线机场，普者黑旅游区距该机场 85 公里，汽车进程 1 小时，机场通航大大增强了普者黑旅游区的可达性，使得省外珠三角、长三角、京津唐等主要客源地的旅游者游客有机会选择航空出行方式，大大缩短远距离客源市场旅游者在路程上损耗时间。铁路交通：在建的云桂铁路连接了云南省内的滇中、滇东南以及省外的广西，既扩大了省内旅游者的出行量，也有利于提高省外旅游者的出行选择。云桂铁路建成将成为普者黑开拓省内、贵州、广西、广东等省外的重要通道。

③ 旅游区位

普者黑位于云南喀斯特山水景观区的中心位置，地处滇东南地区的旅游中心，是文山州的旅游支撑中心（见图 1–1），云南喀斯特山水的中心景观区。在云南省的喀斯特山水景观区域中，北有宜良九乡溶洞、石林剑状石峰、泸西阿庐古洞、罗平峰丛峰林，东有广南坝美、八宝峰丛，南有西畴香坪山、麻栗坡老山，西有建水燕子洞、弥勒白龙洞等著名喀斯特景观，普者黑正居于中心位置，并且以高原喀斯特湿地景观与峰丛峰林景观、溶洞暗河景观、孤峰峡谷景观等形成资源对比与互补，是云南省昆明—石林—阿庐古洞—普者黑—罗平国家精品旅游线的重要环节，滇东南地区的旅游发展中心。在云南省的滇东南地区形成了旅游资源密集、旅游形成规模的三大旅游发展中心，即红河州的建水旅游发展中心、曲靖市的罗平旅游发展中心、文山州的丘北旅游发展中心，三者均以非首府所在地的形式而成为本州市的旅游产业要素集聚区。丘北东可连通罗平、西可连接建水的旅游区位，而成为滇东南地区重要的旅游发展中心，文山州的旅游支撑中心。普者黑是文山州旅游资源分布最密集、旅游接待规模最大、旅游知名度最高的旅游区，也是文山州旅游产业要素最齐全、旅游发展最成熟的龙头性旅游区。普者黑旅游区对文山州东部广南坝美和八宝、富宁驮娘江，南部文山老君山、西畴香坪山、麻栗坡老山等风景旅游区的开发具有重要的辐射带动作用，是文山州的旅游发展支撑中心。

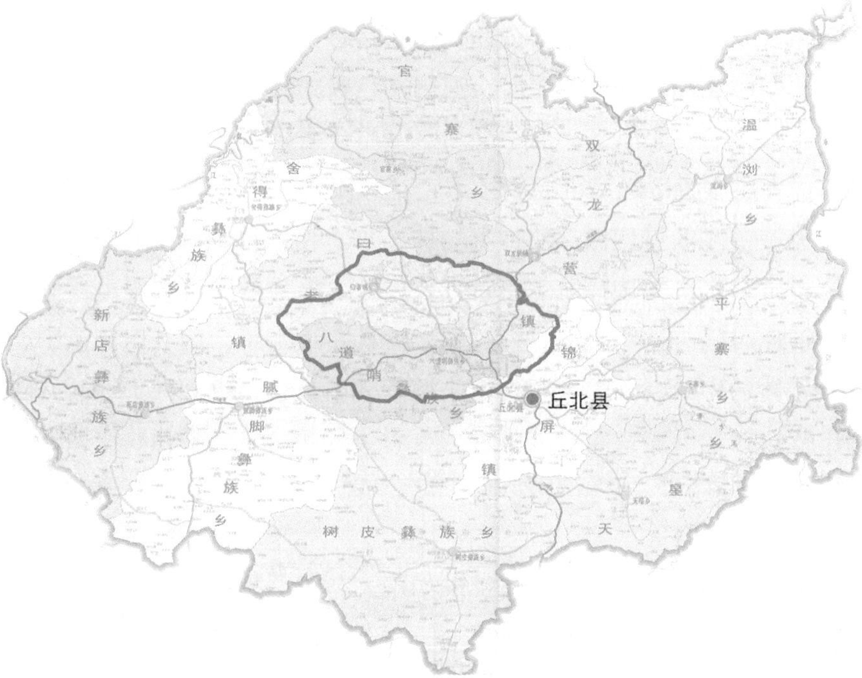

普者黑度假公园在丘北县的区位

图 1-1　普者黑度假公园旅游区位

（2）自然环境

① 地形地貌

普者黑旅游区是由岩溶高原断块、峰林、孤峰、湖泊、河流、湿地组成的高原峰林断陷湖泊盆地。其地形地脉由三大圈层组成：中心圈层为湖泊群，分布着普者黑湖、落水洞湖、仙人洞湖等 83 个岩溶湖泊，湖水面积 10.8 平方公里；第二圈层为孤峰群，区内分布着 312 多座孤峰，孤峰错落有致，形态各异，多姿多彩，形成孤峰群；外围圈层为峰林峰丛，分布着 200 多座峰林峰丛，层层叠叠，峰峦叠嶂，形成蔚为壮观的峰林峰丛。在湖泊群、孤峰群、峰林峰丛三大圈层地貌中，还分布有岩溶洞穴、峰丛洼地、溶丘洼地、溶丘溶井、天坑等众多的喀斯特地貌景观，是云贵高原喀斯特地貌景观的完美缩影。

② 湖泊水系

普者黑旅游区境内以水系南盘江为界河，分属珠江流域西江水系和红河流域泸江水系。主要河流有南盘江、六郎洞河、夸墨河、掩底河、官寨河、补挡河、清水江、南丘河、清水河、清平河、石葵河、盘龙河（马恒地段）。普者黑分布着 80 余个高原岩溶湖群，湖水面积 16.1 平方公里（24187.9 亩），其中天然湖泊 14605 亩，占水域面积的 71.7%；池塘 9545 亩，占水域面积的 28.3%。按照湖泊集中程度，分为山河湾湖群、普者黑湖群、落水洞湖群、水围寺湖群、摆龙湖湖群、八道哨湖群 6 大湖群。山河湾湖群水域面积最大，呈片状分布，湖泊数量最少，似蓝天碧水；普者黑湖群水域面积稍小，呈带状分布，湖泊数量稍少，似天边银河；落水洞湖群抵临山体，为水源地，湖水较深，湖泊呈点状分布；水围寺湖群面积最小，呈星点状分布，湖泊数量最多，似繁星洒落；摆龙湖湖群为水源湖泊，呈面状分布，为单一湖泊，形成湖域半岛风光；八道哨湖群为灌溉湖泊，呈面状分布，为单一湖泊，形成与周边的水天一色风光。湖泊水系是普者黑景观资源的灵魂，山水组合构成一幅迤旎娟秀的美丽画卷。

③ 气候条件

普者黑旅游区地处云贵高原东南部低纬季风区，靠受西南和东南季风、地理地形等因素的影响，形成四季温差小、雨量充沛、干湿季分明、垂直差异显著的低纬山原气候，兼具有低纬气候、季风气候、山原气候的特点，气候类型复杂多样，立体气候明显。普者黑旅游区年平均气温在13.2℃~19.7℃，全年日照时数为4421.1小时，年平均风速为2.0米/秒，年平均空气相对湿度77%，年平均干燥度1.09，年平均无霜期为235~306天，年平均降水量1100~1200毫米，年平均雨季开始期为5月，结束期为10月，年均人体舒适指数为5~6级，常年均为人体感到舒适的气候。总体来说，普者黑气候温和、四季如春、空气湿润，全年适宜娱乐康体、休养度假，是最适宜人度假居住的地区。

④ 生态系统

普者黑旅游区为珍稀动、植物资源富集地区。旅游区有林地146万亩、灌木林地126万亩，森林覆盖率为35.8%，植被多属亚热带常绿阔叶林及云南松林，树种主要有云南松、思茅松、华山松、杉木、油杉、水冬瓜、栎木、山核桃、麻栎等76科197种。旅游区保存有原始常绿阔叶混交雨林生态群落，用材、经济、观赏树种类很多，药用植物、珍稀植物、古树名木都有分布，红椿、榉木、野生茶、多种杜鹃、木姜子等都随处可见。普者黑水域生长着一万多亩野生荷花群，具有极大的可观赏性。旅游区内现有动物兽类38种、鸟类47种、爬行类12种，属国家保护的动物有云豹、南亚虎、狐狸、花脸獐、熊猴、黑长尾雉、岩羊、猫头鹰、白鹇、画眉、锦鸡、穿山甲等34种。

（3）民族文化

普者黑旅游区是多民族聚居区，区内居住有汉、壮、苗、白、彝、回、瑶等民族，绚丽多彩的民族文化，传承了世居民族古朴的民风民俗，也赋予了旅游资源丰富独特的文化内涵。

① 民族宗教

普者黑旅游区存在着佛教、伊斯兰教、原始宗教信仰，各民族相互交融、相互影响，形成了独特的各种宗教和睦交融的民族宗教文化现象。较有代表性的有以自然崇拜和祖先崇拜为特征的壮族原始宗教，以多神崇拜和万物有灵为特征的彝族原始宗教，以自然崇拜和鬼神崇拜为特征的苗族原始宗教，以悬棺葬奇特葬式为特征的僰人原始宗教，以本主崇拜为特征的白族宗教信仰，以自然崇拜、祖先崇拜或图腾崇拜为特征的瑶族原始宗教等。

② 民族饮食

普者黑旅游区壮、苗、彝、白等少数民族传统的饮食习惯，是各民族在长期的生活和实践中总结提炼的民族饮食传统，各民族的饮食材料、烹饪方式、就餐习惯等形成了其各自独特的民族饮食文化。壮族有七色花米饭、酸菜煮鱼、岜夯菜等为代表传统饮食，彝族有砣砣肉、牛羊肉、荞粑粑等为代表的传统饮食，苗族有腌酸鱼肉、鱼肉米粉等为代表的传统饮食，瑶族有花糯饭、糯粉粑等为代表的传统饮食等。

③ 民族服饰

服饰是民族文化的重要组成部分，是区别族群的标志，充分揭示了蕴藏在少数民族服饰中的民族历史、文化传统、价值取向、审美情操和精神追求等深层次的寓意。普者黑旅游区代表性服饰有壮族服饰（主要有蓝、黑、棕三种颜色）、彝族服饰（自纺自织，以麻丝和羊毛为主要原料）、苗族服饰（百褶裙，裙子由不同的花纹和布条组成）、瑶族服饰（男女服装主要用青、蓝土布制作）等。

④ 民族节庆

普者黑旅游区节庆活动与自然界季节更替、祈求丰收、婚姻嫁娶、传统习俗、宗教信仰等有密切关系，是民族历史文化的活化石，也是民族生产生活方式的集中体现。较有代表性的节庆有花山节（2 月）、祭龙节（4 月）、歌圩节（4 月）、火把节（7 月）、花脸节（7—8 月）、荷花节（8 月）、敬老节（10 月）、辣椒节（11 月）、盘王节（11 月）。

⑤ 民族艺术

普者黑境内各少数民族都有着丰富的民族民间文学、优美的民族音乐、多彩的民族舞蹈等，为绮丽的山水风光增姿添彩，与自然旅游资源争相辉映。民族民间文学，有神话传说、故事、笑话、歌谣等。民族音乐，有壮族的古歌、酒歌、叙事歌、情歌，苗族的诉苦歌、情歌，彝族的情歌、迎客歌、诉苦歌等。民族舞蹈，有壮族的狮子舞、扫钱杆舞，苗族的芦笙舞，彝族的弦子舞、十盏灯舞、羊皮鼓舞、大三弦舞、三胡舞、跳乐等，白族的脚恋舞，瑶族的刀舞，僰人的跳乐等。

（4）旅游资源

根据对普者黑旅游区旅游资源调查结果，普者黑旅游区的旅游资源分为 8 个大类，包括山体景观、水域风光、乡村聚落、田园风光 4 大主类，岩溶湿地、洞穴景观、森林生态、人文风情 4 大辅类，共 450 个旅游资源单体。其中地文景观172个、水域49个、生物40个、天象8个、历史建筑91个、商品42个、人文活动48个，共计450个旅游资源点。

① 主类旅游资源

山体景观类：峰丛峰林是普者黑旅游资源的骨架。普者黑山体可分为3个圈层（内圈孤峰，中圈峰丛，外圈峰林）4个类型：a. 象形山，包括椅子山、狮子山、象鼻岭、睡美人山、金刚山、像母猩猩、双龟山、白脸山、眼睛山、大佛山等，适于景观观赏游览；b. 孤峰，包括八角山、指白山、密枝山、青龙山、河大山等，适于景观意境打造；c. 峰丛，包括龙山湖峰丛、西荒湿地峰丛、蒲草塘峰丛、小白山峰丛、菜花箐峰丛、八道哨峰丛等，适于赋予文化内涵；d. 峰林，包括九连山峰林、岩峰山峰林、摆龙湖峰林等，适于远眺摄影。

水域风光类：湖泊水系是普者黑旅游资源的血脉。普者黑湖泊可划分为六大湖群：a. 山河湾湖群，包括龙山湖、中山湖、西荒湿地等，水域面积最大，呈片状分布，适于开展水上运动项目；b. 普者黑湖群，包括长山湖、蒲草塘、仙人洞湖、普者黑湖等，水域面积稍小，呈带状分布，适于开展乘船游览项目；c. 落水洞湖群，包括落水洞湖、羊洞湖、河大山湖、菱角塘、青草塘水库、小白山水库等，面积最大，呈东西斑块状分布，适于开展滨水营地旅游项目；d. 水围寺湖群，包括五铺水库、水围寺湖、雷打山水库、小落利水库等，水域面积最小，呈南北星点状分布，适于开展滨水休闲项目；e. 摆龙湖，为水源湖泊，呈面状分布，适于开展生态旅游项目；f. 八道哨水库，为灌溉水源，呈面状分布，适于开展滨水休闲项目。

乡村聚落类：乡村农舍是普者黑旅游资源的文化斑点。普者黑乡村可分为3类：a. 风情体验乡村，包括仙人洞村、菜花箐村、那红壮族村、岩峰僰人村，适于开发民族风情旅游；b. 景观游览乡村，包括猫猫冲村、布宜村、马者龙村、落水洞村、青松村、麻栗树村、衣布底村、响水村，适于开展乡村观光旅游；c. 生产生活乡村，包括七〇新村、阿鲁白村、马场村、普者黑村、水围营村、板桥村、小白山村、麦地冲村等，适于开发生态农业旅游。

田园风光类：田园风光是普者黑旅游资源的大地艺术。普者黑田园风光可分为3类：a. 湿地田园，包括万亩荷塘、西荒湿地、蒲草塘湿地、仙人洞湿地、普者黑湿地、落水洞湿地、农场湿地等，适于开发生态湿地旅游；b. 农场田园，包括新沟农场、茶花沟农场、八角山农场、莲花塘农场、河中山农场、板桥农场、五七农场等，适于发展规模化农业农场和农业观光旅游；c. 果林田园，包括万亩葡萄园、万亩三七园、仙人洞玫瑰园、菜花箐核桃园、普者黑千亩桃园、板桥梨园等，适于发展林果经济、芳香产业和主题庄园旅游。

② 辅类旅游资源

岩溶湿地类：岩溶湿地是普者黑旅游资源的特色景观，主要包括万亩荷塘、西荒湿地、蒲草塘湿地、仙人洞湿地、普者黑湿地、落水洞湿地、农场湿地等。湿地主要植物有荷花、芦苇、野生水草等，普者黑岩溶湿地面积大、分布广。森林生态类：森林生态是普者黑旅游资源的绿色景观，主要森林包括大尖山松林、落水洞松林、青松松林、摆龙湖松林等，集中分布于落水洞片区和摆龙湖片区。洞穴景观类：岩溶洞穴是普者黑旅游资源的地下景观，主要洞穴有月亮洞、火把洞、观音洞、仙人洞、螺丝洞、龙洞、白玉六郎洞等，洞穴主要分布于仙人洞片区和九连山片区。人文风情类：人文风情是普者黑旅游资源的文化灵魂。普者黑人文风情可分为 3 类：a. 特色村落，主要有仙人洞撒尼人村、普者黑彝族村、菜花箐苗族村、那红壮族村、岩峰山僰人村等；b. 节庆活动，民族节庆活动主要有花脸节、花山节、祭龙节、火把节、歌圩节、荷花节、密枝节、辣椒节、敬老节、龙船节等；c. 建筑设施，普者黑建筑设施主要包括桥梁、堤坝、码头等，如桥背水、丁家石桥、花山石桥、红旗大坝、蒲草塘码头等。

（二）研究意义

1. 理论意义

将飞地概念应用于旅游景区研究，形成旅游飞地的内涵、成因、演化、特征、类型等基本概念，建立旅游飞地理论体系；根据经济飞地、文化飞地、景观飞地三种类型效应，提出测度指标体系、确立测度指标权重、优选定量测度方法，构建旅游飞地效应测度模型；从规划、预警、反馈、调控、措施等探索旅游飞地效应调控体系，建立旅游飞地效应调控机制。通过基本概念、测度模型，逆变机理的研究建立“理论—方法—实证”的学术应用逻辑。全面认识旅游景区发展带来的正相关效应的同时，将旅游景区发展带来的负相关效应减小，以弥补相关研究领域的不足，丰富旅游影响和旅游发展的理论成果，为我国旅游飞地效应解决问题提供思路和科学依据。

2. 实践意义

建立旅游景区与周边社区协调发展模式，为调解“景区—社区”二元结构矛盾提供理论指导；抑制旅游景区孤立发展的极化负效应，充分发挥旅游景区开发对周边区域的关联带动效应，为旅游景区扩散效应发挥提供技术方法；通过旅游飞地效应测度模型构建，系统、科学、定量、测度旅游景区与周边社区的经济利益、社会文化和景观生态等方面正负效应，为对指导旅游景区的规划布局、社区参与和业态提升具有指导实践意义。

因此，研究旅游飞地效应测度及逆变机理是从“旅游景区可持续发展”的视角，对习近平总书记提出的“‘十三五’区域统筹协调发展战略，通过培育带动区域协同发展的增长极，最大限度发挥辐射带动作用”，“宁可主动将增长速度降下来，也要从根本上解决经济长远发展问题”等重要指示的一种全新尝试性探索，对旅游景区和周边区域的可持续发展具有重大的理论意义和应用价值。

四、研究思路与方法

（一）研究思路

以实现旅游景区与周边社区的可持续发展为目标，以“飞地”效应凸显的旅游景区为研究对象，测度旅游飞地效应对区域经济、社会文化、景观生态的可持续发展带来的负面影响，通过定量化指标和测度模型分析，提出抑制旅游飞地效应负面影响的逆变机理调控措施。重点将围绕旅游飞地效应的基本理论、影响测度和逆变机理三方面展开。

（二）研究方法

综述部分主要采用案头研究法和文献研究法；现状及特征部分采用实地调查法、深入访谈法和图解分析法；测度评价研究主要使用 ArcGIS9.3、TArch8.0、Auto CAD 等软件数据收集、处理方法，模糊数学赋值分析法和 MATLAB 软件权重确定方法；逆变机理研究主要采用典型个案研究法和归纳演绎法。包括以下三个方面：

1. 定量与定性相结合

通过实地调研，收集旅游飞地效应相关的重要数据及规划图件（绿化率、建筑风格、建筑密度、容积率、公共设施布局等指标数据），在旅游飞地指标体系选取方面，以可定量的经济指标数据、可读取的规划图纸指标数据及可量化的关键因子为主，建立旅游飞地效应测度模型，并为验证假设结论及实证研究提出调控对策。

2. 图形数据处理软件

旅游飞地演化、指标体系、测度模型及逆变机理等研究，需以可定量指标数据及矢量图形数据处理为支撑，主要有：（1）MATLAB、TArch8.0、Auto CAD2015 专业数据处理、测量软件。用于对相关数据的矢量处理和旅游景区现状测绘图纸及规划指标的关键数据、指标进行提取，对旅游公共设施、景观设计、民居改造设计等图纸进行测量。（2）Adobe PhotoshopCS4、Adobe Illustrator CS4 等专业制图软件，对旅游飞地模型及演化机理进行更直观、科学的表达。（3）ArcGIS 9.3 运用地理信息系统对场地地表汇水、高程、坡度、坡向、通视性及地形三维模拟分析等，为旅游飞地提供场地数据指标。（4）3D Max2014 专业三维动漫制作软件，旅游飞地逆变机理，发挥旅游的关联带动效应，对周边社区民居提升改造、景观环境优化等方面，以鸟瞰图、效果图、三维动漫等不同形式表现。

3. 其他研究方法

其他研究方法主要有：读图分析法、比较分析法、实证研究法等。

五、研究内容与框架

（一）研究内容

研究内容包括：研究对象、重点难点、主要目标三方面。

1. 研究对象

本书研究和测度旅游开发建设带来的旅游飞地效应问题，完善旅游飞地理论体系，建立旅游飞地效应测度模型，提出旅游飞地效应逆变机理调控措施，为解决旅游景区与周边社区二元发展的现实矛盾冲突，提供可行性的理论指导和技术方案。主要研究内容包括：

（1）旅游飞地效应理论研究

提出旅游飞地效应概念，系统分析旅游飞地效应的成因、演化、特征、类型、影响等内容，建立旅游飞地基本理论体系。

（2）旅游飞地效应测度研究

基于飞地现象突出的旅游景区经济利益、社会文化和景观生态相关实地调研，依据 ArcGIS9.3、TArch8.0、Auto CAD 等测量读图数据，建立旅游飞地效应测度指标体系，构建旅游飞地效应测度模型，运用层次分析法、模糊数学法、熵值法、灰色聚类分析法等方法，测度旅游飞地效应值，以探索旅游飞地效应等级并分析关键影响因子。

（3）旅游飞地效应调控研究

根据典型案例旅游飞地效应测度结果，探索旅游飞地效应的逆变机理调控思路、原则和对策。调控研究主要思路为“一降一增一复”，其中“一降”即降低旅游景区和社区之间的差异性，“一增”即增强旅游景区和社区之间的连接度，“一复”即恢复旅游景区与周边社区的协调发展，消除旅游飞地效应的负面影响。

2. 重点难点

（1）研究重点

旅游飞地效应测度指标遴选。测度指标关系到测度结论的科学性和准确性，根据初步研究，拟选取经济发展、社会文化、景观生态三个方面，按照差异性、连接度两个类型，建立旅游飞地效应测度 1 个目标层、3 个子目标层、2 大指标类型和 21 项具体指标的指标体系。旅游飞地效应测度方法确定。在获取大量数据基础上，预计需要应用包括主观数据处理、客观数据处理、权重方法确定、客观赋权熵值法、MATLAB 软件应用、模型评价方法等多种方法进行测度计算。

（2）研究难点

旅游飞地效应测度的关键数据获取。本书研究需要准确的数据来源，以保证支持测度指标的真实可靠。初步计划数据获取的主要方式有：一是通过 ArcGIS9.3、TArch8.0、Auto CAD 等软件对场地分析输出的相关数据；二是政府、景区管委会、管理公司相关部门发布的相关数据；三是实地调查、访谈等获取的相关数据。

3. 主要目标

通过旅游飞地效应测度与逆变机制调控措施研究，实现以下主要目标：

（1）建立旅游飞地效应基本理论

从微观视角，将“飞地”引入旅游景区研究范畴，构建旅游飞地的理论体系。旅游飞地包括经济飞地、文化飞地、景观飞地等类型，是一个“初化→兴化→孤化→极化 / 融化”的演化过程，具有经济利益的割裂性、社会文化的挤出性和景观生态的破碎性等特征。旅游飞地形象、直观地表达了景区和社区的隔离状态及割裂关系，为旅游景区研究和旅游影响研究提供新的独特视角。

（2）构建旅游飞地效应测度模型

通过提取经济利益、社会文化、景观生态等方面关键影响因素，构建了由 1 个目标层、3 个子目标层、2 大指标类型和 21 项具体指标构成的指标体系。通过指标数据，利用 MATLAB 软件测算关键因子权重等构建了“*D*/*C*”飞地效应评价模型。其中，差异性指数（*D*）越大，飞地效应越大；连接度指数（*C*）越大，飞地效应越小。根据普者黑景区经济利益、社会文化、景观生态等关键影响因子实证分析。

（3）探索旅游飞地效应逆变机理

从旅游规划、经营管理、政策调控、监督环节等开展研究，旅游飞地效应有三种逆变机理：前逆变——预警机制，包括建立预警指标体系、确定预警界限值、制作预警信号图、发布预警信息等；中逆变——“反规划”机制，包括确定一个目标、采取四项分析、做好四个规划、进行两种反馈的旅游“反规划”流程；后逆变——调控机制，包括降低差异性、增强连接度、实施恢复管理等。实现旅游景区和周边区域的可持续发展。为旅游景区及周边社区的和谐发展、绿色增长提供理论支持。

（二）研究框架

遵循“背景综述—基本理论—测度指标—模型构建—实证研究—逆变机理”的研究思路：厘清旅游飞地及旅游飞地效应的基本理论→建立旅游飞地效应测度指标体系→构建旅游飞地效应评价模型（*D*/*C*）→结合案例实证研究→探索旅游飞地效应逆变机理→抑制旅游景区孤立发展的极化负效应，建立旅游景区与周边社区协调发展模式，为调解“景区—社区”二元结构矛盾提供理论指导，为旅游景区的规划布局、社区参与和业态提升具有实践意义（见图 1–2）。

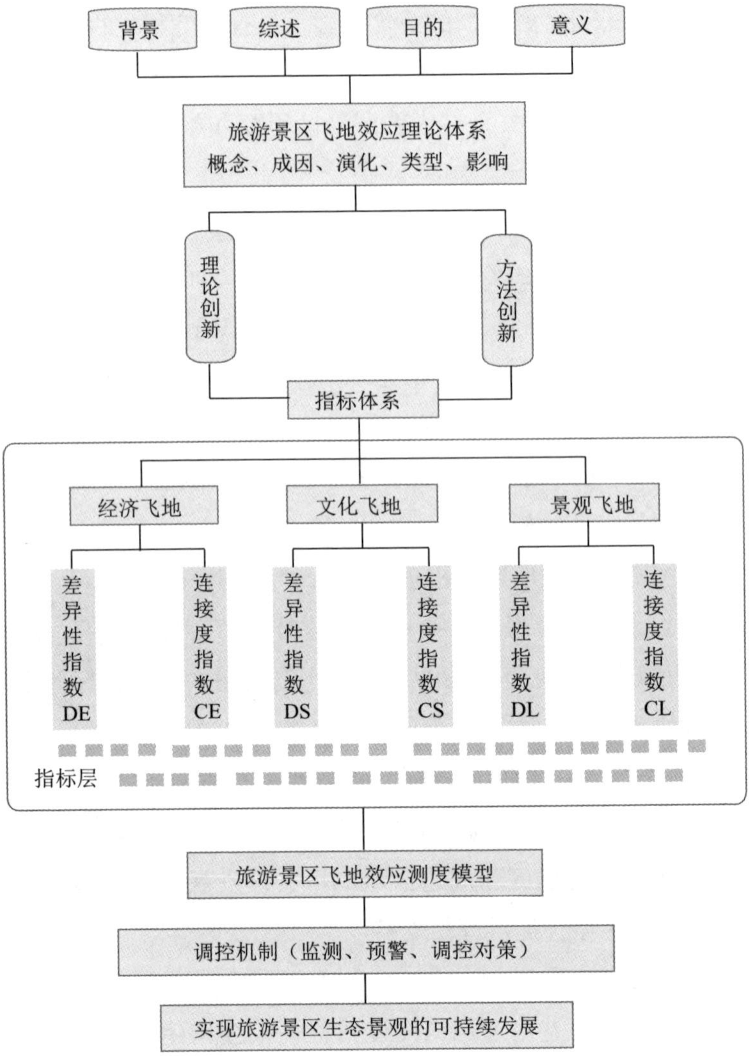
背景
综述
目的
意义
旅游景区飞地效应理论体系
概念、成因、演化、类型、影响
理论创新
方法创新
指标体系
经济飞地
文化飞地
景观飞地
差异性指数DE
连接度指数CE
差异性指数DS
连接度指数CS
差异性指数DL
连接度指数CL
指标层
旅游景区飞地效应测度模型
调控机制（监测、预警、调控对策）
实现旅游景区生态景观的可持续发展

图 1–2 研究框架

第二章　理论基础

本章重点梳理地理学、区域经济学、景观生态学、旅游学等相关理论，为旅游飞地、旅游飞地效应、旅游飞地测度、旅游飞地调控等研究提供理论支撑。

一、地理学相关理论

（一）飞地理论

飞地（Enclave），最早属于地理学研究的概念，是一种特殊的人文地理现象。16世纪初，在法国与意大利签署的《马德里条约》中，“飞地”首次作为术语出现。在地理学中，飞地指某个国家或某个地区的一部分，与主要的地域单元相隔离，邻近国家或地区的土地将其包围的地区[①]。例如，俄罗斯波罗的海东岸的加里宁格勒州；隶属于美国领土的阿拉斯加州（Alaska），是世界上面积最大的飞地，它被相邻的加拿大所分离；我国河北省的廊坊市位于天津市和北京市之间，与河北省不相连。除了极少数生活聚居自然形成的之外，飞地的成因主要与政治格局演变、城市发展及国际关系发展有关。

飞地现象是目前国际关系中的热点问题。在国际层面，“飞地”领土控制和管理困难，由于历史、民族、文化等原因，甚至会产生“离心力”，从而谋求脱离母国；在国内层面，“飞地”行政区的控制和管理薄弱，易滋生和孕育

① 王波．我国飞地经济发展综评暨对江苏的启示［J］．江苏商论，2007（12）：3-5.

异端宗教、社会动乱等问题。根据地区与国家之间的相对关系，又可将飞地分为内飞地（本国境内包含的外国领土，如 C 是 B 的内飞地）和外飞地（外国境内包含的本国领土，如 C 是 A 的外飞地）两种类型（见图 2-1）。

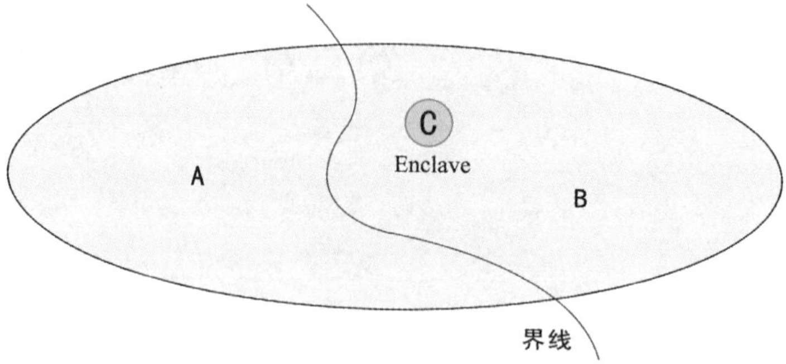

图 2-1　飞地理论模型

“飞地”概念被国内外学者应用到了政治、经济、文化等领域。王先锋（2003）将飞地理论拓展到经济学中，认为飞地指“不发达地区中的小块经济发展地区”；杨玲（2014）认为飞地经济模式是一种“嵌入式”的经济转移模式，即把资金、项目等一系列要素引入产业园建设中，以此带动产业转移。经济飞地是学术界研究的重点，其他的表现形式也包括“人才飞地”“农业飞地”“技术飞地”“工业飞地”“资金飞地”等。此外，学者们还对城市飞地（王先锋，2003[①]）、文化飞地（张德明，2012[②]；邹雁，2015[③]）等做了一定的研究。

（二）孤岛理论

所谓孤岛（Island），在地理学上有狭义和广义两种定义。狭义上的定义指远离陆地的孤立岛屿，是被海水包围和分隔开来的小块陆地。广义上的定义指在区域内与周围地区有鲜明差异的某一小块区域，其结构、功能、特征与周边相异，可以是林中的沼泽、沙漠中的绿洲或片段化的森林等（见图 2-2）。孤岛是人文地理、文化地理、经济地理等学科中的重点概念，已经形成了基本的理论体系，并在相关领域得到了广泛应用。关于“文化孤岛”的

① 王先锋.“飞地”型城镇研究：一个新的理论框架［J］. 农业经济问题，2003（12）：21-31，80.

② 张德明. 文化飞地的空间表征［J］. 杭州师范大学学报（社会科学版），2012（6）：22-26.

③ 邹雁. 广府文化中心地广州的客家飞地［J］. 华南理工大学学报（社会科学版），2015（4）：52-57.

研究比较多，"民族岛"、"语言岛"、城市中的"××村"等都属于文化孤岛的典型案例。"民族岛"由西方学者首先提出，周尚意（1997）在对加拿大蒙特利尔"民族岛"调研的基础上，将"民族岛"的概念引入中国，认为"民族岛"指在城市或乡村中某一民族的聚居区，这一聚居区必须在文化的内外特征上与其周围地区有鲜明的区别。蒋立松、吴红荣（2009）对西南少数民族地区汉族"孤岛文化"的内涵及其生成基础进行了探讨。

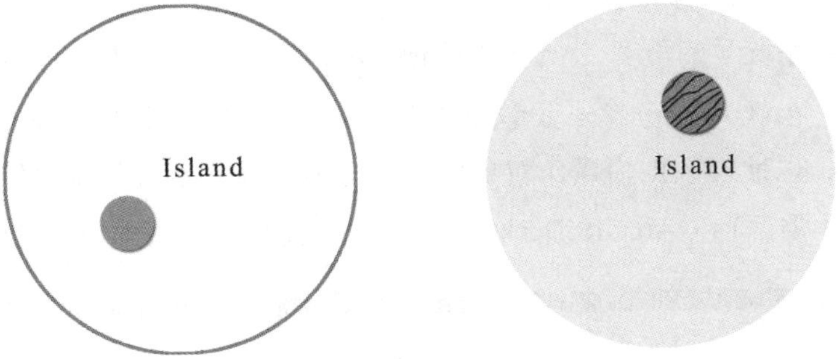

图 2–2　孤岛理论模型

近年来，随着交叉学科的发展，其他学科也借鉴引用孤岛理论这一概念，包括无线电通信（程启明等，2011[①]；蔡志达，2012[②]）、社会学（杨宏伟，2012[③]；闫钟，2015[④]）、经济学（郭东强，2003[⑤]；解学梅，2010[⑥]）、生态学（张红兵，2002[⑦]）等领域。在景观生态学中，景观"孤岛化"是景观破碎化的产物，指景观空间整体性遭到破坏所呈现的不连续性现象和特征，强调和周边环境的较大差异性[⑧]。

（三）ArcGIS 理论

ArcGIS 数据分析理论是一项以计算机应用为技术手段，以地理空间数据

① 程启明，王映斐，程尹曼等. 分布式发电并网系统中孤岛检测方法的综述研究［J］. 电力系统保护与控制，2011（6）：147–154.

② 蔡志达. 光伏并网发电系统中孤岛现象的研究［J］. 中国科技信息，2012（11）：46–48.

③ 杨宏伟. 新疆绿洲城镇的孤岛效应研究［J］. 城市发展研究，2012（7）：36–40.

④ 闫钟. 市场驱动与"孤岛"现象——关于城中村问题的再思考［J］. 中共山西省委党校学报，2015（1）：55–57.

⑤ 郭东强. 企业"信息孤岛"的产生与治理［J］. 企业经济，2003（10）：48–49.

⑥ 解学梅. 都市圈城际技术创新"孤岛效应"机理研究［J］. 科学学与科学技术管理，2010（10）：78–83.

⑦ 张红兵. 试论公路建设与生态孤岛效应［J］. 福建环境，2002（3）：41–42.

⑧ Hong Sun-kee. Landscape Ecology in Asian Cultures. Japan：Springer，2011.

库为基础，集地理学、计算机科学、空间学、管理科学等为一体的新兴学科。黄杏元（2010）对 ArcGIS 理论的发展进行了介绍，初步构建了由空间数据及融合、空间曲面、空间认识、地图可观化论、空间数据建模等组成的理论模型[①]。作为一种能提供存储、显示、分析地理数据功能的软件，ArcGIS 主要包括数据输入与编辑、数据管理、数据操作以及数据显示和输出等。从技术和应用的角度，ArcGIS 是解决空间问题的工具、方法和技术。从功能角度上，ArcGIS 具有空间数据的获取、存储、显示、编辑、处理、分析、输出和应用等功能；从系统学的角度，ArcGIS 具有一定结构和功能，是一个完整的系统。简而言之，ArcGIS 是一个基于数据库管理系统（DBMS）的管理空间对象的信息系统，以地理数据为操作对象的空间分析功能是地理信息系统与其他信息系统的本质区别，ArcGIS Desktop9.3 地理信息系统运行界面（见图 2–3）。

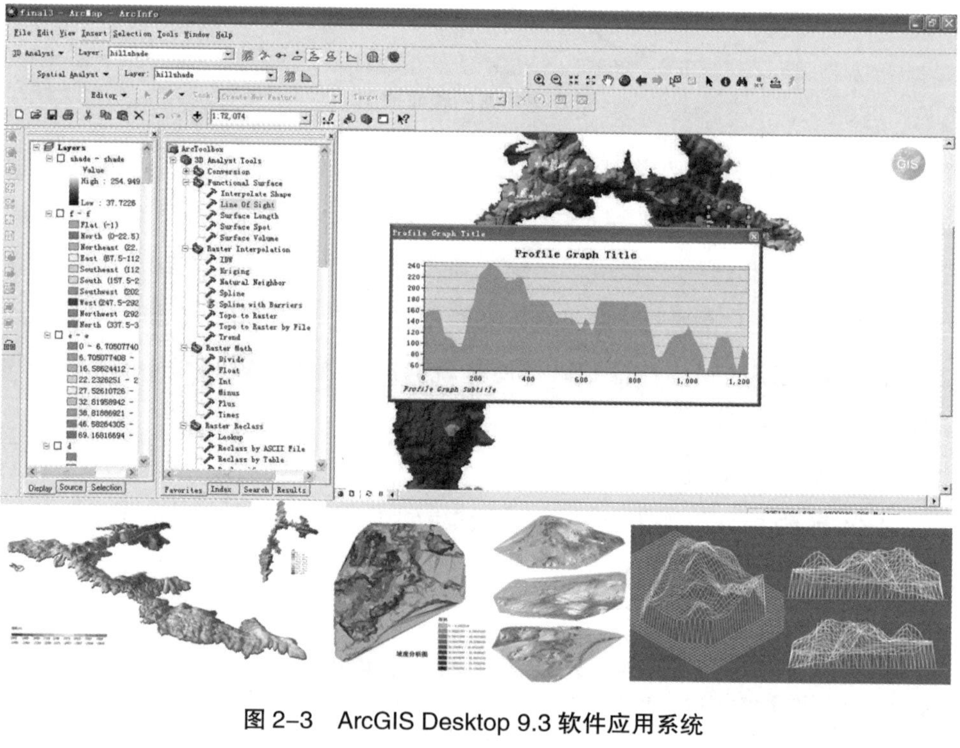

图 2–3　ArcGIS Desktop 9.3 软件应用系统

ArcGIS 数据分析理论应用的领域十分广泛，除了地理学外，还包括区域和城乡规划、场地分析、环境评估、灾害预测、资源管理、宏观决策等领

① 黄杏元 . GIS 理论的发展［J］. 现代测绘，2010（4）：3–7.

域。从21世纪初，地理信息系统理论也被引入了旅游领域，刘颂、许世远（2000）最早探讨了地理信息系统在旅游开发和管理中的应用前景，并分析了建立旅游管理信息系统的必要性[①]。目前，ArcGIS理论在旅游资源调查与评级（张君，2007[②]；苗红、张敏，2014[③]）、旅游线路设计（马彩虹，2012[④]；何瑛，2014[⑤]）、杨俭波等，2006[⑥]；王忠等，2010[⑦]）等方面有广泛的应用前景。

二、区域经济学相关理论

（一）增长极理论

增长极（Growth pole）理论，是20世纪50年代由法国经济学家弗朗索瓦·佩鲁（Francois Perroux）提出的。该理论认为经济增长首先出现在具有优势资源和创新能力的行业，这些行业常常集聚于空间经济的增长点或增长极上，增长极可以通过极化效应和扩散效应对周围区域产生影响[⑧]。在旅游景区建设开发的初期，增长极化效应大于扩散效应，能够促成各种旅游要素（食、住、行、游、购、娱）向景区核心区集聚，核心景区的旅游配套服务设施完善，利于打造景区的核心吸引力和形象品牌。当增长极化效应发展到一定阶段后，增长极化效应随之削弱，对景区周边社区的经济、社会文化、景观生态等扩散效应增强，促成各种旅游要素借助作用通道从核心区向周围社区欠发达区域的扩散，实现旅游景区对周边区域的经济、社会文化、景观生态的统筹带动效应。若增长极化效应大于扩散效应就会导致旅游飞地现象的产生，增长极效应突出特征是多种效应的复合体，如聚集效应、共赢效应和

---

① 刘颂，许世远.GIS在旅游管理和开发中的应用［J］.曲阜师范大学学报（自然科学版），2000（2）：91–93.

② 张君.基于GIS的陕西区域旅游资源群开发潜力研究［J］.旅游学刊，2007（4）：25–29.

③ 苗红，张敏.基于GIS缓冲区分析的西北民族地区《非遗》旅游资源空间结构研究［J］.干旱区资源与环境，2014（4）：179–186.

④ 马彩虹.基于GIS的旅游线路设计及其可视化表达——以汉中市为例［J］.陕西理工学院学报（自然科学版），2012（1）：73–78.

⑤ 何瑛.旅游线路设计中GIS应用的实证研究——以天水市旅游线路通达度分析为例［J］.西北师范大学学报（自然科学版），2014（5）：106–109，114.

⑥ 杨俭波，黄耀丽，徐颂等.Web Service/Web GIS在突发性旅游灾害事件应急预警信息系统中的应用［J］.人文地理，2006（4）：79–84.

⑦ 王忠，赵黎明，刘慧媛.基于GIS的旅游景区灾害管理系统研究［J］.干旱区资源与环境，2010（7）：196–200.

⑧ 崔功豪，魏清泉，陈宗兴.区域分析与规划［M］.北京：高等教育出版社，1999.

上游下游效应等。

目前，我国旅游景区发展过程中，呈现出旅游景区与周边社区存在显著差异及缺少相互联系的“飞地”现象突出，问题严重。旅游景区的增长极化效应超过对周边区域的关联、带动、扩散效应，景区各核心功能区旅游服务设施越来越完善、经济发达，对周边社区的关联、带动、扩散效应越来越薄弱，形成空间上的二元经济结构，不利于景区与周边社区的统筹协调发展，导致核心景区与周边区域的差异性越来越大，连接度越来越低，形成孤立于周边区域的旅游飞地（见图 2-4），影响旅游景区及区域的可持续发展。

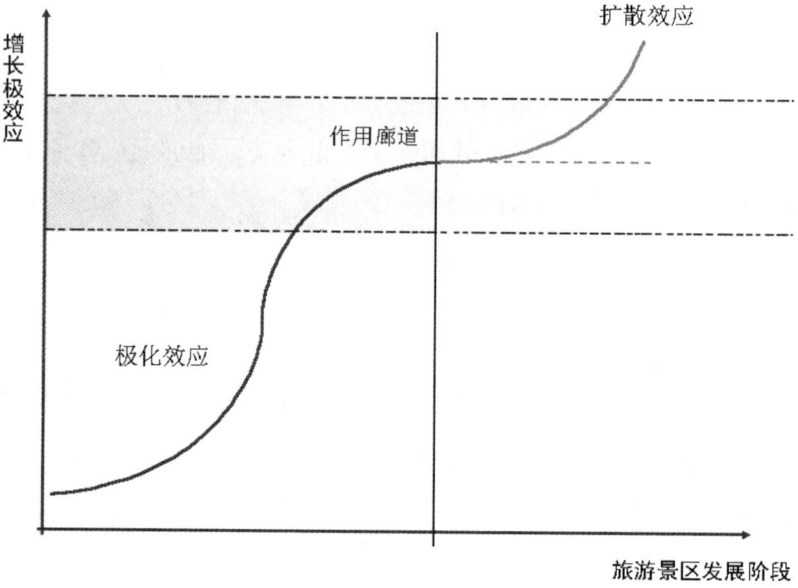

图 2-4　增长极理论模型

（二）点轴开发理论

点轴开发理论（Point axis development），又称“点—轴”理论，最早由波兰经济学者萨伦巴（Piotr Zaremba）和马里斯（B. Malisz）提出。1984 年，我国著名经济地理学家陆大道先生完整阐述该理论，在其专著《区域发展与空间结构》一书中，系统介绍了“发展轴”的结构与类型、“点—轴”理论空间结构的形成过程、“点—轴”的渐进式扩散等问题[①]。点轴开发理论主张在经

① 陆大道．区域发展及其空间结构［M］．北京：科学出版社，1995：165-170.

济发展过程中采用“点—轴”开发模式，即采取空间线性推进方式。这种开发模式被认为是增长极理论“聚点突破”和梯度转移理论“线性推进”的完美结合，对区域旅游空间开发有重要的实践引导价值和理论指导意义。

从整个地区经济发展的阶段看，经济中心总是呈斑点状分布，主要集中在区位较好的个别地区。此经济中心就是点轴开发模型中的“点”，也是区域经济的增长极。随着经济的不断发展和经济中心的数量增加，经济中心之间，即“点”与“点”之间需要要素交换、信息沟通、人口流动等，之后就产生了相互连接的交通线等各种形式的轴线。这些轴线就是发展轴，除了为增长极服务外，发展轴本身对人口、产业、技术等具有吸引力，通过向轴线两侧聚集，形成新的增长点。点轴扩散、贯通，就形成了“点—轴”系统（见图2–5）。

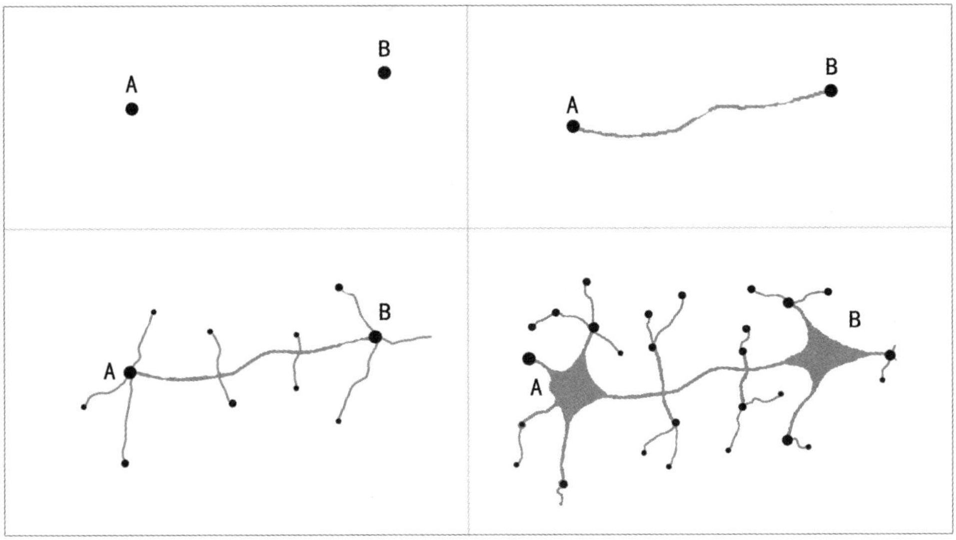

图 2–5　空间“点—轴”系统形成模式

点轴开发也可以解释为从发达区域大小不一的经济中心（点），沿交通线路（轴）向不发达区域纵深地发展推移。点轴开发是旅游地空间集聚、演化的重要理论基础，能够用于旅游目的地形成、发展规律的探析。徐清（2013）以浙江省江山市为例，将点轴开发理论运用到乡村旅游空间结构的构建中，提出了“以增长点为载体、以发展轴为纽带”的发展格局方案。

（三）核心—边缘理论

1966 年，美国费里德曼（J.R. Friedmann）在《区域发展政策》一书中，最早系统提出"核心—边缘"的理论模式。费里德曼认为：任何一个国家或地区都由核心区域和边缘区域组成。根据"核心—边缘"理论，在区域经济发展过程中，核心与边缘存在不平等的发展关系，核心位于统治地位，边缘的发展过度依赖核心。但是，核心和边缘的界限会变化，区域空间结构会调整，区域经济结构会优化，最终达到区域空间一体发展[①]。核心—边缘理论，表达一个区域由发展不平衡、发展极不平衡又到相互联系的平衡发展，由互不联系、孤立发展，变成彼此联系的区域系统（见图 2–6）。

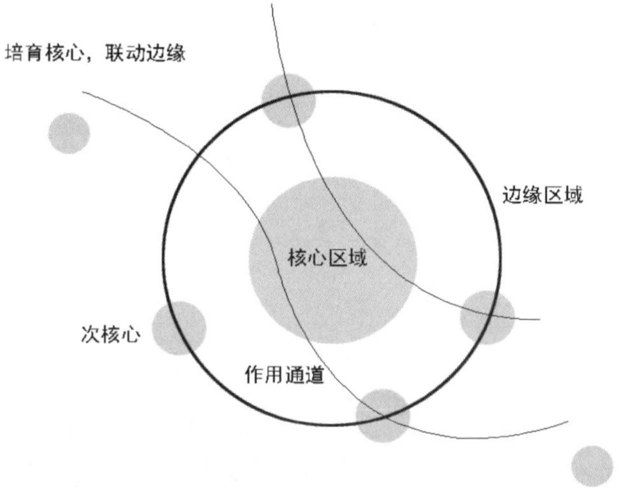

图 2–6　核心—边缘理论模型

核心—边缘理论的旅游价值探讨主要有：Miossec，Gormsen 从空间结构和动力学角度阐述了目的地旅游演变的过程，将旅游者的地理分布模型与旅游者行为和类型结合起来思考[②]。Hills，Lundgren，Britton 建立核心—边缘理论模型，强调边缘地区对核心地区的依赖，这种存在的依赖关系有：旅游者、资金、技术、劳动力、企业、利润等[③]。V.Smith 认为旅游区域是一个用来为旅游者提供服务的、可交易的目的地，要有相关的支持带。旅游区的结构应由

---

① FriedmannJ. R..Regional development policy：a case of Venezuela［M］.Cambridge：MIT Press.1966.

② Miossec J M.Elements pour une Theoris Escape Touristique，Les Cahiers Du Tourism.

③ Hills T L & Lundgren J.The impacts of tourism in the Caribean，A methedologocal study.Annals of Tourism Research.1977.

核心区、直接支持带、间接支持带三部分构成。其中核心区包括旅游基础设施和核心吸引物；直接支持带包括为核心区提供就业、土地、服务等供给的亚区；间接支持带位于外围，与核心区联系较弱[①]。

借鉴核心—边缘理论为旅游区域的资源整合、土地利用规划、旅游业态布局及区域旅游关联带动等方面提供理论指导和解释模型[②]。在旅游景区发展初期，核心区域不断发展壮大，核心区域占主导统治地位，边缘区域依赖核心区域。随着社会经济的发展及作用通道的影响，核心区域扩散效应加强，核心区域将促进、带动边缘区域的旅游发展，推动旅游景区与周边社区的绿色增长。若缺少作用通道的影响，核心区域继续发展，对边缘区域的带动作用薄弱，导致核心区与边缘区域发展的反差拉大，形成核心区域独自孤立发展与边缘区域缺少联系的旅游飞地（见图 2–7）。通过旅游飞地逆变机理调控机制，边缘区域将成为旅游提升发展的新业态、新项目支撑区，核心与边缘地区形成优势互补、资源共享、合作共赢的良性空间发展关系。培育核心，联动边缘，是促进区域旅游绿色增长，优化区域旅游发展空间结构的战略举措。旅游景区的发展首先要培育和做大核心景区，形成旅游各要素聚集地，通过作用廊道积极主动向边缘区域扩散联动，达到促进核心景区质量升级，带动边缘区域发展壮大，提升整个区域的旅游竞争力，实现旅游绿色增长的目标。

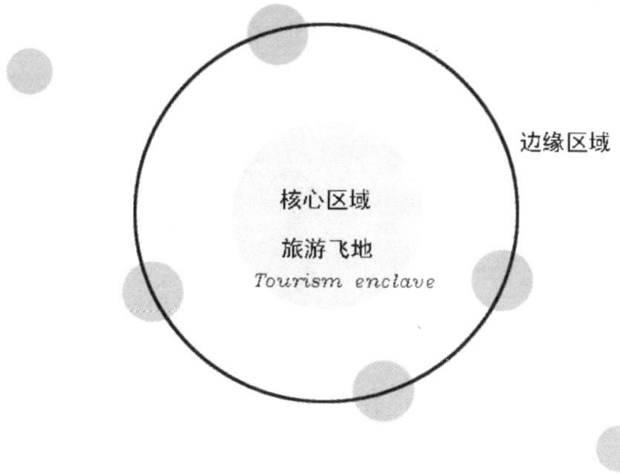

图 2–7　旅游飞地形成模型

① Smith.V.Anthropology and Tourism–A science–Industry Evaluation［J］.Annals of Tourism Research.1980：13–33.

② 保继刚，钟新民，刘德龄.发展中国家规划与管理［M］.北京：中国旅游出版社，2003：91–96.

三、景观生态学相关理论

（一）"斑—廊—基"理论

Forman 和 Godron（1981，1986）在观察和比较不同类型景观的基础上，发现三种组成景观的结构单元：斑块（patch）、廊道（corridor）和基质（matrix）。斑—廊—基模式（patch–corridor–matrix model）是基于岛屿生物地理学（MacArthur 和 Wilson，1967；Wu 和 Vankat，1991a，1995）和群落斑块动态研究（Levin 和 Paine，1974；Pickett 和 White，1985；Wu 和 Levin，1994）形成和发展起来的[①]。

斑块（斑块尺度、数目、形状、位置）是景观结构中最简单的一种形式。在整个区域范围内，大型生态斑块是唯一具有完整的景观结构并保存有完整的植被，维持斑块内生物多样性。廊道（廊道的连续性、数目、构成、宽度）是具有一定宽度并呈现线性的不同于两侧基质的狭长景观单元，具有通道和阻隔的双重作用。主要包括：植被廊道、踏脚石廊道系统、河谷廊道和交通廊道四种。廊道具有双重的性质，连接性指它将景观的不同部分连接起来，隔离性指它将整体景观割裂开来，对象不同，所起的作用也不同。比如，高速公路，它是人类及其物资的运输通道，但妨碍了许多动物的迁移运动。景观基质（质地粗细、景观异质性、景观阻力）是连接性最好、面积最大的景观要素类型，在景观体系中具有重要的物质流、能量流和物种流的生态作用（见图 2–8）。

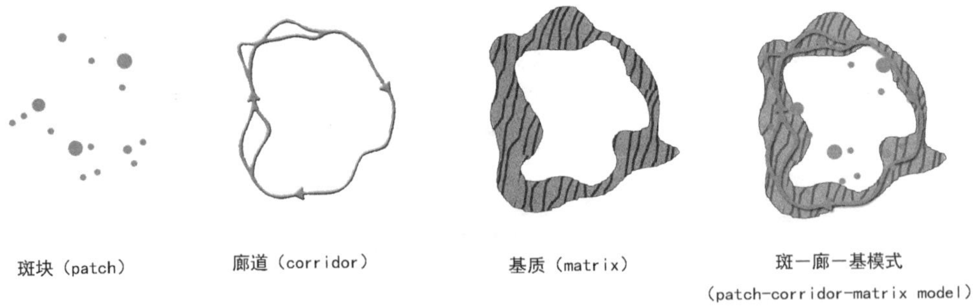

图 2–8 "斑—廊—基"理论模型

景观生态学用来解释景观空间结构的基本模式"斑—廊—基"理论，常

① 邬建国.景观生态学——格局、过程、尺度与等级［M］.北京：高等教育出版社，2014.

常适用于各种类型景观，包括农田、森林、沙漠、草地、城区和郊区景观等。斑块、廊道、基质的空间镶嵌体可以解释任意一种景观。“斑—廊—基”模式为更好地分析景观功能、厘清景观结构和景观动态提供了一种科学、简洁、可实施的“空间语言”（Spatial Language）。

（二）“反规划”理论

俞孔坚等（2003）“反规划”的概念是在中国城市摊大饼的发展和快速城市化的背景下提出的。“反规划”不是反对规划，又称为“负规划”或“逆规划”，某种意义上等同于“控制性”规划的方法，也可以称为景观规划途径，控制强调优先划定蓝线、绿线、紫线、黄线等不建设区域，再来进行可建设用地划定的城市空间规划方法论。“反规划”的含义包括：反思城市发展状态；反思传统规划方法；逆向规划程序；负的规划成果[①]（见图 2–9）。

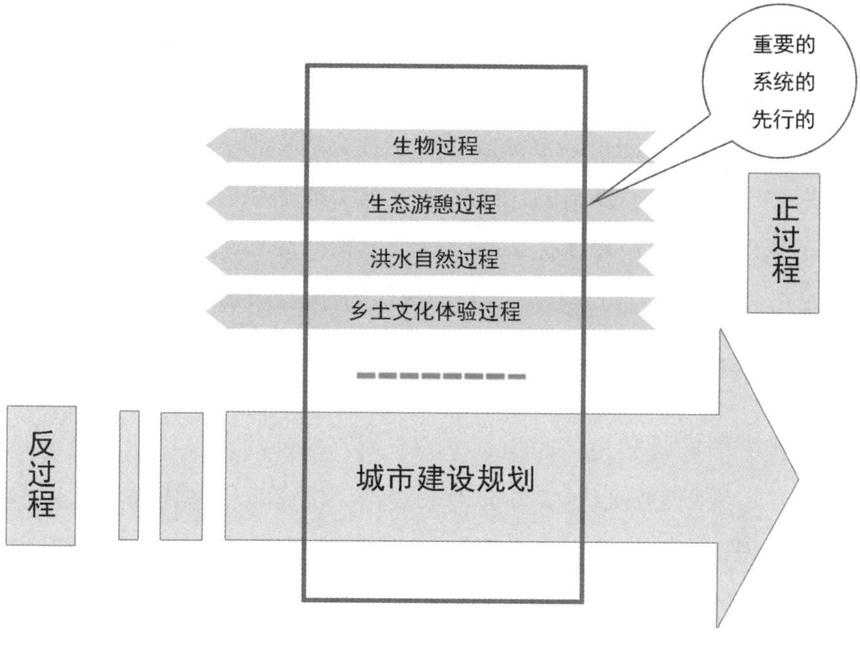

图 2–9 “反规划”模型理论

反思城市发展状态。当代中国面临诸多问题：城市暴雨致交通瘫痪、交通拥堵、城市美化运动、城市缺乏个性、游憩系统破坏等。面对上述问题的挑战，人们习惯于头痛医头、脚痛医脚的办法，单一目标的解决途径只能使

① 俞孔坚，李迪华，刘海龙．“反规划”途径［M］．北京：中国建筑出版社，2005.

城市整体状态日趋恶化，只有通过全面系统的空间规划途径，才能实现城市和谐健康发展。

反思传统规划方法。传统城市规划方法，即预测人口规模和经济发展趋势，确定城市发展性质，然后根据国家规定的人均用地指标，确定各类土地和基础设施规模，再运用一个理想的城市空间模式进行城市布局。我们城市规划所描述的宏伟蓝图，20 年后接近完美的图景，从没有实现过。

“逆”向规划程序。以土地健康、生态安全和公共利益的名义，而不是从眼前开发商的利益和短期发展需要进行规划；不以城市化和人口预测作为空间扩展的依据，而是以维护生态服务功能为前提进行空间布局。

“负”的规划成果。如果把城市建设用地和基础设施建设规划成果作为“正”规划，而具有法律效应，相应的，我们同样也可以把具有关键价值的生态基础设施或土地的不建设区域（蓝线、绿线、紫线、黄线）作为“负”规划，同样具有法律效应。前者通过红线体现，后者通过绿线体现。

（三）景观安全格局理论

景观安全格局（Security Pattern，SP）是俞孔坚等（1995）在福尔曼景观生态规划方法的基础上提出的，以景观生态学理论和方法为基础作为判别和建立生态基础设施的一种途径，基于景观生态格局和景观过程的关系，通过对景观格局和过程的分析模拟，判别这些格局和过程的安全与健康[①]。

景观安全格局理论把景观规划作为一个可辩护、可操作的过程。它克服了麦克哈格（Ian McHarg，1969）“千层饼”模式的不足有两个：第一，景观的水平过程不能有效处理，如物质流的交换、物种的水平移动、城市的无限扩张；第二，规划过程过重关注自然决定论，没有系统考虑决策过程中人的行为影响。识别、设计和保护景观生态安全格局是实现生命土地安全和健康的一条途径（Yu，1995；俞孔坚，1999）。景观安全格局的基本理论与分析方法以最高效、安全和经济的景观空间格局，为解决在有限的土地上保持生态过程的安全与健康，控制景观生态过程，为自然与人的可持续发展提供理论依据。

Steinitz 的六步骤模式，为景观安全格局的可操作性提供了一个框架。框

① 俞孔坚，李迪华，刘海龙．“反规划”途径［M］．北京：中国建筑出版社，2005.

架显示，规划往往不是一个僵硬的、被动的、完全根据资源条件和自然过程而追求一个最适宜、最优方案的过程。这个框架流程具体包括：首先提出问题，明确项目规划概况、背景范围和基础条件；其次解决问题，明确项目所采用的规划方法论；最后回答问题，对整个规划项目进行系统研究、因地制宜、合理布局和科学规划得出可行结论的整体分析思路（见图 2–10）。

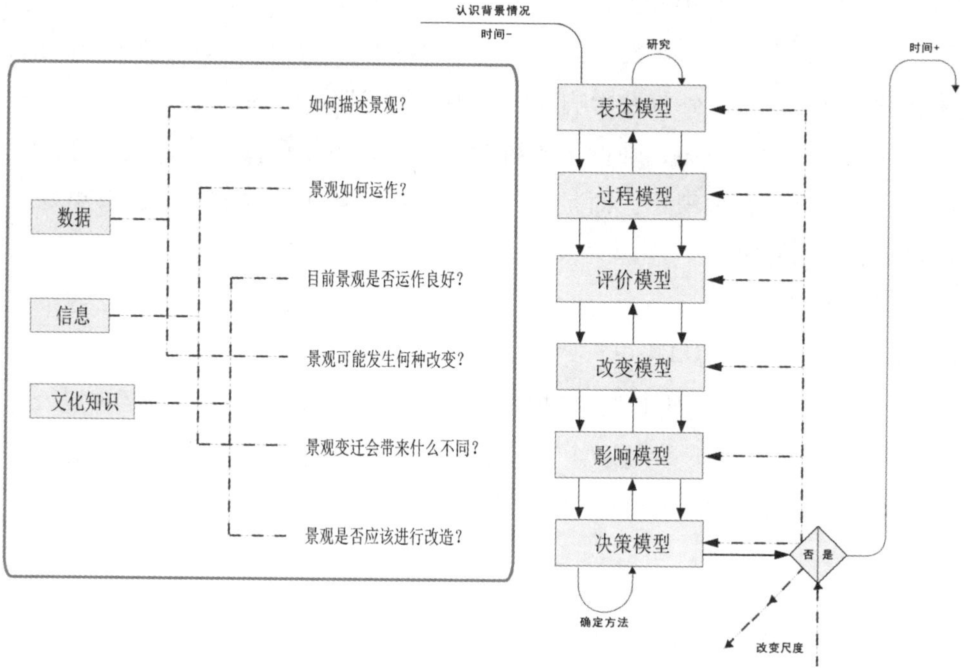

图 2–10 景观格局分析框架

四、旅游地相关理论

（一）旅游影响理论

旅游影响（Tourism impact）指因旅游而形成的具有关系的事物间发生的相互作用及结果①。旅游影响，尤其是旅游地影响是旅游学研究的重点领域，始于 20 世纪 60 年代，在国际上已有 50 多年的历史②。在旅游现象和领域中，围绕着旅游者、旅游经营者、旅游从业者等的活动产生了一系列的经济、社

① 张文 . 旅游影响——理论与实践［M］. 北京：社会科学文献出版社，2007（8）：44.
② 王子新，王玉成，邢慧斌 . 旅游影响研究进展［J］. 旅游学刊，2005（2）：90–95.

会、文化的变化，这些相互作用的变化现象普遍存在于社会环境中。因此，旅游影响理论从内容上包括旅游经济影响、旅游社会文化影响、旅游环境影响等。

旅游经济影响包括旅游创收、就业机会、乘数效应等内容；旅游社会文化影响包括物价变动、管理问题、生活条件、文化变迁等内容；旅游环境影响包括资源开发、利用、保护等内容。旅游影响的关联性比较强，涉及社会学、经济学、管理学、人类学、环境学等学科内容。因此，系统论、控制论、信息论等方法被应用到旅游影响的研究中。伯恩斯（Burns，1999）提出：利用系统的方法研究旅游，强调了旅游的复杂性，不是孤立地从自然、经济或社会环境的某一方面考虑，而是考虑系统内部的各个组成部分，能够更好地理解旅游影响的内容①。

旅游影响研究也逐渐由定性向定量转变。在旅游经济影响方面，包括旅游乘数效应②、旅游卫星账户③、投入产出模型④等；在旅游社会文化影响方面，包括居民感知⑤、时空对比⑥、TIS 模型⑦；在旅游环境影响方面，包括环境效应评估（EIA）⑧、旅游环境承载力⑨、旅游生态足迹⑩等，旅游影响理论具有重要的现实意义，对旅游业的可持续发展具有指导价值。

---

① Burns，P.M.（1999），An Introduction to Tourism & Anthropology，London and New York：Routledge，P29.

② 左冰 . 中国旅游产出乘数及就业乘数的初步测算［J］. 云南财贸学院学报，2002（6）：30–34.

③ 李作志，王尔大 . 旅游卫星账户的模型研究——以大连旅游业为例［J］. 旅游学刊，2010（11）：26–33.

④ 乔玮 . 用投入产出模型分析旅游对上海经济的影响［J］. 经济地理，2006（S2）：63–66，86.

⑤ 戴林琳，盖世杰 . 节事旅游对乡村聚落影响的居民感知差异研究——以京郊江水河村和长哨营村为例［J］. 人文地理，2011（4）：109–114.

⑥ 张文 . 审视阳朔旅游的发展：社会文化影响的调查与比较［J］. 旅游学刊，2003，18（5）：15–20.

⑦ Ap，Crompton J. Respondents’ strategies for responding to tourism impacts. Journal of Travel Research.

⑧ P.Wathern. An Introductory Guide to EIA. Enviromental Impact Assessment：Theory and Practice. Unwin Hyman Press，1988.

⑨ 陈娟 . 云南省香格里拉普达措国家公园生态旅游环境承载力研究［J］. 林业经济，2014（3）：112–117.

⑩ 杨桂华，李鹏 . 旅游生态足迹：测度旅游可持续发展的新方法［J］. 生态学报，2005（6）：1475–1480.

（二）利益相关者理论

20 世纪 60 年代，利益相关者（Stake holder）最早出现在公司治理理论中，是管理学中的一个概念。20 世纪末，该理论被应用到旅游行业领域。沃尔（Walle，1995）提出，旅游业作为一个综合性行业，比大多数行业涉及的利益相关者都要多。国内最早将利益相关者理论运用到旅游领域的是保继刚（2002），在编制《桂林市旅游发展规划（2001—2020）》的过程中，识别出旅游发展中的主要利益相关者，即游客、政府、本地居民、商业部门、景区开发商等。

目前，旅游业利益相关者理论主要包括以下方面的研究：利益相关者理论与管理方法研究、利益相关者理论与旅游规划、利益相关者理论在目的地管理和旅游企业管理中的运用等。尤其是在旅游发展规划方面，该理论应用范围广泛。由于旅游过程牵扯到各种利益的关系，所以在规划设计过程中要协调好各方利益关系。例如，旅游者、居民的期望在旅游发展规划中的战略价值、社区居民的参与意愿、绘制利益相关者图谱等。此外，在市场营销、旅游流、生态旅游方面，利益相关者理论也有一定的应用价值。当然，也有学者指出，利益相关者不仅包括各种利益实体，也应包括无形的自然资源和文化资源。

在理论应用方面，陈志永等（2008）以贵州天龙屯堡为例，基于利益相关者理论，提出了“政府 + 旅游公司 + 农民旅游协会 + 旅行社”的“四位一体”的乡村旅游发展模式[①]；刘晖（2009）提出把导游服务质量问题单一指向导游有失公允，其根源在于导游与其利益相关者间的利益失衡，应该从体制改革方面入手解决问题[②]；为了解决利益相关者话语权较弱的问题，也衍生了关于利益相关者的新理论，如社区增权[③]等，提出从政治和权力的增加，从“社区参与”走向“社区增权”。

---

① 陈志永，李乐京，梁涛. 利益相关者理论视角下的乡村旅游发展模式研究——以贵州天龙屯堡“四位一体”的乡村旅游模式为例［J］. 经济问题探索，2008（7）：106-114.

② 刘晖. 导游服务质量问题的根源分析与对策研究——基于利益相关者理论和游客感知视角［J］. 旅游学刊，2009（1）：37-41.

③ 左冰，保继刚. 从“社区参与”走向“社区增权”——西方“旅游增权”理论研究述评［J］. 旅游学刊，2008（4）：58-63.

（三）可持续发展理论

首次阐述“可持续发展”的概念，于1987年世界环境与发展委员会在题为《我们共同的未来》的报告中提出。可持续发展就被描述为是一种人类发展的道路，指既能够满足当代人的发展需要，又不能危及子孙后代的发展需要。1992年《联合国环境与发展大会》在里约热内卢召开以后，可持续发展作为一种协调、高效和共同发展的理念开始得到全球认可和推广。可持续发展的理念打破了传统的经济增长动力观，力图把争论的关注点从“发展与保护”转移到“与环境协调发展”的思路上来，其基本内涵包括协调发展、高效发展、共同发展、多维发展、公平发展等。

在具体内容上，可持续发展就是高效的经济系统、和谐的社会系统、健康的生态系统三方面的协调统一，要求人类在发展过程中注重经济效率、社会和谐、生态健康，最终实现人与自然环境的全面健康可持续发展。可持续的经济发展并不否定经济增长，而是强调经济增长数量和质量的有机统一，注重经济效率；可持续的社会发展要求实现社会公平，保障人们平等、自由、健康、和谐的社会环境；可持续的生态环境发展要与当地的社会发展、经济建设相协调，与自然环境及生态承载力相协调，与流域景观生态安全格局的完整性相协调，传承、保护和发展地域民族传统文化，提高经济发展的同时必须保护和改善自然生态环境（见图2-11），实现旅游景区与周边区域的绿色增长和可持续发展。

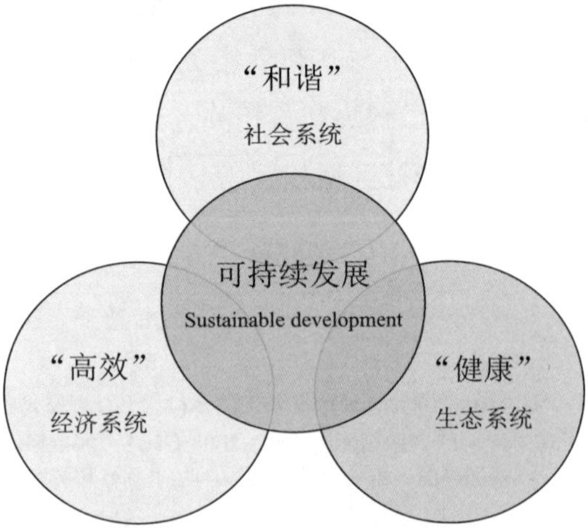

图2-11　可持续发展理论模型

现阶段，可持续发展几乎成为所有与经济、社会、环境有关讨论的重要议题，旅游业也不除外。熊元斌、蒋昕（2011）提出：作为最具普适性的发展战略，旅游业可持续发展已在全球范围内达成共识，可持续发展被认为是抵制旅游业负面影响的理想工具[①]。有关旅游业可持续发展的研究，学者提出很多旅游模式，这些模式大多站在“大众旅游”的对立面，如生态旅游[②]、负责任旅游[③]、绿色旅游[④]等。

① 熊元斌，蒋昕．旅游业可持续发展的路径依赖及其创新选择［J］．商业经济与管理，2011（2）：92–97.

② 杨桂华．生态旅游可持续发展四维目标模式探析［J］．人文地理，2005（5）：80–83.

③ 张帆．“负责任旅游”概念的起源与发展［J］．旅游科学，2006（6）：9–14.

④ 魏敏．基于低碳经济视角的绿色旅游发展模式研究［J］．经济管理，2011（2）：102–108.

第三章　旅游飞地基本理论解析

本章从旅游景区这一微观视角进行研究，提出旅游飞地及旅游飞地效应概念。由于关于旅游飞地的系统研究较少，对旅游飞地内涵和外延的解释还比较模糊。通过本章的理论研究，厘清旅游飞地的概念、成因、类型、演化、特征、类型等，构建旅游飞地的理论体系，为旅游飞地效应指标体系和测度模型的构建提供理论基础（见图 3–1）。

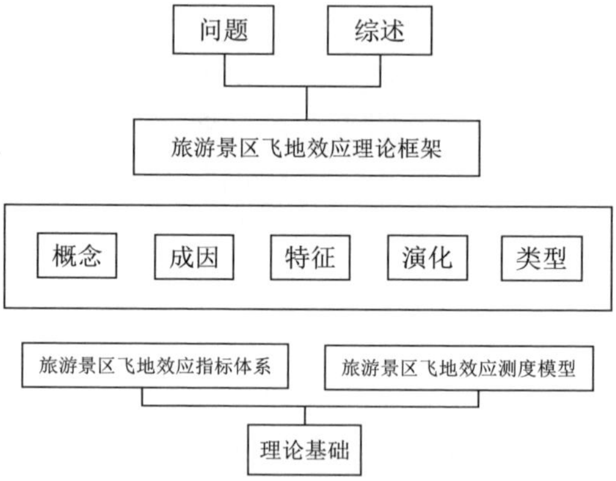

图 3–1　旅游飞地效应基本理论框架

一、旅游飞地的概念

（一）旅游孤岛

旅游孤岛，指在一定区域内因旅游业发展而形成的与周围地区有鲜明差异的某一特定区域。旅游孤岛型旅游区的结构、功能、特征与周边社区存在着显著差异。旅游孤岛包括旅游经济孤岛、旅游文化孤岛、旅游景观孤岛、旅游管理孤岛等内容。旅游经济孤岛，指旅游核心区与周边地区之间缺乏应有的联系与作用，独自发展形成孤立的经济高地；旅游文化孤岛，指采取异地文化移植与包装的形式，建设主题文化园，与周边环境形成明显的文化反差，如民族村；旅游景观孤岛，指本土原始景观被现代人工景观分割，与周边环境相差大，使区域景观失去整体性，成为被分割的景观飞地；旅游管理孤岛，指园林、旅游、城建、文化、环保、水利等相关职能部门根据各自的保护职责要求以“围墙”（有形的墙，无形的墙）的形式，实行部门封闭化管理，形成各个相关部门孤立发展的管理孤岛。

（二）旅游飞地

旅游景区，指以特有的旅游特色和价值吸引旅游者前来，通过提供相应的旅游服务设施，满足其观光游览、休闲娱乐、度假康体、科考探险、教育和特殊旅游需求，有专门的旅游经营管理的旅游管理地域综合体[①]。旅游景区是旅游业发展的核心要素，是旅游消费的核心吸引物，是旅游产业面的辐射中心。景区分类：文化古迹类、风景名胜类、自然风光类、生态旅游类、红色旅游类五种类型，本书研究范围为自然风光类景区。自然风光类景区，指以优美、独特的自然环境为主，当地旅游部门精心打造的休闲观光、养生度假景区。著名自然风光景区有：四川九寨沟、湖南张家界、云南普者黑、广西桂林等。

旅游飞地，指旅游景区与周边社区存在显著差异并缺少相互联系，形成孤立发展的旅游现象。这种孤立发展既表现在经济利益上的割裂性、社会文化上的挤出性和景观生态上的破碎性等，又表现为旅游景区的经济飞地、旅游景区的社会文化飞地、旅游景区的景观飞地等。旅游景区经济飞地，指景区极化现象严重，形成单一的增长极，周边社区未能充分享受景区旅游带来的经济效益；旅游景区文化飞地，指旅游景区的社会文化与周边存在较大差异，景区与社区社会关系割裂，形成相对封闭的景区社会文化系统；旅游景区景观飞地，指景区与周边环境存在巨大差异和生态廊道被切断，景区景观

① 杨桂华．旅游景区管理［M］．北京：科学出版社，2006.

破碎化导致生态格局的整体性遭到破坏。

（三）旅游飞地效应

旅游飞地效应，指旅游飞地所产生的影响，这种影响是多维度、多系统、多方面的。多维度，指纵向时序和横向空间，旅游景区不同的发展阶段或旅游景区不同的空间相互关系，致使旅游景区的飞地效应演化、范围、程度不同；多系统，指旅游飞地效应涉及经济、社会文化和景观生态三大系统，旅游飞地效应单一或多方面存在；多方面，指不同的利益相关者对旅游飞地效应影响是多方面的，对于旅游企业来说，旅游景区经济飞地效应意味着旅游收益集中于景区内，企业获益最大；对于周边社区来说，由于享受不到经济效益，景区的优势发展对社区是一种压力。

二、旅游飞地效应的成因

旅游飞地效应的形成原因，包括外部成因和内部成因两个方面。外部成因有空间区位的锁闭性、发展模式的单一性、管理体制的多重性；内部成因有利益追逐的驱动、社区参与的障碍、人为生态的破坏（见图 3–2）。

图 3–2　旅游飞地效应形成成因

（一）外部成因

1. 空间区位的锁闭性

空间区位的锁闭性是旅游景区极化发展的结果，它包括地理位置的孤立性和交通区位的封闭性两个方面。地理位置的孤立性指旅游景区发展与外部社区形成较大反差而形成旅游飞地，常见形态是岛屿型、洞穴型、谷地型旅游景区，如海南岛、普吉岛、巴厘岛等。交通区位封闭性指旅游景区与外部社区因交通障碍而形成的旅游飞地，典型形态是岛屿型旅游景区，可进入性差使得旅游景区发展受限，形成与外界沟通不畅的飞地型旅游景区。

2. 发展模式的单一性

发展模式单一是“圈景为区”开发的结果，其开发只注重景区自身的发展，景区内企业承担了旅游者的食、住、行、游、购、娱等活动的相关服务和产业，割裂景区与周边社区的互动。不仅造成游客集中在某一片区，也使得景区整体效益未发挥出最大值；而且给旅游景区带来生态环境的压力，同时在一定程度上割裂了景区周边腹地参与旅游的机会。一元化发展在旅游景区内部也只关注核心区的发展，造成了旅游景区的飞地效应。

3. 管理体制的多重性

目前，我国大多数旅游景区具有多重管理的特征。按照景区资源价值的大小，有国家级、省级、市县级行政主管部门，不同级别的旅游景区对不同级别大小的行政部门管理；按照景区资源类别的不同，建设、林业、环保、文物、文化、宗教、海洋、旅游等部门行使行政权，并且大多数景区受多个行政部门的管理。这种多重性的管理体系，易造成管理的混乱和粗放，体制的“高墙”易引起部门管辖的阻隔和政策实施的限制，使得景区无力参与市场化的运行，导致景区与周边社区和外界隔绝。

（二）内部成因

1. 利益追逐的驱动

企业对利益的不断追逐是驱动景区飞地形成的主要原因，企业作为旅游景区经营的主体，在资本逐利性的驱使下，通过掌握完整的利益链条来获取收益。景区在建设初期，由于自身的不完善性，周边社区可能会从中获得一定的利益。但是，随着景区的发展和成熟，旅游景区内部的接待设施逐渐完善，景区更倾向于垄断式的开发，将利益集中在景区内部。因此，在经济上社区参与旅游获益的能力降低，在社会上现代文化将本土文化挤出，在生态上过多的服务设施建设不断压缩森林、水体、绿地面积，旅游景区的飞地效应开始显现出来。

2. 社区参与的障碍

社区参与旅游表现在两个方面，参与发展决策与参与利益分配[①]。社区参

① Cevat Tosun（2000）. Limits to Community Participation in the Tourism Development Process in Developing Contries［J］. Tourism Management,（6）.

与发展决策包括参与战略制定、征求社区意见等，社区参与利益分配包括增加收入、获得就业机会、改善生活水平等。但是，景区的发展多由政府和开发商主导，利益相关者中的社区力量薄弱，很难参与到旅游的经营和决策中来。同时社区自身参与旅游也存在障碍，一方面是社区的文化水平、人力资本不高，另一方面是社区的经济落后、资本薄弱。这些原因形成社区参与旅游的障碍，从而造成景区飞地效应的形成。

3. 人为生态的破坏

旅游景区内的人为设施和活动，使生态景观系统的整体性受到破坏，旅游景区和外界的生态廊道被切断，绿色基质被打散，易形成生态景观飞地。在旅游景区内，不合理的人工设施破坏了景区的生态系统。例如，大量不合理新建的硬质游道不仅破坏植被，影响动物的繁殖迁徙，而且改变了自然的水文过程，原来自然状态的地表水下渗等变成了集中式排水，易形成冲沟，造成水土流失，不利于水土涵养以及生物的存活。其他的人为活动，包括景区内侵占河道，出现人工砌岸、沟渠化等河道人工化现象，以及停车场、观景台、休憩亭等人工服务设施的不合理建造，都是自然景观和生态破坏的原因。

三、旅游飞地效应的演化

旅游飞地效应是一个复杂的系统演进过程，其演化规律反映了旅游飞地效应的发展轨迹和旅游地生命周期，通过对旅游飞地效应演化模型及阶段特征进行分析，能够有效地控制旅游景区的规划、开发和管理。

（一）演化模型

旅游飞地效应演化过程本质上是一个“初化→兴化→孤化→……”的从无到有又从有到无的循环过程。在此所指的旅游飞地效应演化是这一无限循环过程中一段相对完整的“初化—兴化—孤化—极化或融化”单元，实质上旅游飞地效应是从简单向复杂发展、从浅层向深层演进、从核心向边缘不断扩展的过程。从演化进程讲，可划分为初化阶段、兴化阶段、孤化阶段、极化或融化阶段（曲线：A、B、C、D）四个演化阶段（见图 3–3）。

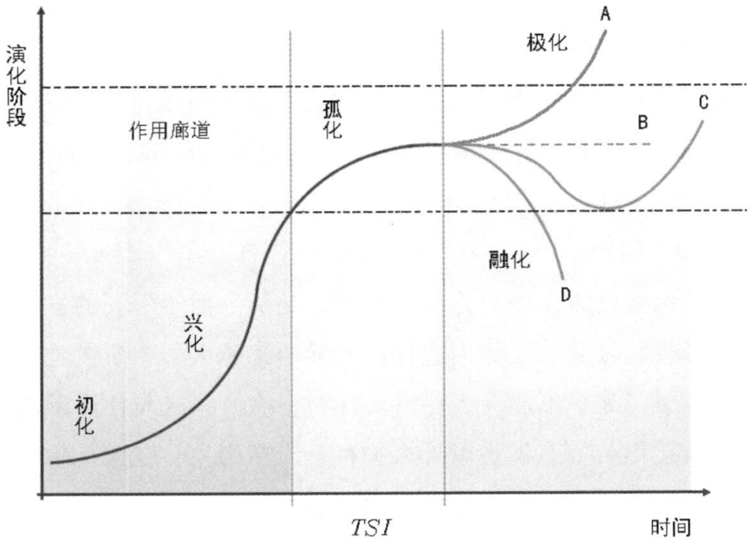

图 3–3　旅游飞地效应演化模型

（二）演化阶段

1. 初化阶段

旅游景区的初始阶段，只有探险型游客且数量比较少，旅游者分布分散且与当地社区接触频繁。此时的旅游景区呈自然状态，只有少量简单的旅游设施，外来资本还尚未进入景区开发。在旅游景区的初化阶段，旅游地的自然、社会、经济环境未因旅游的变化而变化，旅游景区发展处在探索阶段，旅游飞地效应尚未出现。

2. 兴化阶段

旅游景区的发展阶段，旅游者的数量开始增多，旅游者分布开始集中，与当地社区的接触更加紧密。此时的旅游景区开始出现社区居民和外来资本有意识的开发活动，各种层次的旅游设施提供给旅游者。在旅游景区的兴化阶段，旅游景区给当地带来较大的变化，自然、社会、经济环境开始改变，旅游社区能够享受到旅游带来的收益，此时的旅游景区处在发展阶段，旅游飞地效应开始显现出来。

3. 孤化阶段

旅游景区的孤化阶段是兴化阶段的拓展，旅游者人数持续上涨，开始出现集中的旅游市场和高峰期。由于吸引了大量的外来资本，景区得到深度的开发，外来企业逐渐操控了旅游景区的服务设施（食、住、行、游、购、娱），游客和社区居民的接触减少，并且当地居民对旅游者的到来已经产生反感，社区居民参与旅游的机会减少。在旅游景区的孤化阶段，由于景区和社区的割裂，旅游环境容量的超载，导致许多社会、经济、生态问题的产生，此时旅游景区的飞地效应非常明显。

4. 极化或融化阶段

极化和融化是旅游飞地演化的选择期，是两个截然不同的发展方向的阶段。在极化阶段，旅游景区与周边社区差异越来越大，旅游设施高度集中于景区内，本地居民几乎不能介入旅游。此时，旅游景区与社区形成经济的两极分化，社会文化与生态景观以外来物种、人造为主。在融化阶段，旅游景区和周边社区的联系紧密，旅游设施向周边社区扩散，居民可以全面参与到旅游的开发经营中。此时，旅游景区与周边社区形成良好的融合互动，经济、社会和生态和谐发展。

四、旅游飞地效应的特征

旅游飞地效应的主要特征表现为经济利益的割裂性、社会文化的挤出性和景观生态的破碎性三个方面。其中经济利益的割裂性包括就业机会的割裂、持续受益的割裂、带动作用的割裂；社会文化的挤出性包括原住居民的挤出、社会功能的挤出、本土文化的挤出；景观生态的破碎性包括景观破碎化、生境破碎化、格局破碎化（见图 3-4）。

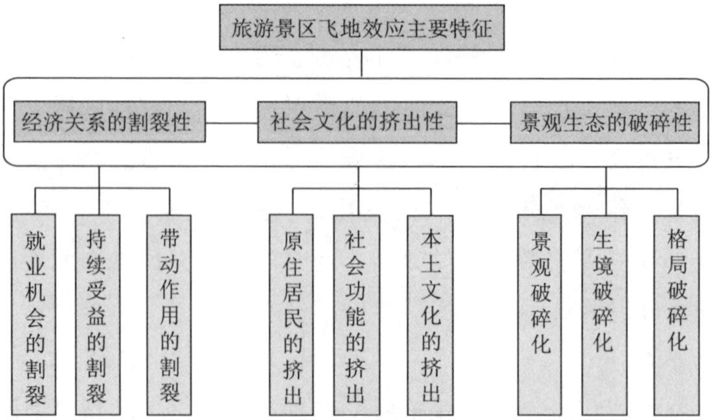

图 3-4　旅游飞地效应的特征

（一）经济利益的割裂性

在经济方面，旅游飞地效应表现出经济利益关系上的割裂性。经济利益的割裂性指旅游飞地产生的经济影响，其经济效应集中于景区内，无法扩散或有限扩散到周边区域，其最主要的特征就是景区经济和周边社区经济的显著差异，没有形成带动性发展的格局。经济利益的割裂性包括就业机会的割裂、持续受益的割裂、带动作用的割裂等。

1. 就业机会的割裂

旅游业是劳动密集型产业，对就业的带动比较大，可以通过吸收本地劳动力满足景区需要。但旅游飞地现象一般处于旅游景区的发展或成熟期，旅游景区包括景区内的旅游设施对劳动力素质有一定的要求。就业机会的割裂表现在两个方面：就业机会少、就业层次低。旅游景区对劳动力的需求是有限的，并且具有一定的季节性特征，所以本地居民的整体就业机会少，劳动报酬水平也一般。就业层次低指外来劳动力占据着较高层次的岗位，如经营和管理职务，而本地居民一般只能参与较低层次的岗位，如保安、环卫等。同时，旅游飞地效应越明显，就业机会的割裂性就越突出。

2. 持续受益的割裂

在飞地型旅游景区中，旅游设施大多受外来资本的控制，如酒店、宾馆及其他设施，本地居民的商业机会或创业机会受到限制。外来资本对本地资本的排挤，不仅是因为旅游者对更高等级旅游设施的需求，也是因为本地资本的缺乏以及社区企业家的不足。在旅游飞地的演化中，飞地效应越明显，本地资本参与机会越小，导致本地经济对外来资本的排斥，形成不可持续的发展方式。近年来，由于“景区—社区”矛盾的加剧，以及旅游地社区脱贫的需求，旅游景区采用补贴的方式反馈社区，但目前补贴方式大多为“输血式”补偿，社区居民仍没有获得可持续的经济发展机制。

3. 带动作用的割裂

从旅游景区自身来说，取得了良好的发展和增长态势。但从区域整体来说，旅游景区和周边的差异较大，景区对周边的带动作用不足，形成了二元化的发展格局，地域空间具有相对性特征。旅游景区的引擎作用没有发挥出来，形成了经济上的飞地现象。根据增长极理论，旅游景区作为增长极有两种效应：一是不断吸收周边资源满足自身增长的极化效应，一是通过经济扩散带动周边发展的扩散效应。旅游景区形成飞地，就是因为景区的极化效应大于扩散效应，其带动作用被各种障碍割裂，景区发展越来越好，而周边社区越来越落后，形成差距较大独立于周边的旅游飞地。带动作用的割裂具体原因包括以下几个方面：门票经济、经济漏损、非对称发展等。门票经济指旅游企业圈“景”为“区”，通过使景区隔绝于当地，收取门票获取收益。门票经济的弊端是将旅游产业链局限于景区内，不能很好地发挥周边的作用；旅游景区的经济漏损，指社区不能提供满足旅游者需求的食物、设施或其他产品，导致部分旅游收入的流失；非对称发展，指旅游景区和周边社区的非对称经济关系，表现为产品体系和本地需求的非对称、产业发展和社区建设的非对称、设施建设和周边功能的非对称等。总的来说，旅游景区的经济飞地最主要的特征就是景区经济和周边经济的显著差异，没有形成带动性发展的格局。

（二）社会文化的挤出性

在社会文化方面，旅游飞地表现出社会文化上的挤出性。社会文化的挤出性指旅游飞地所产生的社会文化影响，旅游景区犹如一个容器，新的要素注入将老的要素挤出。社会文化上的挤出性包括原住居民的挤出、社会功能的挤出、本土文化的挤出等。

1. 原住居民的挤出

旅游景区在发展的过程中，尤其是形成飞地后，以原住居民为主的社区结构极有可能演变成以旅游者为主体的社区结构，原住居民被挤出景区。其挤出方式包括两种：被动挤出和主动挤出。被动挤出指旅游设施、旅游产品的建设，占据了原住居民的土地，由于居民处在旅游发展中的弱势地位，不得不通过政府、开发商的“搬迁运动”，迁移出景区内的生活空间，被安置进入新的居住环境中；主动挤出指原住居民主动离开社区，将自己的土地或房屋出租、出让给开发者，是一种经济利益的获取方式。或者，不满于景区内的生活环境，主动迁出寻求新的生活社区。旅游飞地造成的原住居民挤出，具有一系列的社会文化影响，景区内的生活方式、消费方式、价值观念等都会发生改变。

2. 社会功能的挤出

旅游者涌入旅游景区，形成旅游飞地后，以社区居民为主体的功能开始向以旅游者为主体的功能转变。为了满足旅游者的需求，大量的旅游设施，包括公共基础设施的交通设施、给排水设施、环卫设施等，旅游景观设施的导览设施、园林设施、小品设施等，以及旅游服务设施的住宿设施、饮食设施、游览设施、娱乐设施、购物设施等，都会对旅游景区的空间进行改造，旅游功能的挤入必然导致社区社会功能的挤出。景区的社会功能包括生产功能、生活功能和生态功能，生产功能的挤出包括农业生产、手工业生产等传统生产方式的消失，生活功能的挤出包括传统生活方式、社会准则等的改变，生态功能的挤出包括植被的破坏、水质的污染等，最终导致景区的功能空间进行重组，景区内和周边的差异越来越大。

3. 本土文化的挤出

旅游景区的发展对本土文化的保护具有一定的积极意义，传统的民俗、美术、音乐、舞蹈、文学、宗教等得到挖掘、保护和传承，但这建立在旅游景区和本土文化融合的基础上。如果旅游景区文化飞地形成，其特征是外来文化、现代文化等对本土文化的侵蚀，表现为文化的庸俗化、文化的商品化、文化的涵化。文化素养不同的旅游者对本土文化的理解不同，旅游者可能会把当地神圣、奇特的习俗以世俗的眼光看待，一味满足旅游者的需求，从而人为地将当地活动变得庸俗化；赵红梅（2003）认为受市场经济交换规则的影响，一切吸引旅游者的东西都可以当成商品进行买卖，由此引起民族传统文化的一系列变迁。[①]旅游购物是景区内的重要活动，旅游者出于猎奇和留念的心理往往会在景区购买旅游商品。由于本土文化的挤出，旅游商品的文化内涵逐渐消失，传统的工艺品、艺术可能会被机场工艺品（*airport artworks*）所替代；文化的涵化是指旅游景区内文化受外来文化影响，由于本土文化处于弱势，为了适应旅游者的需要而对自身的文化进行改造，屈于外来旅游者的态度和价值观取向，从而表现出传统文化日渐衰微，受外来文化强烈冲击的现象。

（三）景观生态的破碎性

在景观生态方面，旅游飞地表现出景观生态上的破碎性。景观生态的破碎指组成景观生态有机整体的要素缺失或环节破坏，形成非整体性的旅游景

① 赵红梅．旅游业中的文化商品化与文化真实性［J］．云南师范大学学报，2003（5）．

观生态。景观生态的破碎性包括景观破碎化、生境破碎化、格局破碎化等。

1. 景观破碎化

景观破碎化指受人为干扰，旅游景区内外景观存在较大的差异。旅游景区内往往修建大量的广场、游道、房屋等人工景观，人工活动对自然景观开始侵袭，不仅对森林、植被等自然景观造成破坏，并且使得与周边的生态景观形成较大的差异。旅游区域整体被分割成为差异明显的景观格局，尤其是在缺乏科学的景观廊道下，旅游景区的景观在视觉上形成“另类”。此外，某些景区在规划和建设过程中，为了营造良好的景观效果，引入了一些与本地环境生态不符的人工植被或外来物种。人工景观斑块和自然景观斑块相间分布，形成高度的景观破碎格局，高度完整的自然景观被分割而受到破坏。

2. 生境破碎化

生境的多样性是生物多样性的基础，在一定区域范围内，生境及其构成要素是否丰富决定了区域的生物种类是否丰富，完整、系统的生境有助于生物多样性和生态品质的提高。生境的破碎化，包括生境的丧失和生境的分割。生境丧失指连续的片状生境面积缩小，生境的分割指被分割成为小片的生境碎片。生境破碎造成巨大的负面影响，斑块面积下降，不能满足生物的需求，使得物种的丰富度、种群数量、种群的分布受影响，最终形成生态上的飞地。

3. 格局破碎化

景观格局破碎化指景观空间整体性遭到破坏所呈现的不连续性现象，表现为空间分布的孤立格局和空间梯度的巨大差异。整体景观格局中的“线”被切断，“面”被打散，最终压缩成几个孤立的点，影响景观格局的水平和垂直生态过程。由于城市化的快速发展、道路交通系统的分割、旅游商业化的强劲冲击，景观整体格局空间逐步被挤压和碎化，与周边环境的差异越来越大，联系越来越少，在景观空间格局上形成被隔离的飞地现象。

五、旅游飞地效应的类型

按照飞地效应的内容结构划分，旅游飞地效应包括经济飞地效应、文化飞地效应和景观飞地效应三个方面（见图 3–5）。

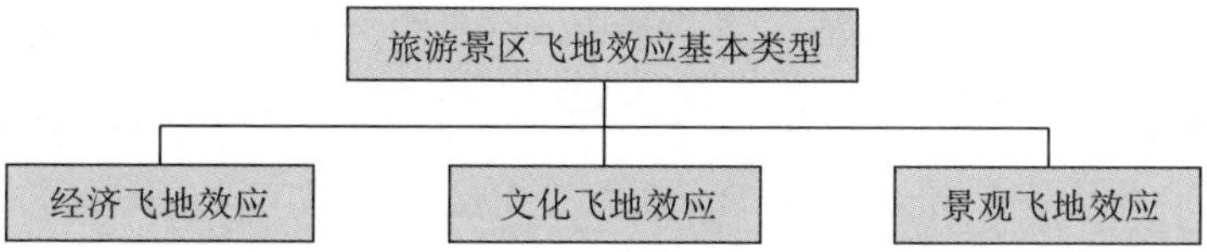

图 3-5　旅游飞地效应的类型

（一）经济飞地效应

指旅游景区的经济发展与周边腹地之间缺乏应有的联系和作用，形成内外差异较大、独自发展的经济高地现象。经济联系是人与组织、人与人、组织与组织之间建立的最重要的关系，是生产、生活中各种关系的集中体现。在旅游景区的经济发展中，通过景区发展带动周边地区的经济，实现社区居民增加收入、就业岗位增加等，一直是旅游景区发展旅游业的重要目标。然而，由于外来资本的控制、经济利益的追逐等原因，旅游景区过于关注自身的经济发展，忽视周边社区的经济发展诉求，导致各种社会矛盾的激增。周边社区的经济发展和景区脱节，当地经济发展机会受限等，旅游景区形成经济飞地，从本质上体现了旅游经济的不可持续发展。

1. 经济飞地效应的影响表现

指旅游景区与周边社区经济利益存在显著差异所呈现出的二元经济结构。关于旅游经济的多重影响，沃尔和马西森在《旅游的经济、环境和社会影响评价》中提到，旅游景区经济飞地现象主要表现在以下几个方面：旅游景区发展对周边社区的影响，对当地居民劳动就业的影响，对当地社区居民参与商业机会的影响，对居民旅游依赖程度的影响等。旅游景区建设发展初期，对周边社区的劳动就业带动大，社区居民参与到旅游发展带来的经济利益，随着旅游景区的不断发展，外来资本投资及旅游设施不断集中在核心景区，社区居民的旅游经济参与机会、劳动就业逐步被压缩和边缘化，由此社区居民以第一产业和外出务工为主要经济收入，旅游景区发展对周边社区经济辐射、带动效应减弱，且随地理区位的差异，具有空间递减效应，呈现出旅游景区与周边社区的二元经济结构。

2. 经济飞地效应的影响评价

指旅游景区经济飞地效应的测度。构建旅游景区经济飞地效应 D/C 测度模型，即“经济差异性（Difference）—经济连接度（Connection）”指数，旅游景区经济飞地效应与经济差异性指数成正比，与经济连接度指数成反比。通过关键影响因子的赋值，采用熵值法加权评价后，得出旅游景区经济飞地效应（EI）的经济差异性指数 D_E 和经济连接度指数 C_E，即可得出旅游景区经济飞地效应值。

（二）文化飞地效应

指旅游景区的社会文化与周边存在较大差异，景区与社区社会关系割裂，形成相对封闭的景区社会文化系统。一方面，旅游景区的发展过程，是不同地域、不同文化、不同价值观之间的交流，景区内受外来社会文化的影响，本土的传统文化及社会价值会潜移默化地进行改变，旅游景区的社会文化与周边的差异会越来越大。另一方面，旅游景区相对封闭的社会系统，会阻碍社区居民的参与。外来资本对旅游景区的商业性开发，不仅会对社区产生经济和生态方面的负面效应，也会影响当地居民对旅游资源的共享。旅游景区原住社区居民就会和景区产生社会矛盾和冲突，引起社会文化方面的不可持续发展。

1. 文化飞地效应的影响表现

指旅游景区与周边社区社会文化存在显著差异所呈现出的二元社会结构。在景区发展的不同阶段，社会文化差异性和连接度具有不同的表现。在景区发展初期，一般社会文化飞地效应并不突出，景区与社区社会文化之间的关系是良性的，如促进社区文化遗产传承与保护、加强文化交流、传播先进生活方式等；在景区发展成熟期，由于社会文化保护不力，景区与社区社会文化之间的关系开始表现出矛盾，如地域文化原真性丧失、社会价值观冲突等，尤其以社区文化“舞台化”演艺最为突出。

2. 文化飞地效应的影响评价

指旅游景区文化飞地效应的测度。构建旅游景区文化飞地效应 D/C 测度模型，即“文化差异性（Difference）——文化连接度（Connection）”指数，旅游景区文化飞地效应与文化差异性指数成正比，与文化连接度指数成反比。通过关键影响因子的赋值，采用熵值法加权评价后，得出旅游景区文化飞地效应（*SI*）的文化差异性指数 D_S 和文化连接度指数 C_S，即可得出旅游景区文化飞地效应值。

（三）景观飞地效应

指旅游景区的景观生态与周边存在较大的差异，并缺少有机的联系，形成非完整、非系统的景观生态环境。一般来说，区域存在稳定的景观生态系统，当某个景观生态系统内部或与其他景观生态系统之间的联系被人为切断，或引起物种交流的障碍，就会形成景观生态的飞地效应，从而对生态系统造成破坏。景观生态飞地是因为旅游景区的不合理规划和建设，造成植被破坏、绿化率降低、斑—廊—基破碎、生态环境过度干扰等，使得整体景观生态系统的“线”被切断、“面”被打散，最终萎缩成孤化的点，形成旅游景区的“景观飞地”。景观飞地效应会导致视觉景观破坏、景观生态格局不稳定、植被生态环境破坏、动物生存环境破坏等，引起旅游景区自然生态的不可持续发展和生态系统的失衡。

1. 景观飞地效应的影响表现

指旅游景区与周边社区景观生态存在显著差异所呈现出的割裂状态。旅游景区发展对当地景观生态环境的影响呈现出十分复杂的结构形态，主要表现在：改变动植物的群落结构（动物迁移、猎杀动物、植被破坏、砍伐改变绿地覆盖率、外来物种入侵）、污染（水、生活垃圾、空气、噪声）、侵蚀（土壤流失、滑坡、河岸线）、视觉效果（旅游设施、建筑风格）、景观生态系统平衡（植被群落、自然湿地、动植物多样性、生态廊道的完整性）、基础设施（道路、给排水、电力电信、游览设施）等。旅游景区的快速发展切断了景观生态廊道（拦湖坝、滚水坝、游览索道），自然斑块被打散，形成孤立的几个点，呈现出景观生态环境的破碎性和割裂性，影响区域景观生态安全格局的稳定和健康。

2. 景观飞地效应的影响评价

指旅游景区景观飞地效应的测度。构建旅游景区景观飞地效应 D/C 测度模型，即“景观差异性（Difference）—景观连接度（Connection）”指数，旅游景区景观飞地效应与景观差异性指数成正比，与景观连接度指数成反比。通过关键影响因子的赋值，采用熵值法加权评价后，得出旅游景区景观飞地效应（LI）的景观差异性指数 D_L 和景观连接度指数 C_L，即可得出旅游景区景观飞地效应值。

第四章　旅游飞地效应测度模型构建

在前述理论分析基础上，构建由旅游景区经济飞地、文化飞地、景观飞地三个模块构成的指标评价体系。通过初选、筛选评价指标，确立最终的指标评价体系，并对相应指标进行阐释说明。

一、模型设计原理及构成

旅游飞地效应测度模型的设计必须建立在科学评价的基础上，借鉴比较成熟的旅游影响评价方法，准确、有效地对旅游飞地效应进行测度。

（一）设计原理

1. 借鉴旅游影响评价的趋势

伴随着旅游业的发展，旅游影响问题一直是人们关注的热点，也是旅游学科研究的核心领域。在研究内容上，主要包括旅游经济影响、旅游社会文化影响、旅游环境影响、居民对旅游影响的感知等。旅游经济影响是旅游影响研究的重要内容，如运用经济学模型量化对旅游地的经济影响，旅游经济利益分配不均等负面经济影响，节事旅游活动的经济影响等；旅游社会文化影响主要集中在对旅游地社区居民和旅游地文化影响两个方面，如对旅游地社区居民的示范效应，威胁旅游地文化完整性，以及产生犯罪等影响；旅游环境影响多种多样，如对大气环境、水环境、土壤、动植物、视觉环境、景观生态等影响。在研究区域上，包括从国家、区域、城市的宏观尺度，到景区、乡村、社区的微观尺度；在研究方法上，旅游环境影响的评价注重模型的构建和运用，通过经济数据或实地调研收集资料，使用数理统计的方法进行评价。

从研究趋势上分析，旅游影响评价研究从正面影响评价向负面影响评价转变，从单一的影响评价向综合评价转变，从宏观对象影响评价向微观影响评价转变。旅游影响评价更加重视实证分析和个案研究，对特定的旅游地影响进行评价，并重点对旅游负面影响进行调控。在这一发展趋势下，旅游飞地效应评价模型的构建应以旅游影响评价趋势为指导，从个案、微观、负面、综合的角度构建模型并进行效应测度。

2. 把握旅游景区开发影响的特征

旅游景区开发是一个综合性、复杂性的过程，其涉及的利益相关者包括社区、企业、政府、旅游者等多个主体，其开发影响波及范围广，并且大部分影响不明显，不易测量。旅游景区作为旅游业的重要部分，其开发建设具有关键性的意义。旅游景区开发长期以来承担着旅游地全面发展的角色，在当今社会，旅游景区开发的正面影响比较突出，如获得经济效益、提高生活水平、带动就业等，但其负面影响也日益突出，如社会矛盾激化、文化商品化、环境破坏等。旅游景区开发影响具有特殊性和复杂性，只有综合使用定性和定量相结合的方法，指标的选取和分类考虑现实因素，效应的测度才能更科学、更全面。鉴于此，本书构建的旅游飞地效应测度模型不仅片面地考虑一方面的飞地效应，而且全面地、系统地、综合地考虑飞地效应，以充分探究旅游景区形成飞地的负面影响和深层原因。

（二）模块构成

旅游飞地效应测度模型由总体模块和内容模块构成，是一个系统的、完整的模型。在整体上，必须全面反映旅游飞地的总体效应；在结构上，必须深入分析旅游飞地的不同效应类型。

1. 总体模块构成

旅游飞地效应测度模型的总体模块，反映了旅游飞地效应的总体状态和形态。借鉴旅游影响评价的经验，总体模块为了全面、系统地反映飞地型旅游景区的负面影响，其效应评价应包括经济、社会、文化、景观、生态等各方面。考虑到影响的类型、数据的获取、结构的一致，最终本书确定了从经济、社会文化、景观生态三方面对旅游飞地效应进行测度的总体模块。

综合前述内容，本书将旅游飞地效应定义为ETA（Enclave Effect of Tourist Attractions），ETA测度模型的总体模块包括三个方面（见图4–1），分别是经济飞地效应EE（Economic Enclave）、文化飞地效应SE（Social Enclave）、景观飞地效应LE（Landscape Enclave）。因此有：

$$ETA=f(EE, SE, LE)$$

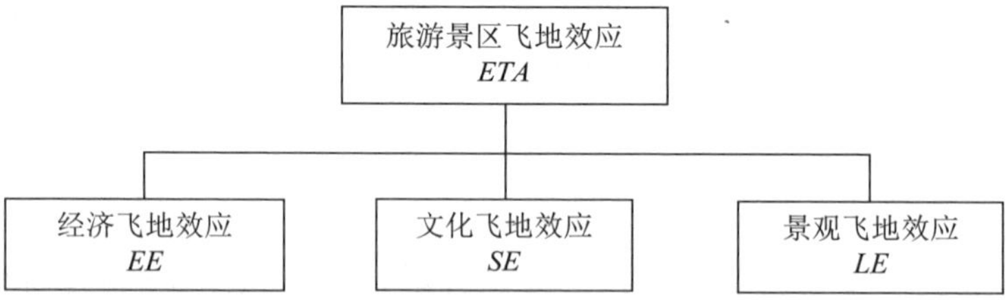

图4–1　旅游飞地效应总体模块构成

2. 内容模块构成

旅游飞地效应测度模型的内容模块（见图4–2），反映了旅游飞地不同效应的具体内容。其中经济飞地效应（*EE*），分别从旅游经济的差异性指数 D_E 和连接度指数 C_E 两个方面进行测度；文化飞地效应（*SE*），分别从社会文化的差异性指数 D_S 和连接度指数 C_S 两个方面进行测度；景观飞地效应（*LE*），分别从景观生态的差异性指数 D_L 和连接度指数 C_L 两个方面进行测度。

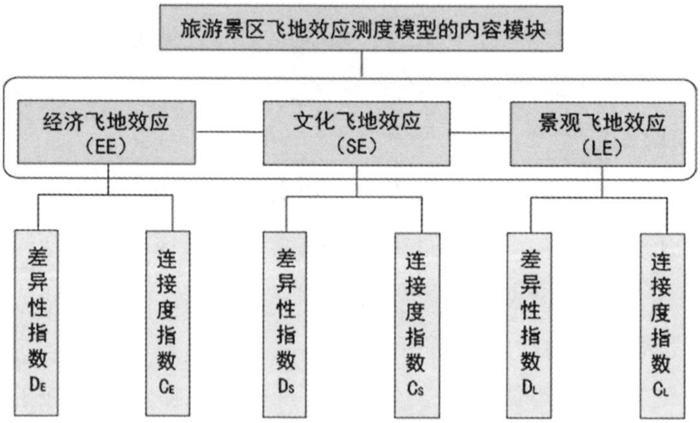

图4–2　旅游飞地效应内容模块构成

二、指标体系筛选和确立

（一）指标选取原则

1. 科学性与系统性

ETA 指标的选取要建立在科学分析的基础上，充分反映旅游飞地效应的内在机制及经济、社会文化、景观生态等密切相关的各个方面，使评价目标和测度指标联系成为一个有机整体，同时要避免各指标之间的相互重叠。每个指标的内涵须简单、明了，数据易于获得，统计方法规范，测算方法标准，输出量纲统一，能够客观、真实地反映旅游飞地效应的基本特征，较好地度量其影响程度。

2. 动态性与稳定性

旅游飞地效应需通过一定的空间和时间尺度来反映，因此 ETA 指标体系是具有一定弹性，随着时空变动而变动的统计量或参数，应考虑其动态变化的过程，较好地描述、度量发展的现状及趋势。为了便于研究和比较，ETA 指标体系应在一定时期、空间范围内保持相对稳定。

3. 可量性与可行性

ETA 指标的选取要充分考虑指标量化的可能性、数据获取的可靠性、数据处理的可行性，可量化既要求定量指标可以直接量化，如绿化覆盖率、密度、百分比、增长率等，又要求定性指标可以间接赋值量化。构建的 ETA 指标体系应能对旅游飞地效应的影响程度、范围提出评价依据，对逆变机理提出调控、预警对策。

（二）指标体系筛选

根据前文对旅游飞地效应的理论构建，借鉴相关研究成果及理论，本书在指标筛选原则的基础上，初选一批指标体系。结合专家咨询意见，对指标体系进行优化，最终确定了旅游飞地效应测度的相关指标。

1. 经济飞地效应指标

经济飞地效应指标（*EE*），即能够反映旅游景区经济方面差异性、连接度等飞地特征的指标，包括旅游景区经济差异性指数（D_E）、旅游景区经济连接度指数（C_E）。其中旅游景区经济差异性指数（D_E）有外来资本控制程度（E_1）、旅游设施集中度（E_2）、旅游经济漏损程度（E_3）；旅游景区经济连接度指数（C_E）有居民参与商业机会（E_4）、居民旅游就业人数比（E_5）、居民旅游依赖程度（E_6）、旅游收益分配（E_7）。

根据以上分析，经济飞地效应有：

$$EE=f(D_E,\ C_E)$$

2. 文化飞地效应指标

文化飞地效应指标（SE），即能够反映旅游景区社会文化方面差异性、连接度等飞地特征的指标，包括旅游景区社会文化差异性指数（D_S）、旅游景区社会文化连接度指数（C_S）。其中旅游景区社会文化差异性指数（D_S）有生活方式差异性（S_1）、基础设施差异性（S_2）、本土文化同化程度（S_3）；旅游景区社会连接度指数（C_S）有社区参与决策程度（S_4）、旅游开发支持度（S_5）、与游客接触程度（S_6）、传统文化传承度（S_7）。

根据以上分析，文化飞地效应有：

$$SE=f(D_S,\ C_S)$$

3. 景观飞地效应指标

景观飞地效应指标（LE），即能够反映旅游景区景观生态方面差异性、连接度等飞地特征的指标，包括旅游景区景观差异性指数（D_L）、旅游景区景观连接度指数（C_L）。其中，旅游景区景观差异性指数（D_L）有斑块密度（L_1）、建筑风格分异度（L_2）、外来物种入侵程度（L_3）；旅游景区景观连接度指数（C_L）有可进入性（L_4）、绿地率（L_5）、廊道密度（L_6）、网络连接度（L_7）。

根据以上分析，景观飞地效应有：

$$LE=f(D_L,\ C_L)$$

（三）指标体系确立

通过对指标体系的筛选和确立，最终构建由 1 个目标层、3 个子目标层、2 大指标类型和 21 项具体指标构成的旅游飞地效应测度指标体系（见表 4–1）。

表 4–1　旅游飞地效应测度指标体系

目标层	子目标层	指标类型	指标内容
旅游景区飞地效应 ETA	经济飞地效应 EE	差异性指数 D_E	外来资本控制程度 E_1
			旅游设施集中度 E_2
			旅游经济漏损程度 E_3

续表

目标层	子目标层	指标类型	指标内容
旅游景区飞地效应 ETA	经济飞地效应 EE	连接度指数 C_E	居民参与商业机会 E_4
			居民旅游就业人数比 E_5
			居民旅游依赖程度 E_6
			旅游收益分配 E_7
	文化飞地效应 SE	差异性指数 D_S	生活方式差异性 S_1
			基础设施差异性 S_2
			本土文化同化程度 S_3
		连接度指数 C_S	社区参与决策程度 S_4
			旅游开发支持度 S_5
			与游客接触程度 S_6
			传统文化传承度 S_7
	景观飞地效应 LE	差异性指数 D_L	斑块密度 L_1
			建筑风格分异度 L_2
			外来物种入侵程度 L_3
		连接度指数 C_L	可进入性 L_4
			绿地率 L_5
			廊道密度 L_6
			网络连接度 L_7

三、指标体系具体说明

（一）经济飞地效应指标体系（EE）

旅游景区经济飞地指旅游景区形成的经济高地，以及与周边社区缺少经济联系的现象。对其效应测度，需要从景区和社区的差异性及连接度两个方面考虑，并选取景区指标、社区指标、景区和社区关系指标作为测度内容。因此，本书中经济飞地效应指标包括经济差异性指数（D_E）、经济连接度指数（C_E）两个方面。

1. 差异性指数（D_E）

经济差异性指数指旅游景区和社区旅游经济的差异性情况。鉴于此，本书选取外来资本控制程度、旅游设施集中度、旅游经济漏损程度等指标来反映经济差异性。具体指标作以下说明：

（1）外来资本控制程度

外来资本控制程度，指旅游景区的开发建设受外来资本控制的程度。旅游景区的资本开发包括政府投资、企业投资、个人投资等，投资的内容包括景区内旅游项目建设，以及景区内饮食、住宿、娱乐、交通等设施建设。由于旅游景区投入资金量大、项目周期长、投资回报慢等，多采用由外来投资，或者政府投资建设后转让给企业经营的方式，社区由于缺乏资金，很少直接参与旅游景区开发。同时，资本天然具有逐利性，所以外来资本投入景区开发经营，主要目的是获取尽可能大的旅游收益。一般情况下，外来资本控制程度越高，旅游景区经济系统越封闭，形成经济飞地的可能性就越大。

（2）旅游设施集中度

旅游设施集中度，指旅游餐饮、住宿、购物等设施在旅游景区内的集中程度。受外来资本控制和本地参与商业机会受限的影响，景区总是试图限制游客与旅游景区外的社区发生经济联系，通过旅游设施将获取经济利益的机会控制在景区内，而忽视社区及居民的经济利益。旅游景区采取一元化的发展模式，通过完善食、住、行、游、购、娱这一完整的产业链，对满足游客相关需求的旅游设施由企业投资建设，牢牢将经济利益限制在景区的高墙内。旅游设施集中虽然在一定程度上对景区发展、满足游客需求有益，但割裂了景区与周边腹地的经济联系，导致景区内外的经济差异进一步拉大。旅游设施在景区内的集中度越高，旅游景区的经济飞地效应越明显。

（3）旅游经济漏损程度

旅游经济漏损程度指旅游景区向社区外购入商品、劳务或由于其他原因而发生的经济支出和流失程度。旅游漏损包括宏观的旅游外汇漏损和微观的旅游景区收入漏损，本书研究的对象是微观视角的旅游景区经济漏损。旅游景区的规模扩大、等级提高，本地社区不能生产或提供满足旅游者需求的设施、食物、消费品或其他产品，由于这些产品需要从外地购买，旅游景区的部分收入就流失掉了，削弱了旅游的乘数效应。旅游经济漏损程度反映了旅游景区与周边的经济联系，旅游景区经济漏损程度越高，旅游景区与周边腹地的经济联系就越小，旅游景区的经济飞地效应越突出。

2. 连接度指数（C_E）

经济连接度指数指旅游景区和社区旅游经济的连接度情况。鉴于此，本书选取居民参与商业机会、居民旅游就业人数比、居民旅游依赖程度、旅游收益分配等指标来反映经济连接度。对具体指标作以下说明：

（1）居民参与商业机会

居民参与商业机会，指社区居民参与餐饮、住宿、娱乐等旅游项目机会的大小。旅游景区发展初期，为满足游客需求，加上社区内旅游服务设施不齐全，社区居民有大量机会参与旅游服务经营，从中获取收益。但是，随着旅游景区的成熟发展，旅游服务设施逐渐被开发商控制，原有社区居民提供的服务项目被挤出旅游景区，如摆摊兜售商品、景区内交通等被驱出旅游景区。另外，社区居民提供的服务设施不能满足游客更高的需求，不再受游客的关注。社区居民参与旅游景区的商业开发，是保障社区经济利益的重要内容，旅游景区经济飞地的形成阻隔了居民参与的机会，居民参与商业机会的削弱加强了旅游景区经济飞地效应，大量社会矛盾也因此产生。所以，居民参与商业机会越少，旅游景区的经济飞地效应也就越明显。

（2）居民旅游就业人数比

居民旅游就业人数比，指旅游景区内社区居民员工的数量占总员工数量的比重。旅游业具备劳动密集型行业的特征，旅游景区开发是增加社区居民就业机会的重要途径，旅游景区中的就业岗位数量多，并且大部分对于文化技能没有很高的要求，如景区内的环卫、保安、服务员等，特别是能够带动女性就业[①]。随着旅游景区的成熟，对旅游设施和服务水平要求越来越高，对劳动力的要求也在增多，但更重要的是对劳动力也提出更高要求。由于景区腹地社区居民文化水平不高，逐渐不能满足景区对劳动力需求的条件，社区居民员工在总员工中的比重逐渐下降。同时，旅游景区内就业包括正式部门就业和非正式部门就业，本书为了方便统计调查，采用正式部门就业情况来反映飞地型旅游景区的特征。社区居民旅游就业人数比越小，说明景区就业

① 厉新建，可妍．国外旅游就业研究综述［J］．北京第二外国语学院学报，2006（1）：32–37.

与社区的关系越隔离，旅游景区的飞地效应越明显。采用下列公式对居民就业人数比进行测度：

$$E_5 = \frac{X}{Y} \quad (4\text{–}1)$$

式中，E_5 表示居民旅游就业人数比，X 表示景区内社区居民员工数量，Y 表示景区内员工总数量。

（3）居民旅游依赖程度

居民旅游依赖程度指社区居民的经济收入对旅游的依赖程度。社区居民受旅游景区开发影响，通过直接就业、旅游经营、产品销售等途径，可以获得一定的经济收益。旅游业具有综合性的特征，涉及多个产业，并且景区为游客提供食、住、行、游、购、娱等多种服务，居民通过旅游获取的收益有直接收益部分（景区就业工资）和间接收益部分（农产品销售）。居民旅游依赖程度受区位影响比较大，距离景区的距离越近，景区带来的旅游收入越高，若距离景区的距离较远，居民通过旅游收益的比例会减小甚至完全无法获得旅游收益。因此，社区居民旅游依赖程度越小，说明景区旅游业发展对他们的带动性越小，居民享受旅游的收益也越小，旅游景区的经济飞地性特征越明显。本书采用下列公式对居民旅游依赖程度进行测算：

$$E_6 = \frac{I_t}{I_a} \quad (4\text{–}2)$$

式中，E_6 表示居民旅游依赖程度，I_t 表示居民旅游年收入，包括工资收入、旅游经营收入等，I_a 表示居民年总收入。

（4）旅游收益分配

旅游收益分配指旅游景区开发收益对社区居民的分配情况，常见的分配方式为经济利益补偿。外地进入的旅游开发商或投资商受景区开发的影响，享受到了资源开发带来的经济效益，会适当地给予资源的所有者，即当地社区一定的经济补偿。公平、合理、经济的旅游收益分配，不仅能够保证旅游企业获取正当的经济利益，更有利于当地社区脱贫致富，有利于旅游地的可持续发展。但是，不合理的收益分配会导致景区和社区经济收益差距扩大，容易激发社会矛盾。唐德彪（2002）探讨了影响旅游收益分配公平性的原因，提出只有明确旅游资源产权制度，建立合理科学资源核算体系，才能从根本上分配旅游收益①。刘相军、杨桂华（2009）以梅里雪山雨崩村为例，分析了社区参与旅游收益分配的机制，提出制定社区参与旅游收益分配制度时，要考虑社区传统的文化背景②。公平性是评价旅游收益分配的重要指标，本书认为旅游收益分配越不公平，旅游景区的经济飞地效应就越明显。

（二）文化飞地效应指标体系（*SE*）

旅游景区文化飞地效应指旅游景区与社区形成较大的社会文化差异，以及相互之间缺少沟通、协调的现象。对其效应测度，需要从旅游景区社会和文化两个方面，对景区内社会文化及社区居民的感知进行测度。因此，本书中文化飞地效应指标包括社会差异性指数（D_S）、社会连接度指数（C_S）两个方面。

1. 社会差异性指数（D_S）

社会差异性指数指旅游景区和社区社会文化的差异性情况。鉴于此，本书选取生活方式差异性、基础设施差异性、本土文化同化程度等指标来反映社会文化差异性。对具体指标作以下说明：

（1）生活方式差异性

生活方式差异性指旅游景区内游客与社区居民，以及旅游景区与周边社区生活方式的差异大小。本土居民生活方式是重要的旅游吸引物之一。传统居民的生活方式具有原生、朴素、纯真等特点，一些景区的开发会注重对原有生产、生活方式的打造，如开发旅游景观、旅游活动、旅游节庆等，成为游客进行社会文化体验的主要吸引物。但是，旅游者作为强势文化群体，开发商为了满足、迁就旅游者的现代需求，例如，娱乐、休闲等现代生活，在旅游景区开发中会产生大量与本土文化差异较大的旅游设施或服务。社区居民受外来生活方式的影响，“示范效应”和“学习效应”会逐渐引发本土居民生活方式的改变，原有的传统生活方式变异。此外，受新农村建设和现代文化的冲击，社区本身的生活方式也在进行着改变，传统的生活方式如果不注

① 唐德彪. 民族旅游业收益分配的公平性研究［J］. 桂林旅游高等专科学校学报，2002（4）：56-58.

② 刘相军，杨桂华. 传统文化视角下的社区参与旅游收益分配制度变迁机理研究——以梅里雪山雨崩藏族村为例［J］. 旅游论坛，2009（3）：366-369.

重传承和保护，就会逐渐消逝。因此，本书认为景区和社区的生活方式差异性越大，旅游景区的文化飞地效应越明显。

（2）基础设施差异性

基础设施差异性指旅游景区和社区基础设施方面的差异大小。基础设施建设水平是区域发展水平的重要体现，基础设施一般包括道路交通、给排水、电力电信、商业服务、环卫设施等内容。对于景区来说，基础设施代表旅游景区的发展水平，是吸引游客、创造经济效益的基本条件。对于社区来说，基础设施有助于居民生活水平的提高，具有巨大的经济、社会效益。基础设施差异大小代表景区和社区社会的公平性。基础设施建设是旅游景区开发的基础，政府、开发商为了吸引游客，改善旅游景区环境，会对基础设施进行大量的投资。社区会因旅游开发享受基础设施的改善，但受资源有限等因素影响，基础设施会更多地聚集在景区中。基础设施水平在景区和社区的差异往往是存在的，如果差异性过大，景区和社区的发展会形成明显的极化效应，景区和社区的差距会日益扩大，造成旅游发展的不公平性。因此，本书认为景区和社区的基础设施差异性越大，旅游景区的文化飞地效应越明显。

（3）本土文化同化程度

本土文化同化程度指旅游景区内文化受外来文化的影响，被改变、异化、趋同的程度。景区是文化的载体，文化是景区的灵魂，二者是相互依存的关系。在开发建设过程中，对本土文化研究不足，景区内文化景观打造流于形式或引入大量的非本地文化符号，使得景区内外文化景观差异较大。在景区发展过程中，游客大量涌入，代表客源地文化的内容比较强势，对本土文化造成一定影响。开发商盲目迎合消费者的文化需求，抛弃本土文化的原真特色，出现霓虹灯、快餐店、广告牌等人文景观，使原有文化特色不再明显。或者，采取“旧瓶装新酒”的形式，出现舞台化或现代化包装的文化景观或活动，割裂了本土文化与景区文化的关系，使得旅游景区成为一个文化飞地。因此，本土文化同化程度越高，旅游景区的文化飞地效应越明显。

2. 社会连接度指数（C_S）

社会连接度指数指旅游景区和社区社会文化的连接度情况。鉴于此，本书选取旅游决策参与程度、旅游开发支持度、与游客接触程度、传统文化传承度等来反映社会文化连接度。对具体指标作以下说明：

（1）旅游决策参与程度

旅游决策参与程度指社区居民对旅游景区规划、建设、发展等事项决策的参与程度。由于受到自身能力和认识水平的限制，社区居民对参与旅游决策缺乏必要的认识，多数持无所谓或者观望态度。但是，景区的决策一般对旅游地的发展影响深远，如景区的规划、利益分配、征地补偿等重大事项。按照开发主体分类，一般包括政府主导型、开发商投资型、社区主导型。前两种模式中，非社区力量占主导地位，在旅游决策中往往忽视社区居民的利益，由此引发一系列后续负面影响。倘若在旅游决策中尊重社区居民的意见，往往能实现景区和社区的协调发展。因此，本书认为社区居民在旅游决策中的参与程度越低，旅游景区的文化飞地效应就越明显。

（2）旅游开发支持度

旅游开发支持度指旅游景区社区居民对旅游业发展的支持态度。随着旅游景区的不断发展壮大，旅游服务设施的不断完善，管理和服务人员逐渐以外来人员为主，使得当地劳动就业机会减少，社区参与旅游商业机会被压缩，社区居民在旅游发展中的受益没有达到预期，同时旅游业持续发展会给社区带来交通拥堵、环境污染、物价上涨等问题。本书认为旅游开发支持度低，导致旅游景区社区居民对旅游业发展持消极抵抗态度，居民感知指数低，旅游景区文化飞地效应明显。

（3）与游客接触程度

与游客接触程度指旅游景区当地居民与旅游者之间接触和联系的机会，主要反映当地居民与旅游者的经济、社会文化交流联系状况。旅游企业为使经济利益最大化，设法阻止旅游者与旅游景区居民及周边社区之间的经济、社会文化联系，强化其旅游经济、社会文化的封闭性，使当地社区居民与旅游者之间的联系最小化，当地居民参与旅游商业机会受限，旅游者无法获得真正完整的旅游体验。本书认为当地社区居民与旅游者接触程度低，缩减了当地社区居民与旅游者的经济交流机会，拉大了当地社区居民与旅游者的社会文化差距，强化了旅游景区文化飞地效应。

（4）传统文化传承度

传统文化传承度指旅游景区对社区本土文化的传承程度。民族文化、建筑文化、民俗风情、艺术文化等传统文化是重要的文化旅游资源，是旅游开发的文化灵魂。对传统文化进行保护和传承，减少了旅游开发引起的文化涵化和商品化等负面影响，代表着旅游景区对社区文化的吸收以及双方的紧密联系。传统文化传承包括建筑景观的文化传承、非物质文化遗产的传承等内容，除了以文化符号突出传统文化外，其他传统文化传承方式包括博物馆展示模式①、节庆活动模式②、表演模式③等内容。景区开发应重视对传统文化的传承和保护，避免景区和社区文化的割裂。因此，本书认为传统文化传承度越大，景区和社区的文化连接度越大，旅游景区文化飞地效应越小。

（三）景观飞地效应指标体系（*LE*）

景观飞地指旅游景区景观破碎化导致生态格局的整体性和网络性遭到破坏所呈现的不连续性现象和特征，表现为与周边环境的巨大差异和生态廊道被切断。对其效应测度，需要从旅游景区本身和周边联系综合考虑，对景区内相关景观生态指标进行科学评价。因此，本书中景观飞地效应指标包括景观差异性指数（D_L）、景观连接度指数（C_L）两个方面。

1. 差异性指数（*DL*）

景观差异性指数指旅游景区景观与周边环境存在空间梯度的巨大差异。鉴于此，本书选取斑块密度、建筑风格分异度、外来物种入侵程度等指标来反映景观生态差异性。对具体指标作以下说明：

（1）斑块密度

斑块密度指研究区域范围内景观斑块个数与景观面积的比值。斑块密度是反映景观异质性指数的重要指标和比较不同类型景观破碎化程度的指标。本书认为斑块密度越大，景观异质性指数越大，旅游景区景观飞地效应越明显。采用下列公式对斑块密度进行测度：

$$L_1 = \frac{NP}{A} \tag{4-3}$$

式中，L_1 为景观水平上的斑块密度（个 /km^2），表示单位面积内所有景观类

① 吴必虎，余清．生态博物馆：一种民族文化持续旅游发展模式［J］．人文地理，2001（6）．

② 王德刚．民俗旅游开发模式研究——基于实践的民俗资源开发利用模式探讨［J］．民俗研究，2003（1）：51–58.

③ 王德刚．表演场迁移——台湾布农族原住民文化旅游化传承的人类学思考［J］．民俗研究，2012（3）：108–111.

型的斑块个数；NP 为景观斑块个数；A 为景观的总面积。

（2）建筑风格分异度

建筑风格分异度指旅游景区内民居建筑及其附属设施的异化程度，即该区域内建筑风格异化户数与总户数的比值。便于不同对象的比较统计，选取建筑风貌、历史价值、层数、装饰材料、外立面色彩等作为分异度评价指标。建筑风格分异度是衡量文化差异性指数的重要指标。建筑风格是本土文化、生活方式和民族特色的外在表现和物化展示。受城市化、现代化和时尚化进程的影响，旅游景区建筑风格差异巨大，形态各异，其传统建筑元素符号不断消失，传统建筑风格的生存空间逐渐被压缩，影响旅游景区本土文化的保护与传承。本书认为建筑风格分异度越大，文化差异指数越高，旅游景区文化飞地效应越明显。采用下列公式对建筑风格分异度进行测度：

$$L_2 = \frac{Y}{N} \tag{4-4}$$

式中，L_2 为研究区域的建筑风格异化度；Y 为建筑风格异化户数；N 为研究区域的建筑总户数。

（3）外来物种入侵程度

外来物种入侵程度指旅游景区通过人为途径引进外来物种（植被）的程度。外来物种的引入会破坏当地景观生态系统的整体性和自然性、损害生态环境、危害动植物多样性，影响遗传多样性等。本书认为旅游景区外来物种入侵程度越高，与周边差异性指数越大，景观飞地效应越明显。采用下列公式对外来物种入侵程度进行测度：

$$L_3 = \frac{R_i}{N} \tag{4-5}$$

式中，L_3 为研究区域的外来物种入侵度；R_i 为外来物种种类；N 为物种总种类。

2. 连接度指数（CL）

景观连接度指数指旅游景区与周边景观结构单元间的空间连续程度，主要反映景区内外生态廊道的连续性情况。鉴于此，本书选取可进入性、绿地率、廊道密度、网络连接度等来反映景观生态连接度。对具体指标作以下说明：

（1）可进入性

可进入性指旅游者通过各种交通设施从旅游景区到达周边各社区的快捷程度。受旅游景区游览道路等级、停车服务设施、主入口数量和导入、导出系统完善情况的影响，景区到周边各社区的可进入性各异。本书认为从旅游景区到周边社区的可选择性越少、可进入性越差、快捷程度越低和交通服务设施越不完善，景观连接指数越小，形成旅游景区景观飞地的可能性越大。

（2）绿地率

绿地率指研究范围内各类绿地面积与总体面积的比值。绿地面积包括公共服务设施绿地（道路红线内的绿地）、附属绿地、公共绿地、防护绿地、生产绿地，其中，公共绿地内占地面积不大于1%的水池、雕塑、景观亭等绿化小品构筑物可计入绿地。本书认为绿地率越大，植被多样性程度越高，景观连接度程度愈高，旅游景区景观飞地效应越小。采用下列公式对绿地率进行测度：

$$L_5 = \frac{G_i}{S} \times 100\% \tag{4-6}$$

式中，L_5为绿地率；G_i为研究区域各类绿地面积总和；S为研究区域的总面积。

（3）廊道密度

廊道密度指研究区域范围内景观廊道的长度与景观面积的比值。廊道密度是反映景观连接度的重要指标，廊道密度指数可以弥补计算中同一种景观类型破碎化程度被忽视的缺陷，廊道具有双重反向作用。本书认为廊道密度越大，景观破碎化程度越高，旅游景区景观飞地效应越明显。采用下列公式对廊道密度进行测度：

$$L_6 = \frac{\sum P_i}{A_i} \tag{4-7}$$

式中，L_6为景观廊道密度，$\sum P_i$为研究区域景观内或某景观要素斑块类型内廊道的长度，A_i为研究区域景观总面积或某景观斑块类型的面积。

（4）网络连接度

网络连接度指该网络的连接数与其最大可能连接数之比。网络连接度是反映景观连接度的重要指标。网络连接度可以直接得到，但最大可能连接数需通过计算节点的多少来确定。图 4–3 中，*a* 中网络有 15 条连接线，16 个节点，计算可得其网络连接度为 0.36；*b* 中网络有 20 条连接线，16 个节点，其网络连接度为 0.48，即网络连接度 *b* >*a*，景观飞地效应 *a*>*b*。

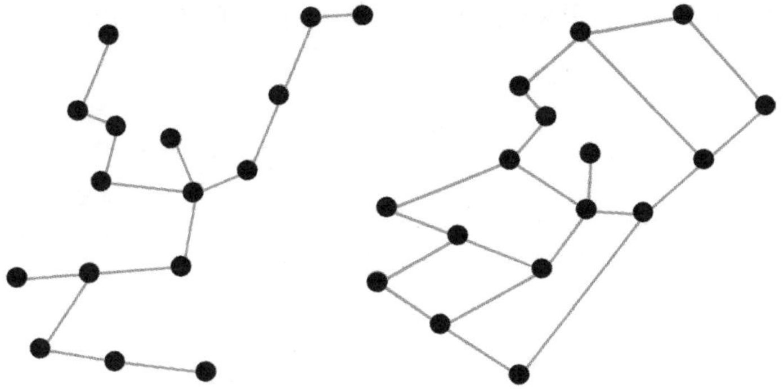

图 4–3　拓扑空间上的网络连接度

网络连接度 *r* 指数的值域在［0~1］之间，0 表示各节点之间互相不连接，1 表示每个节点与其他各点都相互连接。本书认为网络连接度 *r* 指数越小，景观连接度指数越小，旅游景区景观飞地效应越明显。采用下列公式对网络连接度进行测度：

$$L_7 = \frac{L}{L_{\max}} = \frac{L}{3(V-2)}\ (V \geqslant 3,\ V€N) \qquad (4\text{–}8)$$

式中，L_7 为网络连接度的 *r* 指数，*L* 为连接数，*L*max 为最大可能连接数目，*V* 为节点个数。

第五章　普者黑度假公园 ETA 模型测度

在前述评价模型的基础上，本章确定了数据收集方法、数据处理方法、权重确定方法、模型评价方法。选取普者黑度假公园六大景区作为研究对象，对原始数据进行相应处理，结合熵值法确定的权重，最终得出六大景区飞地效应的测度结果。

一、普者黑度假公园 ETA 测度方法

（一）数据收集方法

1. 数据收集途径

旅游飞地效应测度的关键环节之一就是获取比较全面、可信的数据来源，实现测度指标数据的客观性、科学性，满足数据分析的需要。从数据收集来源来看，主要包括一手调查数据和二手统计数据，且以一手调查数据为主。数据获取的方式有：一是通过 ArcGIS9.3、TArch8.0、AutoCAD2015 等软件对场地分析输出的相关数据；二是通过实地调研、问卷、访谈等获取的相关数据；三是政府相关部门发布的相关数据；四是普者黑景区管委会及管理公司发布的相关数据。

2. 数据收集方法

2014 年 2 月、2014 年 11 月、2015 年 12 月三次在普者黑景区地毯式调研，获得论文所需的经济、社会、景观等基础数据资料。经济数据方面，既包括一手调查数据，也包括二手统计数据。其中，外来资本控制程度、旅游

设施集中度、居民旅游就业人数比、旅游收益分配等数据通过统计资料，并结合实地调查获取；居民参与商业机会、旅游经济漏损程度、居民旅游依赖程度等数据通过问卷调查和访谈获得；社会文化数据方面，以一手调查数据为主。其中社区参与决策程度、本土文化同化程度、旅游开发支持度、与游客接触程度等数据通过问卷调查、访谈及田野调查获得；景观生态数据方面，以读图、软件分析获取数据为主。外来物种入侵程度、建筑风格分异度、可进入性、廊道密度、网络连接度、斑块密度、绿地率等数据通过 ArcGIS9.3、TArch8.0、AutoCAD2015 等软件获取。

（二）数据处理方法

根据数据的内容划分，包括经济飞地数据、文化飞地数据、景观飞地数据；根据数据的形式，包括比例数据、程度数据、等级数据；根据数据的性质，包括主观数据、客观数据。对于数据处理的方法主要有：

1. 主观数据处理

本书采取五级量表，对相关指标进行计算。例如，对“旅游设施集中度”用非常低、低、一般、高、非常高进行评价；对“居民参与商业机会”用非常少、少、一般、多、非常多进行评价。然后根据指标值大小与飞地效应大小的关系，转化为 0~1 之间的飞地效应分值，差异性指数分值越大，飞地效应越明显；连接度指数分值越大，飞地效应越小。

2. 客观数据处理

本书采用阈值法，对相关客观数据进行处理。本书研究的客观数据包括比例数据、总量数据、差异数据等，这几类数据的量纲和数量级存在较大的差异，可以通过以下公式实现数据的无量纲化：

$$A_i^*=\frac{A_i}{\max A_i}(1\leqslant i\leqslant m) \tag{5-1}$$

式中，m 为 A_i 所在系列数据的个数，A_i^* 即数据 A_i 的标准值。在式 5-1 中，影响指标标准值大小的因素是数据 A_i 本身和该系列数据最大值 $\max A_i$。所得标准值的取值范围为 $\left[\frac{\min A_i}{\max A_i},1\right]$，即 0~1 之间，符合下一步数据计算的要求。

（三）权重确定方法

权重是对标评价过程中指标相对重要程度的一种反映。指标权重的确定也称为加权，表示对指标重要程度的分配，一般包括主观加权和客观加权两种方式，具体方法包括层次分析法（Analytic Hierarchy Process，AHP）、德尔菲法（Delphi Method）、熵值法（Entropy Value Method）、主成分分析法（Principal Components Analysis，PCA）等。本书为了使权重系数更具有客观性、科学性，采用客观的熵值法并结合 MATLAB 软件确定权重。

1. 熵值法

本书采用客观赋权的熵值法确定评价指标权重。熵（Entropy），是热力学中的物理概念，是体系混乱度或无序度的度量。在系统论中，熵越大表示系统越混乱，携带的信息越少；熵越小表示系统越有序，携带的信息越大。熵值法是通过指标信息熵的计算，根据指标的相对变化程度对系统整体的影响决定指标的权重，是一种客观赋权的方法。因此，相对变化程度较大的指标权重较大，相对变化程度较小的指标权重较小。通过信息熵来测算权重的主要步骤为：

第一，计算指标信息熵值 e，第 j 项指标信息熵值的计算公式为：

$$e_j = -K\sum_{i=1}^{m} y_{ij}\ln y_{ij} \tag{5-2}$$

式中，K 是常数，$K=\dfrac{1}{\ln m}$

第二，计算指标信息效用值 d，具体公式为：

$$d_j = 1 - e_j \tag{5-3}$$

式中，某项指标的信息效用价值取决于该指标的信息熵 e_j 与 1 之间的差，其值直接影响权重大小，信息效用值越大，对评价的重要性就越大，权重也就越大。

第三，计算评价指标权重 w，第 j 项指标权重的计算公式为：

$$w_j = \frac{d_j}{\sum_{i=1}^{m} d_j} \tag{5-4}$$

利用熵值法估算各指标权重，其本质是利用该指标信息价值系数进行计算，其价值系数越高，对评价的重要性就越大（或称权重越大，对评价结果的贡献越大）。

2. 软件辅助

本书运用 MATLAB 软件辅助实现上述计算过程。MATLAB 表示矩阵实验室（Matrix Laboratory），是 1984 年由美国 MathWorks 公司推出的一种科学计算软件，主要用于数学和计算，包括数据分析、数据可视化、算术开发应用、图形界面设计等方面。MATLAB 系统主要由语言、工作环境、制图系统、数学函数库、应用程序接口五部分构成（见图 5–1）。该软件简单易操作、计算功能强、图形处理和绘制便捷、可扩展性能强，因此，被广泛应用于信息处理、系统控制、科学计算等领域，便于使用者从繁重的计算工作中解脱出来，把精力集中于研究及基本理论探索方面。

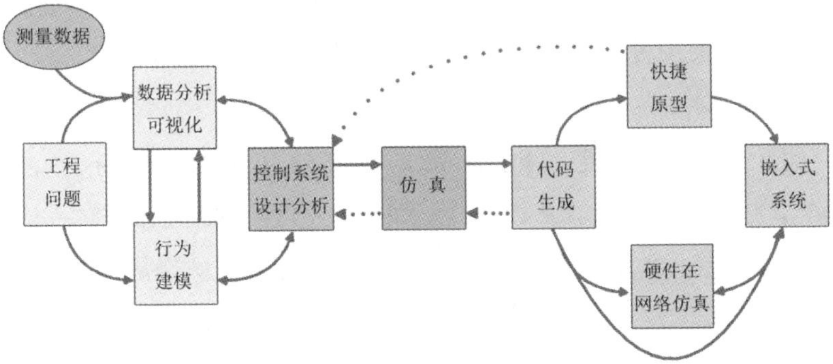

图 5–1　MATLAB 软件数据分析框架

（四）模型评价方法

所谓模型评价方法，就是将多个评价指标值“合成”为一个综合评价值的数学方法。本书模型评价包括三个步骤，分别是：第一步，通过层次分析法构建评价模型；第二步，通过模糊综合评价法进行赋值；第三步，通过“*D*/*C*”评价模型进行计算。具体评价内容为：

1. 第一步：构建模型——层次分析法

层次分析法（Analytic Hierarchy Process，AHP）由美国著名运筹学家萨蒂（T. L. Satty）等在 20 世纪 70 年代提出，是一种定性与定量结合的多维准则决策方法。层次分析法是将一个复杂的决策内容分解为多个层次结构模型，用较少的定量信息，把决策的思维系统化、数学化、简单化、规范化、模型化，以便解决多目标、多准则、无结构的复杂决策问题，使人们易于接受结果。层次分析法广泛运用于经济、社会以及管理科学等领域，是一种经典常用的评价方法。本书对旅游飞地效应的测度也是一个复杂的问题，通过对评价因素进行分组，形成低阶层次关系，能保证模型的系统性和合理性。

2. 第二步：指标赋值——模糊综合评判法

模糊综合评判法（Fuzzy Comprehensive Assessment，FCA）由美国学者扎德（Zadeh）于1965年提出，是借助模糊数学理论进行评价的方法。模糊综合评判法是模糊数学的一种具体应用，指应用模糊集合论对决策过程中涉及的人、事、物等进行多目标、多因素判断和评价。该方法不仅可以按综合分值大小对评价对象进行评价和排序，还可以按最大隶属度原则，根据模糊评价集上的值评定对象所属等级。这种方法可以对无法进行数量分析的问题进行定量评价，被广泛应用于经济、社会等领域。本书为了对模糊因素相关指标进行评价，采用模糊综合评判，能确保结果更加可靠和科学。

3. 第三步：评价——*D/C* 测度

D/C 测度即“差异性（Difference）—连接度（Connection）”测度，是引入经济学脆弱性测度“*S/R* 模型”，即“敏感性（Sensitivity）—应对能力（Resilience）”模型。本书认为，旅游飞地效应评价与区域经济发展脆弱性的评价原理相同。因此，在“*S/R*”模型的基础上构建了旅游飞地效应评价的“*D/C*”模型。其中，旅游飞地效应与差异性指数成正比，与连接度指数成反比，即

$$I_i = \frac{D_i}{C_i} \tag{5-5}$$

式中，I_i 表示不同类型的旅游飞地效应，包括经济飞地效应（*EE*）、文化飞地效应（*SE*）、景观飞地效应（*LE*）；D_i 表示不同类型旅游飞地效应的差异性指数，C_i 表示不同类型旅游飞地效应的连接度指数。通过熵值法加权评价后，得出旅游景区经济飞地效应（*EE*）、旅游景区文化飞地效应（*SE*）、旅游景区景观飞地效应（*LE*）三种不同类型的差异性指数（D_E、D_S、D_L）和连接度指数（C_E、C_S、C_L）大小，代入（式5–5）中，即可得到不同类型旅游飞地效应值的大小。

二、普者黑度假公园 ETA 测度数据

（一）原始数据

根据表 4–1 确定的旅游飞地效应测度指标体系，根据普者黑度假公园六大旅游景区与周边社区的空间分布、道路交通、生态水系等概况（见图 5–2）。

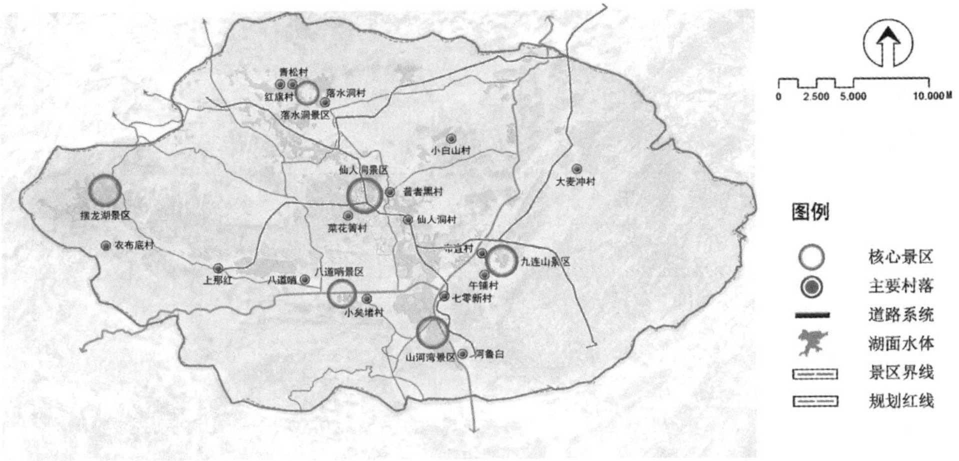

图 5–2　普者黑度假公园六大景区概况

通过 ArcGIS9.3、TArch8.0、AutoCAD2015 等软件对普者黑度假公园六大景区经济、社会文化和景观生态相关数据、规划图件的分析、测量、绘制，得到六大景区旅游飞地效应测度指标的原始数据（见表 5–1）。

表 5–1　普者黑旅游飞地效应评价原始数据

	类型	指标	山河湾景区	仙人洞景区	落水洞景区	九连山景区	八道哨景区	摆龙湖景区
经济飞地效应 *EE*	差异性指数 D_E	外来资本控制程度 E_1	非常高	高	非常低	高	一般	一般
		旅游设施集中度 E_2	高	非常高	低	高	一般	一般
		旅游经济漏损程度 E_3	非常严重	严重	非常不严重	一般	不严重	不严重
	连接度指数 C_E	居民参与商业机会 E_4	一般	高	低	低	一般	非常低
		居民旅游就业人数比 E_5	低	高	一般	一般	低	非常低
		居民旅游依赖程度 E_6	高	非常高	低	低	一般	非常低
		旅游收益分配 E_7	一般	公平	不公平	不公平	一般	非常不公平

续表

	类型	指标	山河湾景区	仙人洞景区	落水洞景区	九连山景区	八道哨景区	摆龙湖景区
文化飞地效应 SE	差异性指数 D_S	生活方式差异性 S_1	大	非常大	小	大	一般	小
		基础设施差异性 S_2	非常大	大	一般	大	小	一般
		本土文化同化程度 S_3	非常严重	严重	不严重	严重	严重	不严重
	连接度指数 C_S	社区参与决策程度 S_4	低	一般	非常低	低	低	非常低
		旅游开发支持度 S_5	低	高	一般	一般	一般	一般
		与游客接触程度 S_6	多	非常多	一般	一般	多	非常少
		传统文化传承度 S_7	非常差	差	好	一般	一般	非常好
景观飞地效应 LE	差异性指数 D_L	斑块密度 L_1	4.65	3.56	2.02	1.10	1.19	0.53
		建筑风格分异度 L_2	0.55	0.65	0.42	0.56	0.83	0.16
		外来物种入侵程度 L_3	高	非常高	低	高	一般	低
	连接度指数 C_L	可进入性 L_4	1.72	2.85	5.63	4.20	4.50	3.75
		绿地率 L_5	77%	85%	90%	82%	71.2%	93%
		廊道密度 L_6	0.84	0.53	0.67	0.52	0.68	0.27
		网络连接度 L_7	0.75	0.42	0.38	0.44	0.3	0.2

资料来源：根据实地调研、TArch8.0、AutoCAD2015 测量数据整理而成。

（二）赋值依据

1. 经济飞地效应指标（*EE*）

E_1：外来资本控制程度

资金是限制普者黑景区发展和社区居民参与旅游的重要因素，也是旅游景区经济飞地形成的核心要素。根据调研，本地居民参与旅游开发的意愿比较高，但最大的限制因素是缺乏资金。目前，普者黑景区主要由普者黑旅游开发公司投资，由于普者黑旅游开发公司本身资金投入有限，对景区不同区域开发的力度也不一。本书中外来资本控制程度的评价标准为非常低、低、一般、高、非常高，相应的赋分值为 0.1、0.3、0.5、0.7、0.9。

E_2：旅游设施集中度

根据调研，普者黑旅游设施分布呈“大集中、小分散”的特征。“大集中”指在普者黑景区范围的 388 平方公里内，旅游设施相对集中在核心景区，主要围绕核心旅游资源和水路分布，面积约 4 平方公里，包括游船设施、旅游产品设施、酒店设施等；“小分散”指在六大旅游景区内和社区内，都分布有一定的旅游设施，包括客栈、餐馆、商店等。本书中旅游设施集中度的评价标准为非常低、低、一般、高、非常高，相应的赋分值为 0.1、0.3、0.5、0.7、0.9，旅游设施集中度是通过对景区和社区旅游设施数量进行调研统计得出的数据（见图 5–3、图 5–4）。

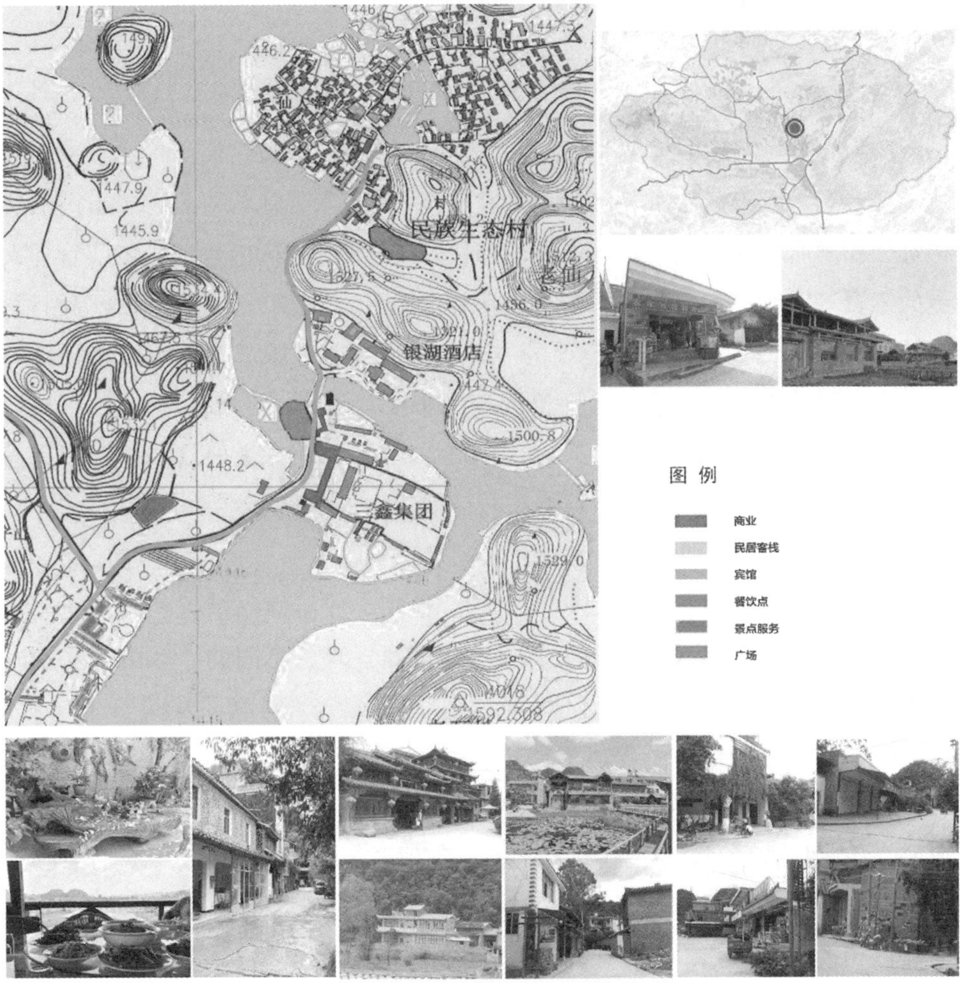

仙人洞村餐饮设施评价图　　仙人洞村住宿设施评价图　　仙人洞村购物设施评价图

图 5–3　仙人洞村旅游服务设施评价

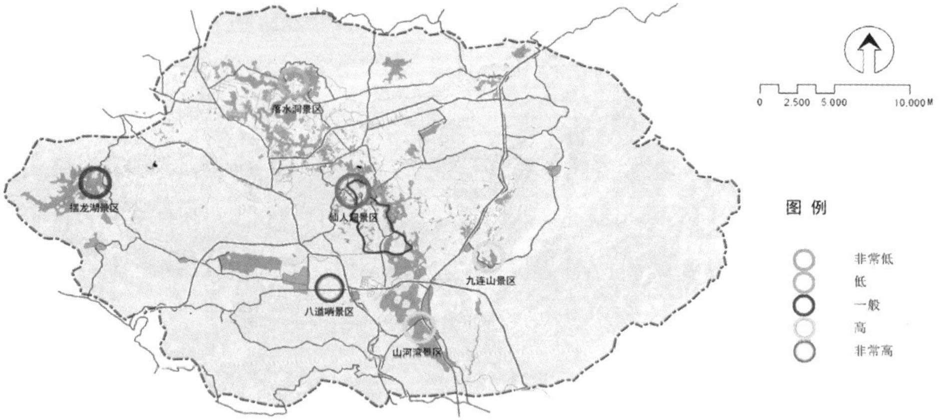

图 5–4　普者黑景区旅游设施集中度赋值

E_3：旅游经济漏损程度

普者黑六大景区旅游经济漏损内容包括：（1）从外地购买旅游者所需消费物资，如酒店易耗品、食材、旅游商品等；（2）支付景区内外地员工及管理人员的工资等。受本地自身供给能力的限制，如产品提供、人才、资金等因素，当地居民未能成为景区开发建设的主体，从中受益有限。本书中旅游经济漏损程度通过严重性进行评价，评价标准为非常不严重、不严重、一般、严重、非常严重，相应的赋分值为 0.1、0.3、0.5、0.7、0.9，旅游经济漏损程度是通过对景区内旅游企业以及就业情况进行调研得出的数据。

E_4：居民参与商业机会

居民参与商业机会的项目包括餐饮、住宿、旅游商品销售、旅游交通服务等，大部分经营户多兼营餐饮和住宿。调研发现，不同的社区由于受景区开发的影响，以及自身地理区位的差异，居民参与商业机会的差异非常大。从类别上，大型酒店、游船、旅游项目等由于投资需求大，社区居民参与非常少，只限于小型的餐馆和客栈；从差异上，仙人洞、普者黑等社区由于受政府支持、区位条件等因素影响，参与商业机会大于其他社区。本书中居民参与商业机会的评价标准为非常低、低、一般、高、非常高，相应的赋分值为 0.1、0.3、0.5、0.7、0.9，居民参与商业机会是通过对社区旅游经营户进行调研得出的数据。

E_5：居民旅游就业人数比

根据对社区居民的职业调查，目前的就业渠道包括务农（农作物、经济作物、渔业等）、外出务工（县城内及外地）、景区就业、创业（经营餐馆、客栈、商店）等几种形式，且以务农为主。本书中居民旅游就业人数比的评价标准为非常低、低、一般、高、非常高，相应的赋分值为 0.1、0.3、0.5、0.7、0.9，居民旅游就业人数比是通过对景区内就业情况进行统计得出的数据。

E_6：居民旅游依赖程度

普者黑六大景区周边社区居民家庭主要经济来源包括旅游经营、旅游就业、种地、渔业、外出务工等，且多以种地和旅游收入为主。在仙人洞、山河湾、摆龙湖等不同的旅游景区实地调研中，发现社区居民的总收入和旅游收入是不均匀的。本书中居民旅游依赖程度的赋分依据（见表 5-2），依赖程度依据旅游收入占家庭总收入的比重进行评价，评价标准为非常低、低、一般、高、非常高，相应的赋分值为 0.1、0.3、0.5、0.7、0.9，旅游收入占家庭总收入比例的调研是根据社区居民的抽样调查得出的数据。

表 5-2　居民旅游依赖程度赋分依据

旅游收入比例	依赖程度评价	飞地效应分值
70% 以上	非常低	0.1
50%~70%	低	0.3
30%~50%	一般	0.5
10%~30%	高	0.7
10% 以下	非常高	0.9

资料来源：根据实地调研数据整理而成。

E_7：旅游收益分配

由于企业主导投资的开发模式，普者黑六大景区旅游收益分配的主导权掌握在旅游开发商手中。政府虽然引导对社区居民的利益分配，但旅游收益分配总体存在很多问题，且存在较大的差异性。本书中旅游收益分配通过公平性进行评价，评价标准为非常不公平、不公平、一般、公平、非常公平，相应的赋分值为 0.1、0.3、0.5、0.7、0.9，旅游收益分配的调研是通过综合景区社区、旅游企业、政府等利益相关者的访谈得出的数据。

2. 文化飞地效应指标（*SE*）

S_1：生活方式差异性

以旅游者为代表的景区生活方式和以东道居民为代表的社区居民生活方式存在一定的差异，主要是受旅游“示范效应”影响。在普者黑内，仙人洞景区作为比较成熟的旅游景区，游客的数量多且停留时间长，他们的生活习惯、行为举止、消费爱好等成为景区的主流，与周边社区形成较大的差异。而落水洞等旅游景区，由于旅游者数量少，与当地居民接触时间短，旅游者生活方式的“示范效应”并不明显，景区和社区的生活方式差异小。因此，本书中生活方式差异性的评价标准为非常小、小、一般、大、非常大，相应的赋分值为0.1、0.3、0.5、0.7、0.9，生活方式差异性通过田野调查得出相关数据。

S_2：基础设施差异性

基础设施差异反映了景区和社区生活水平的差距。2009年，普者黑申报国家4A级旅游景区，借此机遇，政府进行大量投资，对普者黑各景区内基础设施进行整改。其中，包括景区内的交通基础设施、环卫基础设施、水电基础设施等。普者黑各景区，尤其是核心旅游景区的基础设施水平得到提高，但空间距离较远的景区基础设施仍十分滞后，在一定程度上制约了景区的发展。各社区在景区发展和新农村建设带动下，社区内基础设施也有一定程度的提高，但大多数与景区有较大的差异（见表5–3）。本书中基础设施差异性的评价标准为非常小、小、一般、大、非常大，相应的赋分值为0.1、0.3、0.5、0.7、0.9，基础设施差异性通过实地调查、规划图纸测量得出相关数据（见图5–5）。

表5–3　普者黑景区基础设施建设现状

村名	村内道路路面	停车设施	给水设施	排水设施	供电状况	垃圾收集与处理	是否有垃圾站	公厕数量	村民居住环境满意度
仙人洞村	6m宽水泥路面，有路灯	村口停车场	地下水供水，部分为矿泉水	无序排水	良好	专人清运送去集中处理	无	1	40%以上
普者黑村	6m宽水泥路面，无路灯	无	地下水供水，部分为矿泉水	污水直接排入河	常阶段式供电	专人清运送去集中处理	无	1	30%以上

续表

村名	村内道路路面	停车设施	给水设施	排水设施	供电状况	垃圾收集与处理	是否有垃圾站	公厕数量	村民居住环境满意度
落水洞村	4~8m 宽水泥或砂子路面，无路灯	无，暂用村口闲置地	地下水供水	污水直接排入河	良好	专人清运送去集中处理	无	无	60%
阿鲁白村	土路，无路灯	无	地下水供水，地下水位发生下降	有截污沟	受施工影响	专人清运送去集中处理	无	1	30%
布宜村	4.5m 宽碎石路面	无	地下水供水	无序排水	良好	专人清运送去集中处理	无	无	45%
上那红村	4.5m 宽水泥路	无	地下水供水	无序排水	良好	专人清运送去集中处理	无	1	70%
衣布底村	土路，无路灯	无	地下水供水	无序排水	一般	专人清运送去集中处理	无	无	50%

通过调查发现，普者黑景区整体的基础设施不完善，且村落的居住环境相差较大，缺少排水设施，旅游旺季道路交通拥堵严重，污水排放对环境的污染问题尤为严重。

S_3：本土文化同化程度

普者黑旅游六大景区是一个多民族聚居区，景区内居住有汉、壮、苗、彝、回、瑶等民族，本土文化包括服饰文化、饮食文化、宗教文化、艺术文学、节庆文化等内容。景区开发对本土文化有一定的正面效应，如传统文化的传承和保护。但景区开发的负面影响更多，文化同化现象延伸到各个方面，传统文化内涵发生一定程度的改变。本书中，本土文化同化程度的评价标准为非常不严重、不严重、一般、严重、非常严重，相应的赋分值为0.1、0.3、0.5、0.7、0.9，本土文化同化程度的赋分是根据田野调查得出的数据。

S_4：社区参与决策程度

社区居民参与到旅游决策中，如旅游规划、战略制定等，是居民对本地旅游业发展权利的分享和发展责任的承担。根据调研，普者黑六大景区社区居民参与旅游决策的意愿普遍非常高，但实际的社区参与程度比较低，且各

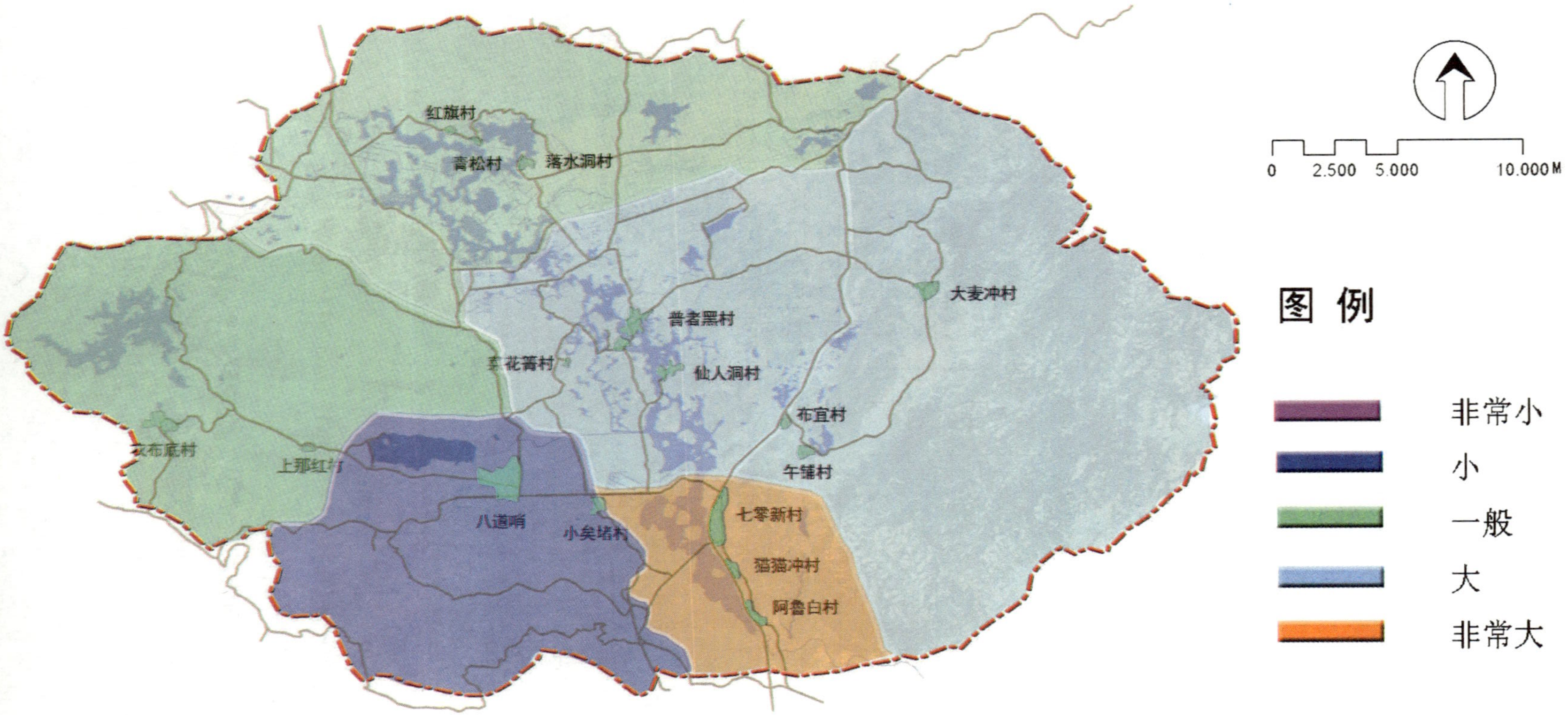

图 5–5　普者黑景区基础设施差异性赋值

景区之间存在一定差异，尤其在旅游规划、拆迁补偿、房屋安置上缺少话语权，大多数居民处于“被参与”的状态。本书中，旅游决策参与程度的评价标准为非常低、低、一般、高、非常高，相应的赋分值为0.1、0.3、0.5、0.7、0.9，旅游决策参与程度的数据是通过对社区居民调研得出。

S_5：旅游开发支持度

普者黑景区旅游发展起步比较早，但并没有完全发展起来，大多数社区居民经济水平仍比较落后，因此整体对旅游开发持支持态度。也有部分社区，例如，比较成熟的仙人洞村、受《爸爸去哪儿》电视节目带动的普者黑村，有村民反映旅游开发影响了他们的生活秩序，但没有明显表现出抵触态度，更多的是希望政府规范旅游开发和游客行为。本书中，旅游开发支持度的评价标准为非常低、低、一般、高、非常高，相应的赋分值为0.1、0.3、0.5、0.7、0.9，旅游开发支持度的数据是根据问卷调查得出的。

S_6：与游客接触程度

与游客接触能够建立起景区和社区之间的联系，一方面社区能辅助景区提供旅游服务满足旅游者的需求，另一方面社区作为一种旅游吸引物，在村民和游客的交流中能促进文化互动。普者黑六大景区的发展使得游客接触的社区范围扩大，从传统的核心区向四周扩散，但由于开发程度不同、可进入性各异等限制，不同社区的旅游者接触程度也不同。与游客接触程度的评价标准为非常少、少、一般、多、非常多，相应的赋分值为0.1、0.3、0.5、0.7、0.9，与游客接触程度的赋分是结合游客统计和田野调查得出的数据。

S_7：传统文化传承度

作为一个少数民族聚集的地区，普者黑各旅游景区有众多少数民族村寨和丰富的传统文化旅游资源。例如，普者黑仙人洞彝族文化生态村、八道哨那红壮族文化生态村、百龙湖衣布底苗族生态村等少数民族村寨，传统文化内容包括少数民族服饰、语言、习俗、歌曲、器乐等。由于景区发展处于初期，加上政府对传统文化保护的重视，普者黑各旅游景区传统文化的传承程度总体较好。在景区发展过程中，通过民族文化节庆打造、非物质文化遗产申报、保护传统文化传承人等方式传承传统文化。但是，由于旅游功能的空间逐渐压缩文化、社会功能空间，一些旅游景区的传统文化出现涵化等现象，对社区传统文化传承出现割裂。因此，本书中传统文化传承度的评价标准为非常差、差、一般、好、非常好，相应的赋分值为 0.1、0.3、0.5、0.7、0.9，传统文化传承度的赋分是结合资料统计和田野调查得出的数据。

3. 景观飞地效应指标（*LE*）

L_1：斑块密度

斑块密度指研究区域范围内斑块个数与总面积的比值。斑块是相对均值的非线性区域，旅游活动越集中、斑块数量越多，斑块密度越大，景观飞地效应越明显。普者黑景区的斑块类型主要有：集散活动广场、景点、水体、农田、林地、宿营地、民居、餐饮、旅社、停车场、购物点、消费场所、文化传承馆、服务设施等。本书斑块密度的赋分依据（见表 5–4），斑块密度的评价类别包括 0~1.0、1.1~2.0、2.1~3.0、3.1~4.0、4.1~5.0，相应的赋分值为 0.1、0.3、0.5、0.7、0.9，斑块密度是通过 TArch8.0、AutoCAD2015 测量、ArcGIS9.3 数据分析、Adobe Photoshop CS4 制图等计算输出得出的数据（见图 5–6、图 5–7）。

表 5–4　斑块密度赋值依据

名称	山河湾景区	仙人洞景区	落水洞景区	九连山景区	八道哨景区	摆龙湖景区
NP（个）	128	215	146	120	65	34
A（km^2）	27.50	60.40	72.10	108.40	54.50	64.10
L_1（个 /km^2）	4.65	3.56	2.02	1.10	1.19	0.53

资料来源：根据实地调研、TArch8.0、AutoCAD2015 测量数据整理而成。

L_2：建筑风格分异度

根据调研，受旅游景区开发和村民自建的影响，景区内和社区的建筑风格出现了异化现象。例如，出现了少数村民自建房的突兀现象，采用白色瓷砖贴面和仿欧式柱子，失去了传统建筑的风貌。不同社区的建筑风格也存在一定差异，仙人洞村建筑风格分异度比较大，出现了大量风格各异的平屋顶现代建筑，破坏了景区的整体风貌，而普者黑村大部分建筑立面保留了传统风貌。本书建筑风格分异度的赋分依据（见表 5–5），建筑风格分异度的评价类别包括：原真类 0~0.2，传统类 0.21~0.4，协调类 0.41~0.6，异化类 0.61~0.8，冲突类 0.81~1.0（见图 5–8），相应的飞地效应赋分值为 0.1、0.3、0.5、0.7、0.9，建筑风格的分异度是通过 TArch8.0、AutoCAD2015 测量、

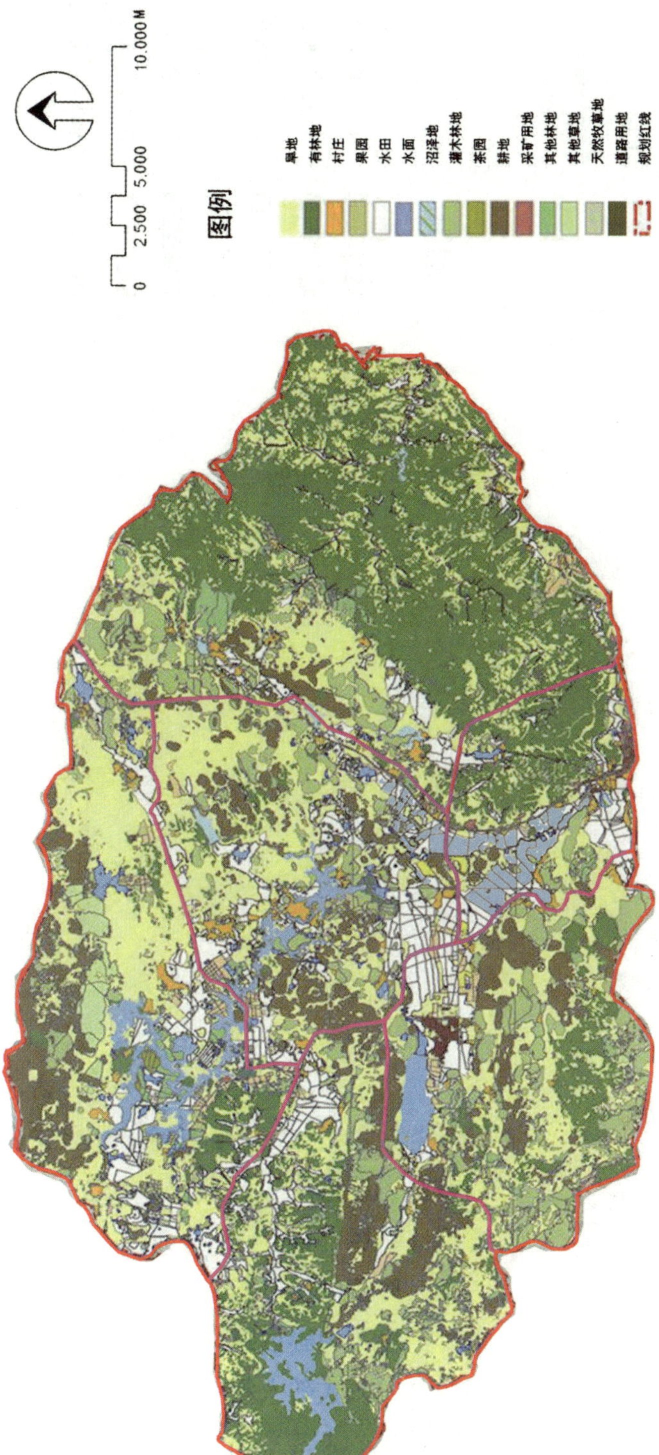

图 5-6 普者黑景区斑块类型

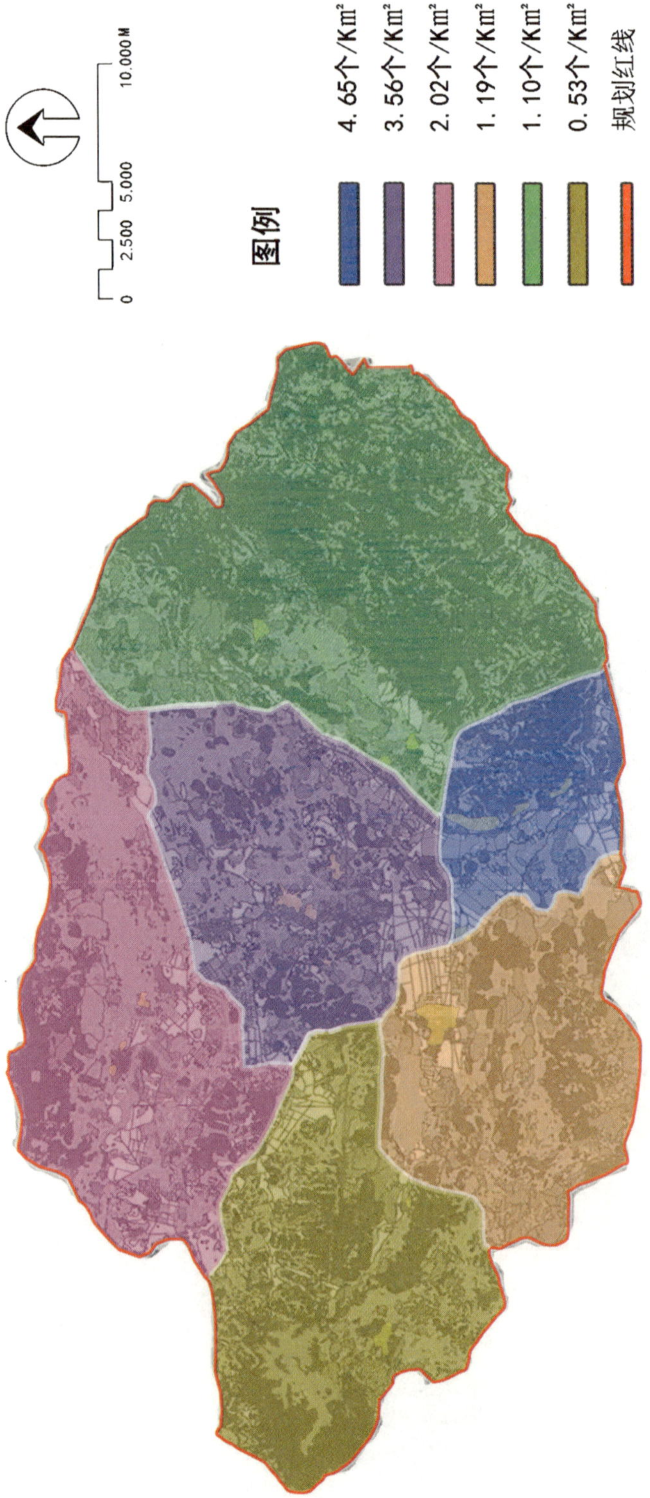

图 5-7 普者黑景区斑块密度赋值

ArcGIS9.3 数据分析、Adobe Photoshop CS4 制图等计算输出得出的数据（见图 5–8 至图 5–12）。

表 5–5　建筑风格分异度赋值依据

名　称	山河湾景区	仙人洞景区	落水洞景区	九连山景区	八道哨景区	摆龙湖景区
Y（户）	217	730	187	426	812	12
N（户）	398	1120	442	675	976	75
L_2	0.55	0.65	0.42	0.56	0.83	0.16

资料来源：根据实地调研、TArch8.0、AutoCAD2015 测量数据整理而成。

a　原真类（爸爸去哪儿 3 号屋）

b　传统类（爸爸去哪儿 2 号屋）

c　协调类

d　异化类

e　冲突类

图 5–8　建筑风格分异度实例

图 5-9　普者黑景区村落建筑风格现状

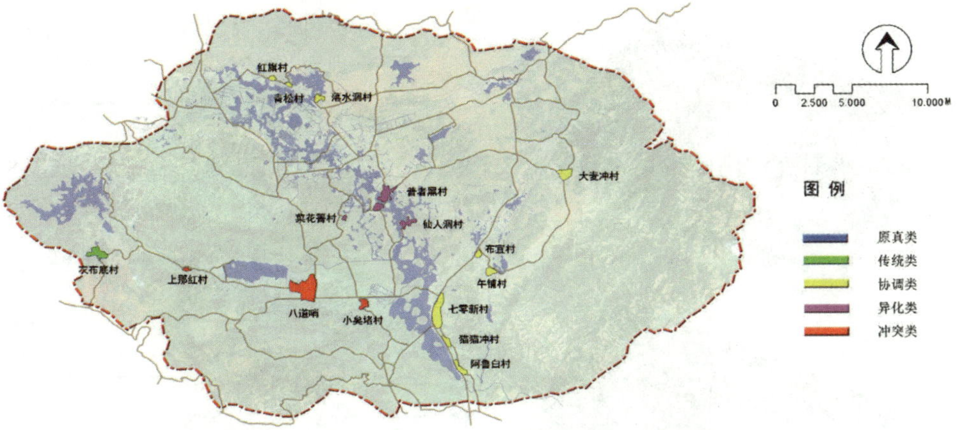

图 5-10　普者黑景区建筑风格分异度赋值

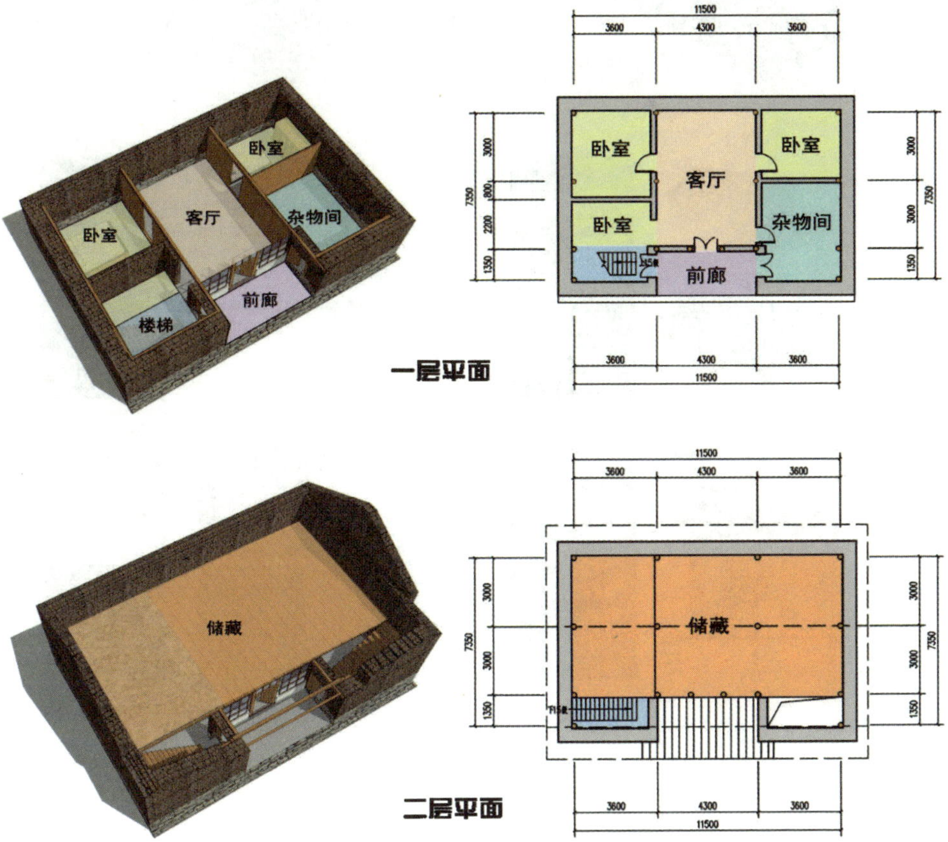

图 5-11　普者黑彝族民居户型布局

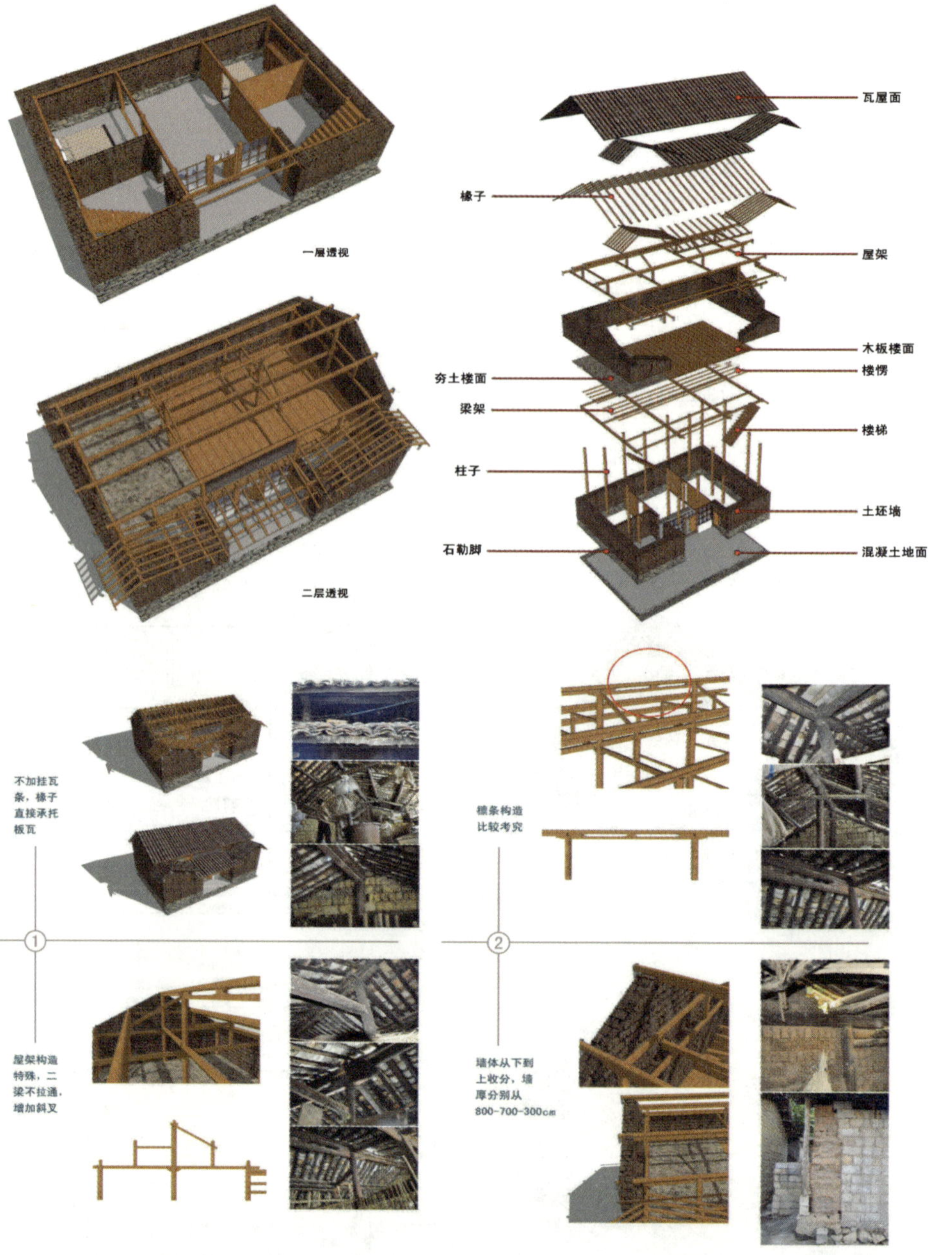

图 5–12　普者黑景区典型民居建筑测绘

L_3：外来物种入侵程度

外来物种入侵程度指旅游景区通过人为途径引进外来物种（植被）的程度。调研发现，山河湾景区受城市化及地产开发的影响，引种外来植被较多，仙人洞景区人工湿地的大规模建设等引用外来挺水植物、浮水植物（万亩荷塘）、沉水植物比较严重，落水洞景区和摆龙湖景区乡土树种较多。外来物种的引入会破坏景观生态系统、危害动植物多样性、影响遗传多样性。旅游景区外来物种入侵程度越高，与周边差异性指数越大，景观飞地效应越明显。本书中，外来物种入侵程度评价标准为非常低、低、一般、高、非常高，相应的赋分值为 0.1、0.3、0.5、0.7、0.9，外来物种入侵程度的赋分综合（见图 5-13、图 5-14）

图 5-13　普者黑景区景观生态格局评价

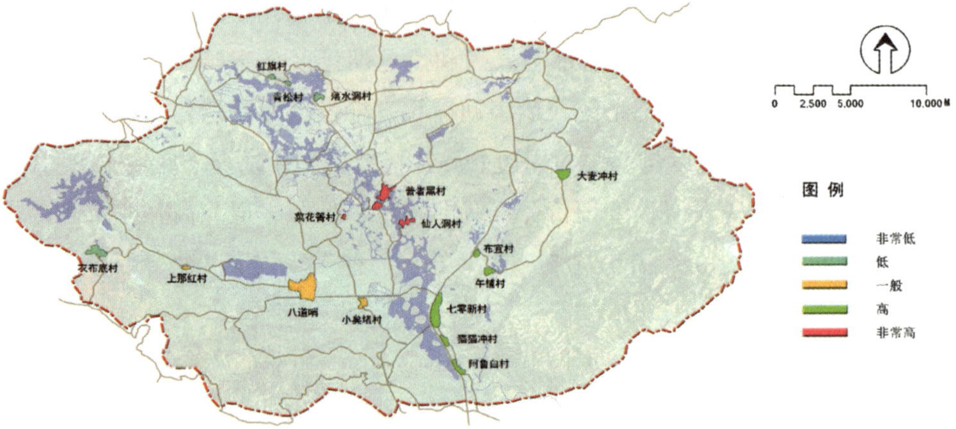

图 5-14　外来物种入侵程度赋值

L_4：可进入性

可进入性指旅游者从景区到周边社区的便捷程度。距离越近，道路等级越高，可进入性越高。研究从普者黑六大景区到周边各社区的联系距离和道路等级综合考虑，平均距离为 3.8 千米，最大距离 5.6 千米，道路等级为省道和乡道。本书可进入性的赋分依据（见表 5-6），根据距离长度和道路等级排序，依次为 5.1~6km，4.1~5km，3.1~4km，2.1~3km，0~2km，相应的赋分值为 0.1、0.3、0.5、0.7、0.9，可进入性是通过 TArch8.0、AutoCAD2015 测量、ArcGIS9.3 数据分析、Adobe Photoshop CS4 制图等计算输出得出的数据（见图 5-15 至图 5-19）。

表 5-6　可进入性赋值依据

名称	山河湾景区	仙人洞景区	落水洞景区	九连山景区	八道哨景区	摆龙湖景区
距离（km）	1.72	2.85	5.63	4.20	4.50	3.75
道路等级	省道	乡道	乡道	省道	乡道	乡道

资料来源：根据实地调研、TArch8.0、AutoCAD2015 测量数据整理而成。

图例

主要道路(3,75km)　游船路线　码头　游客服务中心　村落

图 5-15　仙人洞村可进入性评价

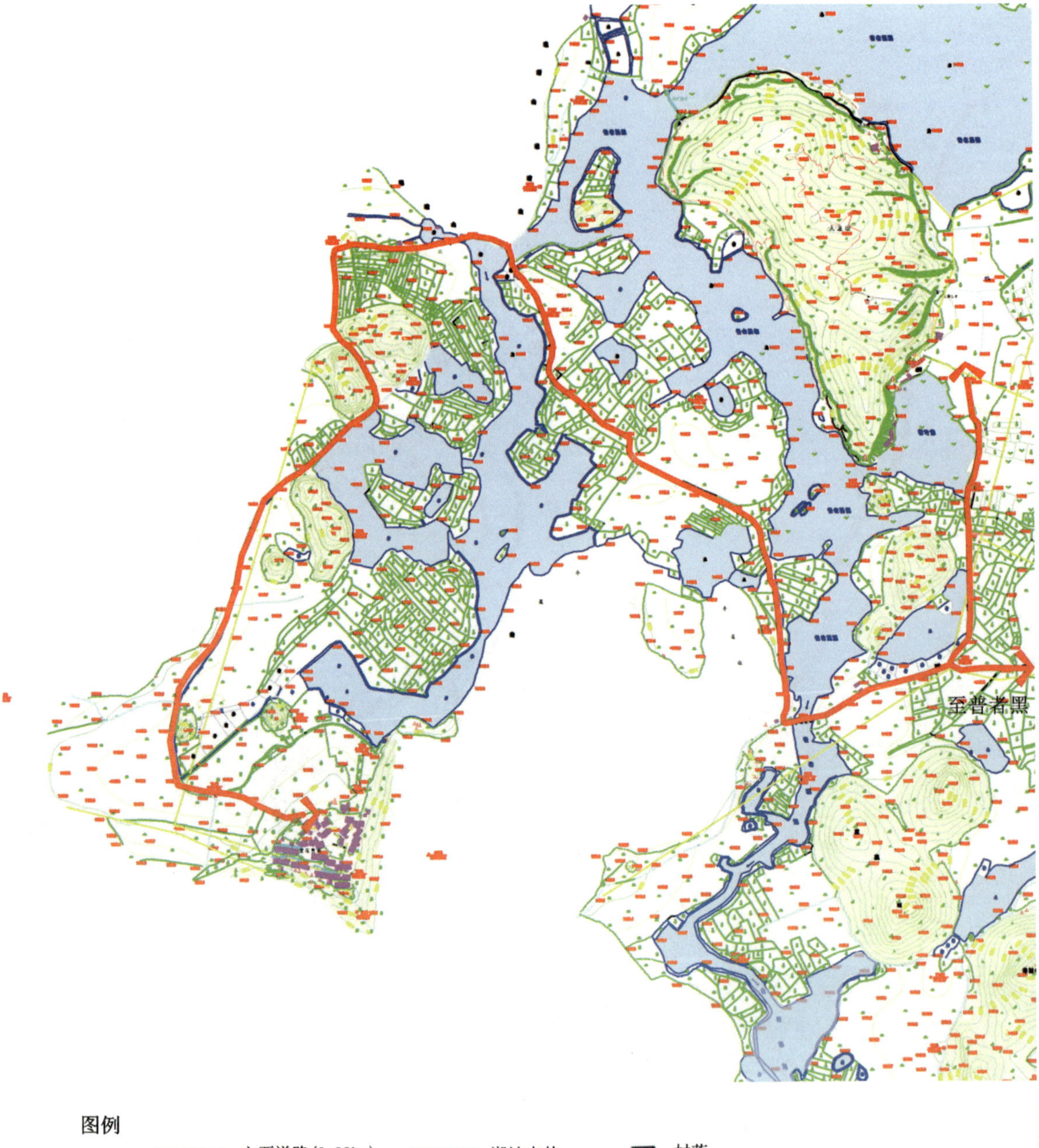

图例

主要道路(3.23km)　湖泊水体　村落

图 5-16　菜花箐村可进入性评价

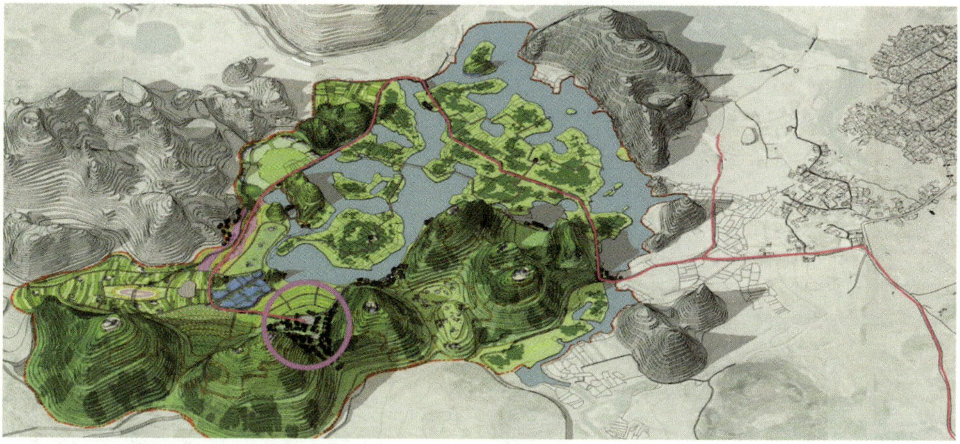

图 5-17 菜花箐村鸟瞰图

图 5-18 普者黑景区可进入性评价

图 5-19　普者黑景区可进入性赋值

L_5：绿地率

绿地率指研究范围内各类绿地面积与总体面积的比值。绿地率是评价旅游景区森林植被资源和水系统资源的重要指标，反映旅游景区自然环境、景观生态、水土涵养、季相变化的优良程度。旅游景区绿地面积包括：公共服务设施绿地（道路红线内的绿地）、附属绿地、公共绿地、防护绿地、生产绿地等。普者黑六大景区绿地率普遍较好，各景区绿地率均大于 70%。本书认为绿地率越大，植被多样性程度越高，景观连接度程度越高，旅游景区景观飞地效应越小。本书绿地率的赋值依据（见表 5–7），绿地率的评价类别包括 70%~75%、76%~80%、81%~85%、86%~90%、91%~96%，相应的赋分值为 0.1、0.3、0.5、0.7、0.9，绿地率是通过 TArch8.0、AutoCAD2015 测量、ArcGIS9.3 数据分析、Adobe Photoshop CS4 制图等计算输出得出的数据（见图 5–20 至图 5–24）。

表 5–7　绿地率赋值依据

名称	山河湾景区	仙人洞景区	落水洞景区	九连山景区	八道哨景区	摆龙湖景区
G_i（km^2）	21.45	51.34	64.89	88.89	38.80	59.60
S（km^2）	27.50	60.40	72.10	108.40	54.50	64.10
L_5	77%	85%	90%	82%	71.2%	93%

资料来源：根据实地调研、TArch8.0、AutoCAD2015 测量数据整理而成。

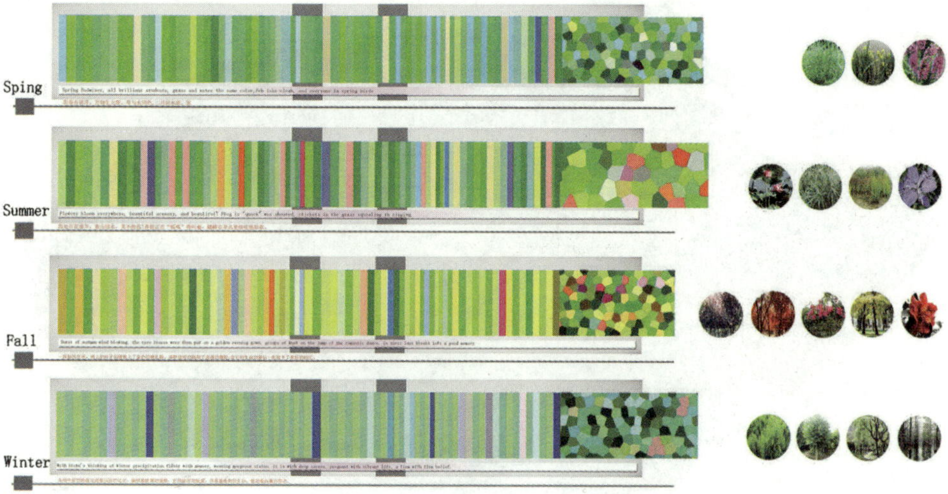

图 5-20 普者黑景区植被季相评价

图 5-21 普者黑景区乔木分布

图 5-22 普者黑景区灌木地被分布

图 5-23　普者黑景区湿地分布

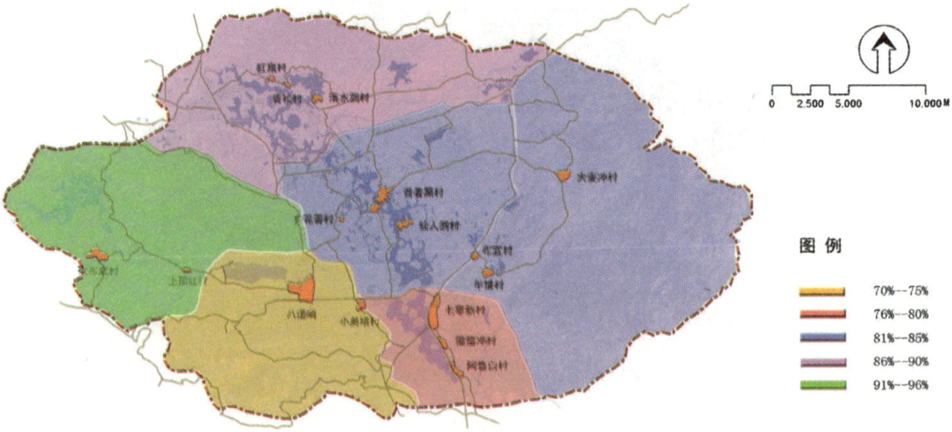

图 5-24　普者黑景区绿地率赋值

L_6：廊道密度

廊道密度指研究区域范围内景观廊道的长度与景观面积的比值。廊道指具有一定宽度呈带状或线性特征的景观实体，廊道具有双重性，几乎所有的景观都被廊道分割，同时又被廊道相连。常见的廊道有：线状廊道、带状廊道、河流廊道。廊道具有生物通道、生物栖息地、物质传输等功能。根据普者黑遥感卫星影像 2013 数据分析显示，普者黑各景区廊道主要有道路、河流、农田中的防风林三种。本书廊道密度的赋值依据（见表5–8），廊道密度的评价类别包括0~2、2.1~4、4.1~6、6.1~8、8.1~1.0，相应的赋分值为0.1、0.3、0.5、0.7、0.9，廊道密度是通过TArch8.0、AutoCAD2015测量、ArcGIS9.3数据分析、Adobe Photoshop CS4制图等计算输出得出的数据（见图5–25、图5–26）。

表5–8　廊道密度赋值依据

名称	山河湾景区	仙人洞景区	落水洞景区	九连山景区	八道哨景区	摆龙湖景区
$\sum P_i$（km）	23	32	48	56	37	17
Ai（km^2）	27.50	60.40	72.10	108.40	54.50	64.10
L_6	0.84	0.53	0.67	0.52	0.68	0.27

资料来源：根据实地调研、TArch8.0、AutoCAD2015测量数据整理而成。

L_7：网络连接度

网络连接度指该网络的连接数与其最大可能连接数之比。网络连接度越大，景观连接度指数越大。研究选取普者黑六大景区到周边社区的网络连接线和最大连接节点，根据各景区到社区的道路、水路、码头等连接情况及连接节点数目，测算其网络连接度值域。本书网络连接度的赋值依据（见表5–9），网络连接度的评价类别包括0~0.2、0.21~0.4、0.41~0.6、0.61~0.8、0.81~1.0，相应的赋分值为0.1、0.3、0.5、0.7、0.9，网络连接度是通过TArch8.0、AutoCAD2015测量、ArcGIS9.3数据分析、Adobe Photoshop CS4制图等计算输出得出的数据（见图5–27至图5–29）。

表5–9　网络连接度赋值依据

名称	山河湾景区	仙人洞景区	落水洞景区	九连山景区	八道哨景区	摆龙湖景区
L	3	5	3	4	3	1
L_{max}	4	12	8	9	10	5
L_7	0.75	0.42	0.38	0.44	0.30	0.20

资料来源：根据实地调研、TArch8.0、AutoCAD2015测量数据整理而成。

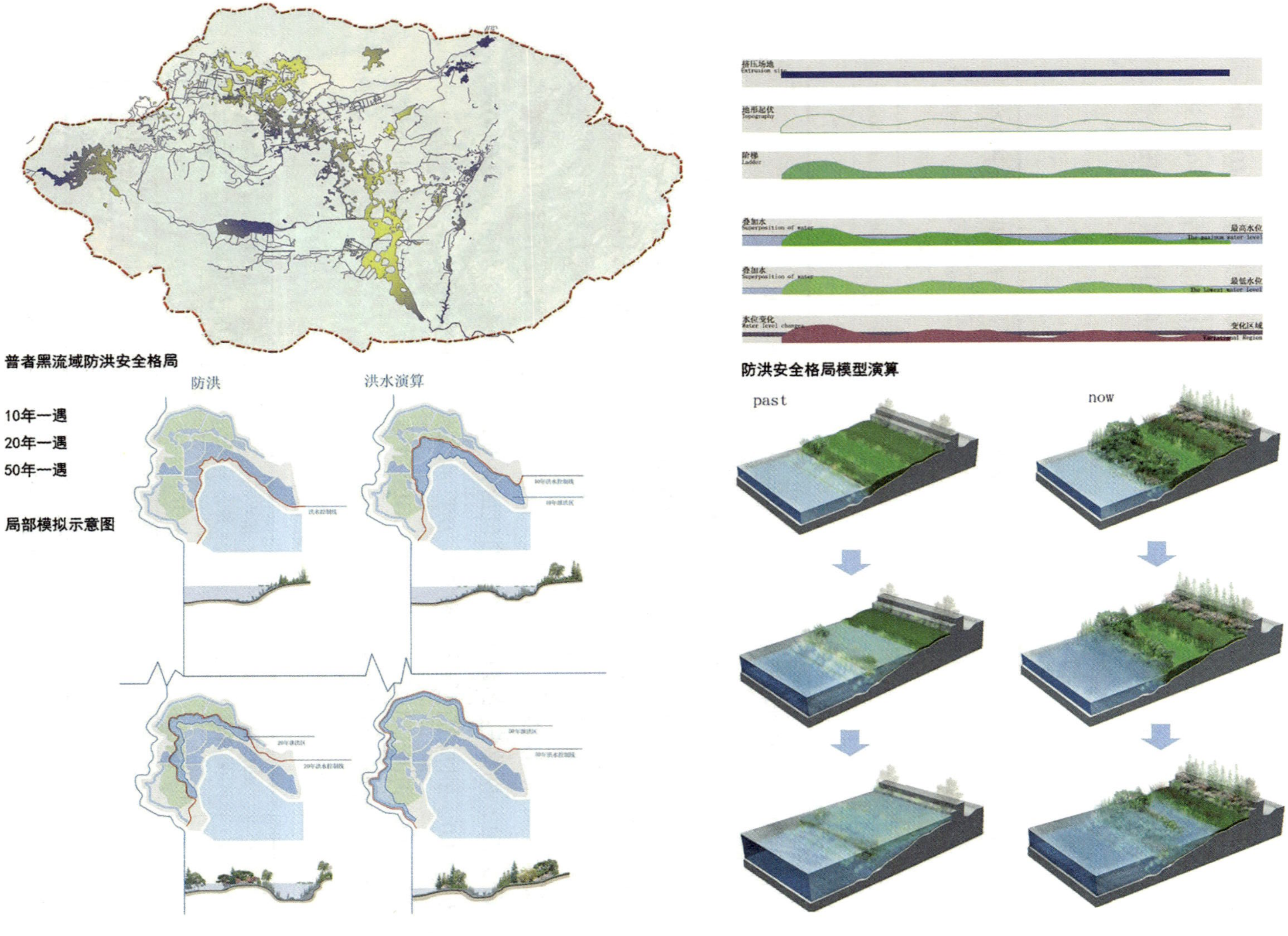

图 5-25 普者黑景区水系廊道评价

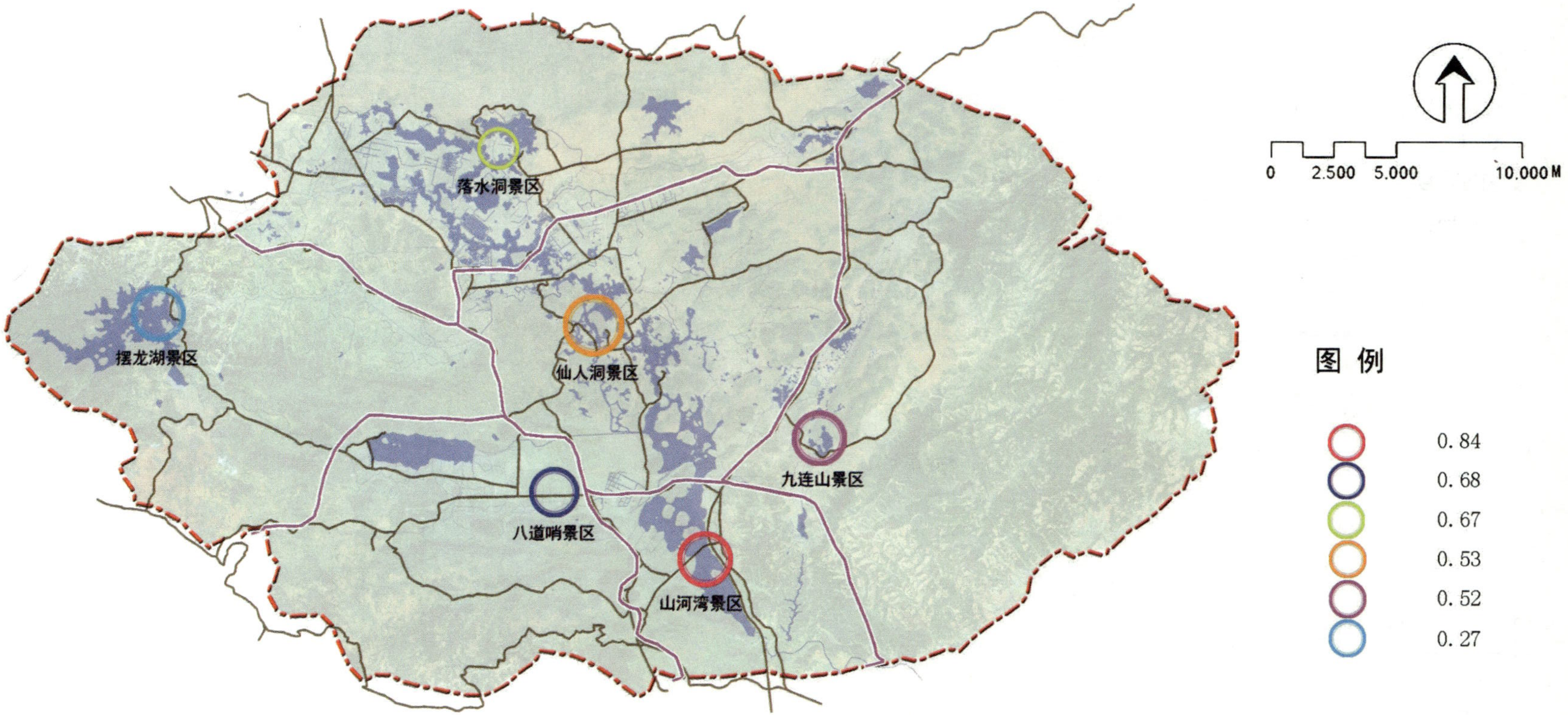

图 5-26　普者黑景区廊道密度赋值

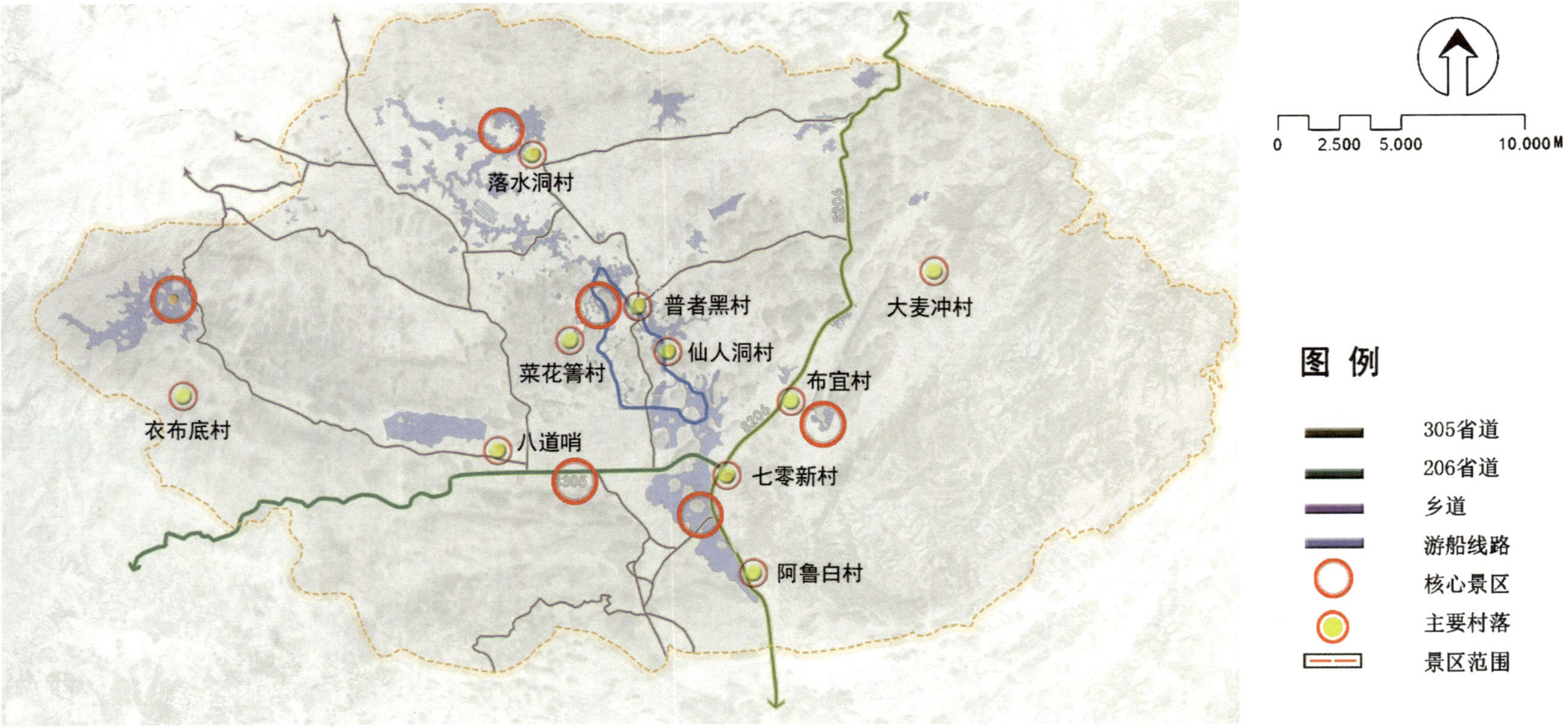

图 5-27 普者黑景区道路游览系统评价

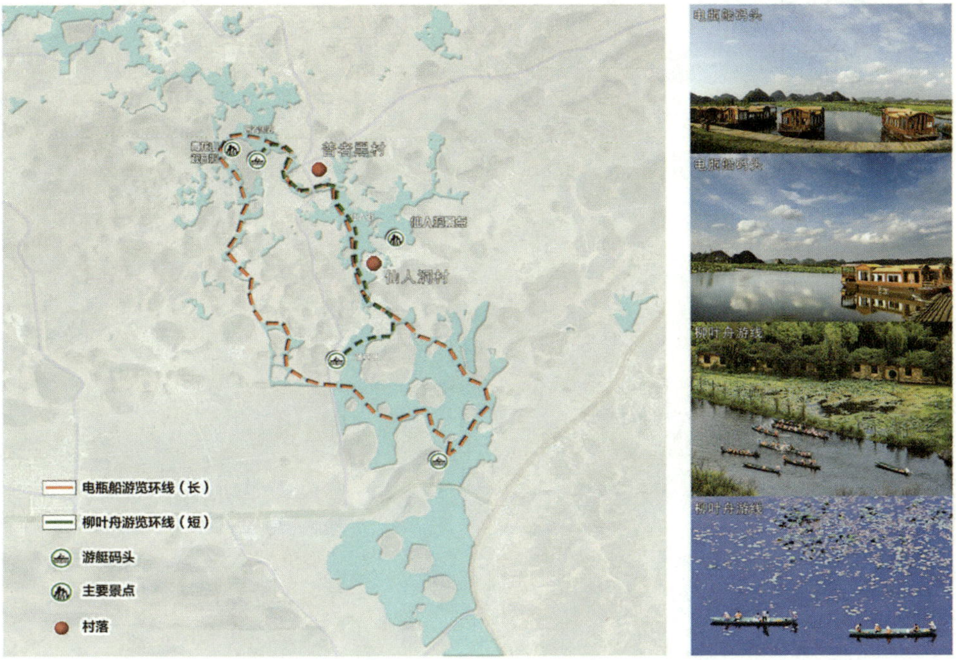

图 5-28 普者黑景区水路游览系统评价

（三）归一数据

根据旅游飞地效应评价原始数据（见表 5-1），通过赋值依据中各项指标相对应的飞地效应值 0.1、0.3、0.5、0.7、0.9，差异性指数指标值越大，相应的飞地效应越明显，连接度指数指标值越大，相应的飞地效应越小等，对原始数据统一处理，得到普者黑景区旅游飞地效应测度指标的归一数据（见表 5-10）。

表 5-10 普者黑旅游飞地效应评价赋值数据

	类 型	指 标	山河湾景区	仙人洞景区	落水洞景区	九连山景区	八道哨景区	摆龙湖景区
经济飞地效应 EE	差异性指数 D_E	外来资本控制程度 E_1	0.9	0.7	0.1	0.7	0.5	0.5
		旅游设施集中度 E_2	0.7	0.9	0.3	0.7	0.5	0.5
		旅游经济漏损程度 E_3	0.9	0.7	0.1	0.5	0.3	0.3

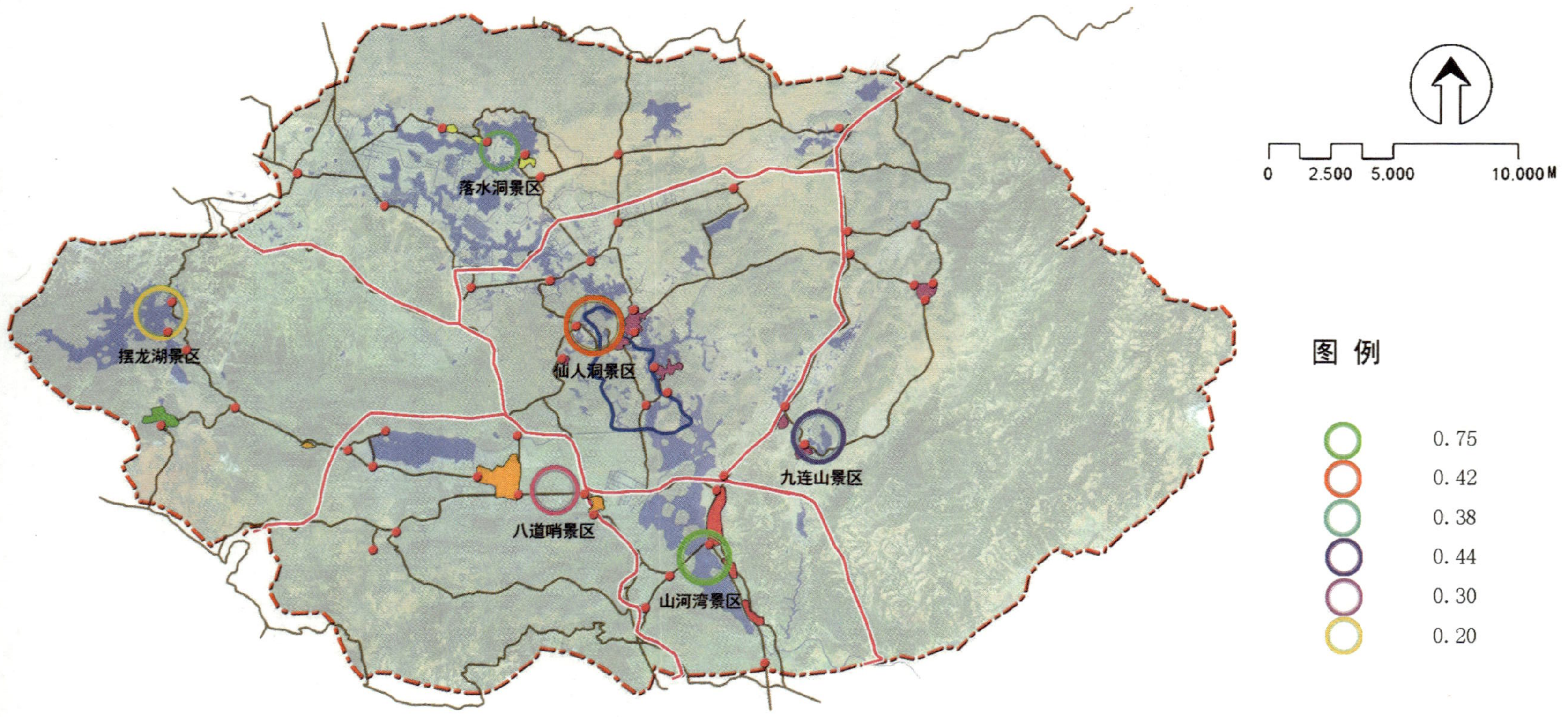

图 5-29 普者黑景区网络连接度赋值

续表

	类 型	指 标	山河湾景区	仙人洞景区	落水洞景区	九连山景区	八道哨景区	摆龙湖景区
经济飞地效应 *EE*	连接度指数 C_E	居民参与商业机会 E_4	0.5	0.7	0.3	0.3	0.5	0.1
		居民旅游就业人数比 E_5	0.3	0.7	0.5	0.5	0.3	0.1
		居民旅游依赖程度 E_6	0.7	0.9	0.3	0.3	0.5	0.1
		旅游收益分配 E_7	0.5	0.7	0.3	0.3	0.5	0.1
文化飞地效应 *SE*	差异性指数 D_S	生活方式差异性 S_1	0.7	0.9	0.3	0.7	0.5	0.3
		基础设施差异性 S_2	0.9	0.7	0.5	0.7	0.3	0.5
		本土文化同化程度 S_3	0.9	0.7	0.3	0.7	0.7	0.3
	连接度指数 C_S	社区参与决策程度 S_4	0.3	0.5	0.1	0.3	0.3	0.1
		旅游开发支持度 S_5	0.3	0.7	0.5	0.5	0.5	0.5
		与游客接触程度 S_6	0.7	0.9	0.5	0.5	0.7	0.1
		传统文化传承度 S_7	0.1	0.3	0.7	0.5	0.5	0.9
景观飞地效应 *LE*	差异性指数 D_L	斑块密度 L_1	0.9	0.7	0.5	0.3	0.3	0.1
		建筑风格分异度 L_2	0.5	0.7	0.5	0.5	0.9	0.1
		外来物种入侵程度 L_3	0.7	0.9	0.3	0.7	0.5	0.3
	连接度指数 C_L	可进入性 L_4	0.9	0.7	0.1	0.3	0.3	0.5
		绿地率 L_5	0.3	0.5	0.7	0.5	0.1	0.9
		廊道密度 L_6	0.9	0.5	0.7	0.5	0.7	0.3
		网络连接度 L_7	0.7	0.5	0.3	0.5	0.3	0.1

三、普者黑度假公园 ETA 测度结果

（一）指标权重

本书指标体系作为一个复杂结构，具有经济、社会、景观三种类型，差异性指数和连接度指数两种层次，每个指标对不同的判断内容影响程度不同。根据本书测度模型需要，采用熵值法，根据公式（5–2）、（5–3）、（5–4），基于

MATLAB 软件计算得出权重系数，计算结果（见表 5-11 至表 5-16）。

表 5-11　经济飞地差异性指标权重

	E_1	E_2	E_3
信息熵	1.5202	1.5828	1.4715
效用值	–0.5202	–0.5828	–0.4715
权　重	0.3304	0.3701	0.2995

资料来源：根据 MATLAB 软件计算得出。

表 5-12　经济飞地连接度指标权重

	E_4	E_5	E_6	E_7
信息熵	1.2012	1.2012	1.1662	1.2012
效用值	–0.2012	–0.2012	–0.1662	–0.2012
权　重	0.2614	0.2614	0.2159	0.2614

资料来源：根据 MATLAB 软件计算得出。

表 5-13　文化飞地差异性指标权重

	S_1	S_2	S_3
信息熵	1.5592	1.5828	1.5620
效用值	–0.5592	–0.5828	–0.5620
权　重	0.3282	0.3420	0.3298

资料来源：根据 MATLAB 软件计算得出。

表 5-14　文化飞地连接度指标权重

	S_4	S_5	S_6	S_7
信息熵	1.1914	1.2727	1.2047	1.1842
效用值	–0.1914	–0.2727	–0.2047	–0.1842
权　重	0.2244	0.3197	0.2400	0.2159

资料来源：根据 MATLAB 软件计算得出。

表 5-15　景观飞地差异性指标权重

	L_1	L_2	L_3
信息熵	1.4715	1.5368	1.5592
效用值	−0.4715	−0.5368	−0.5592
权　重	0.3008	0.3425	0.3567

资料来源：根据 MATLAB 软件计算得出。

表 5-16　景观飞地连接度指标权重

	L_4	L_5	L_6	L_7
信息熵	1.1662	1.1842	1.2543	1.2012
效用值	−0.1662	−0.1842	−0.2543	−0.2012
权　重	0.2062	0.2286	0.3156	0.2497

资料来源：根据 MATLAB 数据计算得出。

（二）评价结果

1. 经济飞地效应评价

将旅游景区经济飞地效应评价指标归一化数据与权重值分别相乘，作为该项指标的评价值，进而通过加权求和得到普者黑度假公园六个旅游景区的经济差异性指数和经济连接度指数值。根据公式（5-5），即可计算得到普者黑度假公园六个旅游景区的经济飞地效应值，测算结果（见表 5-17、图 5-30）。

表 5-17　经济飞地效应测度结果

景　区	经济差异性指数	经济连接度指数	经济飞地效应
山河湾	0.8260	0.4909	1.6826
仙人洞	0.7740	0.7432	1.0415
落水洞	0.1740	0.3523	0.4940
九连山	0.6401	0.1534	4.1723
八道哨	0.4401	0.4477	0.9830
摆龙湖	0.4401	0.0999	4.4010

资料来源：根据 MATLAB 软件计算得出。

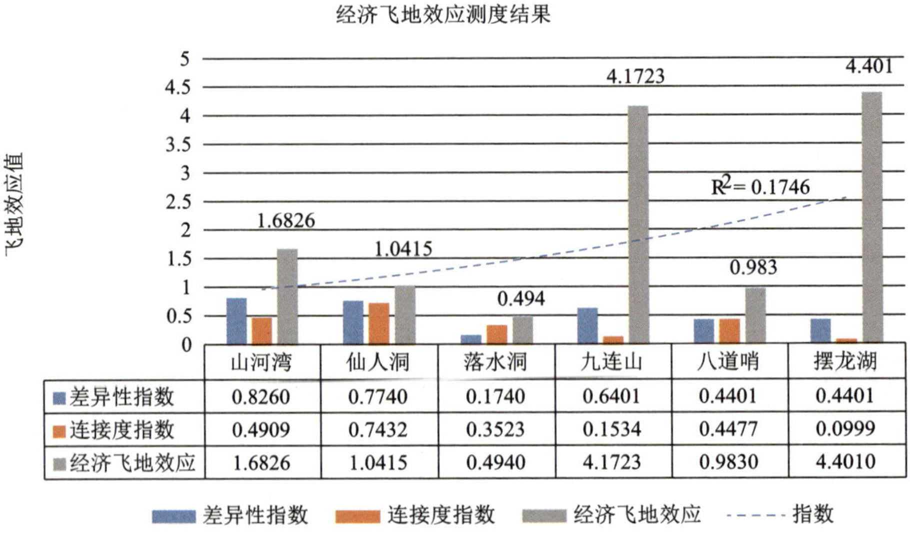

	山河湾	仙人洞	落水洞	九连山	八道哨	摆龙湖
差异性指数	0.8260	0.7740	0.1740	0.6401	0.4401	0.4401
连接度指数	0.4909	0.7432	0.3523	0.1534	0.4477	0.0999
经济飞地效应	1.6826	1.0415	0.4940	4.1723	0.9830	4.4010

图 5-30　普者黑度假公园六大景区经济飞地效应评价

普者黑度假公园六大景区经济飞地效应计算结果：摆龙湖景区（4.4010）> 九连山景区（4.1723）> 山河湾景区（1.6826）> 仙人洞景区（1.0415）> 八道哨景区（0.9830）> 落水洞景区（0.4940）。经济飞地效应最高的摆龙湖景区原因主要有：（1）外来资本主导景区发展，旅游设施（游船、住宿、餐饮）集中在景区内部，经济差异性指数大；（2）景区对衣布底村的居民就业、旅游商业机会、旅游收益分配等非常低，经济带动作用薄弱，经济连接度指数小。经济飞地效应最低的落水洞景区成因主要有：（1）农场、水域、山地等主体旅游资源外来资本控制度低，旅游经济漏损小，经济差异性指数小；（2）景区对落水洞村、青松村的居民就业、旅游商业机会、旅游收益分配等较小，经济带动作用弱，经济连接度指数一般。

2. 文化飞地效应评价

将旅游景区文化飞地效应评价指标归一化数据分别与权重值相乘，作为该项指标的评价值，进而通过加权求和得到普者黑度假公园六个旅游景区的文化差异性指数和文化连接度指数值。根据公式（5-5），即可计算得到普者黑度假公园六个旅游景区的文化飞地效应值，测算结果（见表 5-18、图 5-31）。

表 5-18　文化飞地效应测度结果

景　区	文化差异性指数	文化连接度指数	文化飞地效应
山河湾	0.8344	0.3528	2.3649
仙人洞	0.7656	0.6168	1.2414
落水洞	0.3684	0.4534	0.8125
九连山	0.7000	0.4551	1.5381
八道哨	0.4976	0.5031	0.9889
摆龙湖	0.3684	0.4006	0.9196

资料来源：根据 MATLAB 软件计算得出。

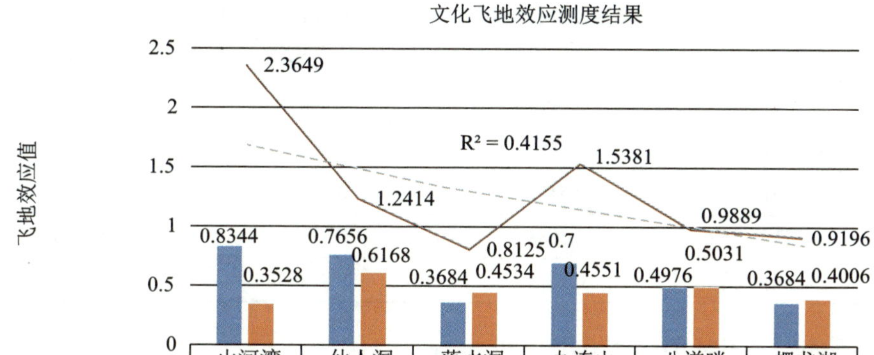

	山河湾	仙人洞	落水洞	九连山	八道哨	摆龙湖
差异性指数	0.8344	0.7656	0.3684	0.7000	0.4976	0.3684
连接度指数	0.3528	0.6168	0.4534	0.4551	0.5031	0.4006
文化飞地效应	2.3649	1.2414	0.8125	1.5381	0.9889	0.9196

图 5-31　普者黑度假公园六大景区文化飞地效应评价

普者黑度假公园六大景区文化飞地效应计算结果：山河湾景区（2.3649）> 九连山景区（1.5381）> 仙人洞景区（1.2414）> 八道哨景区（0.9889）> 摆龙湖景区（0.9196）> 落水洞景区（0.8125）。文化飞地效应最高的山河湾景区原因主要有：（1）山河湾景区靠近丘北县城，受城镇化、现代化发展的影响较大，以房地产度假项目为主，当地原住居民异地搬迁，本土文化同化程度非常严重，社会文化差异性指数大；（2）受城镇化发展和居民搬迁的影响，社区参与旅游、与游客接触程度、传统文化传承度非常低，社会文化连接度指数小。文化飞地效应最低的丘北落水洞景区原因主要有:(1)农业观光旅游为主，距县城及核心景区较远，生活方式差异性小，本土文化同化程度不严重，社会文化差异性指数小;(2)落水洞景区受空间区位及农业观光旅游的影响，旅游开发支持度及与游客接触程度一般，社区参与旅游决策程度非常低，社会文化连接度指数一般。

3. 景观飞地效应评价

将旅游景区景观飞地效应评价指标归一化数据分别与权重值相乘，作为该项指标的评价值，进而通过加权求和得到普者黑度假公园六个旅游景区的景观差异性指数和景观连接度指数值。根据公式（5–5），即可计算得到普者黑度假公园六个旅游景区的景观飞地效应值，测算结果（见表 5–19、图 5–32）。

表 5–19　景观飞地效应测度结果

景　区	景观差异性指数	景观连接度指数	景观飞地效应
山河湾	0.6917	0.7129	0.9702
仙人洞	0.7713	0.6664	1.1575
落水洞	0.4287	0.4764	0.8998
九连山	0.5112	0.4588	1.1143
八道哨	0.5083	0.3805	1.3359
摆龙湖	0.1713	0.4284	0.3999

资料来源：根据 MATLAB 软件计算得出。

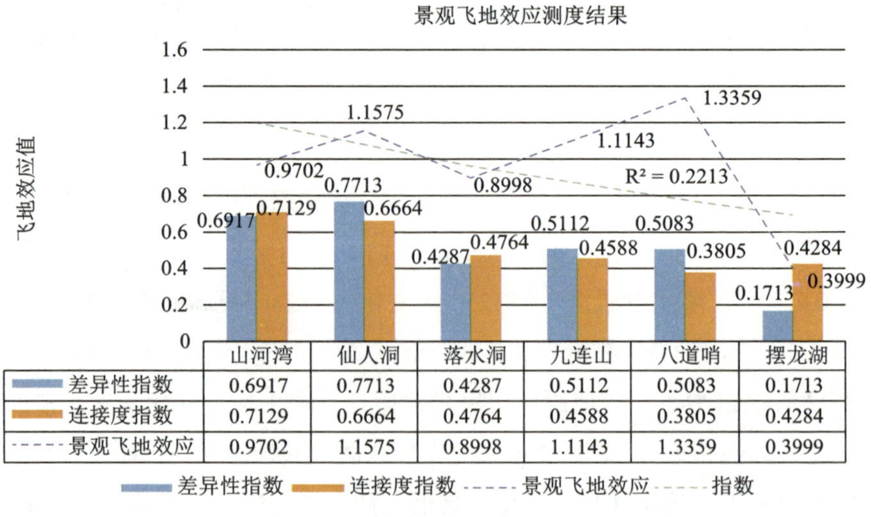

图 5–32　普者黑度假公园六大景区景观飞地效应评价

普者黑度假公园六大景区景观飞地效应计算结果：八道哨景区（1.3359）> 仙人洞景区（1.1575）> 九连山景区（1.1143）> 山河湾景区（0.9702）> 落水洞景区（0.8998）> 摆龙湖景区（0.3999）。景观飞地效应最高的八道哨景区原因主要有:（1）随城镇化、商业化、现代化的影响，八道哨景区建筑风格异化程度高，道路密度大、大量引种外来物种，景观差异性指数大;（2）受城镇化发展、道路分割和农业种植的挤压，八道哨增产水库生态水系廊道被切断，人工渠化严重，绿地率低、网络连接度差，景观连接度指数小。景观飞地效应最低的摆龙湖景区原因主要有:（1）摆龙湖水库是丘北县饮用水源地，旅游开发程度低、景观生态保护好，以本地乡土树种为主，景观差异性指数小;（2）摆龙湖景区受水源地保护的影响，森林植被绿地率高、生态廊道密度低、网络连接度大等，景观连接度指数大。

4. 飞地效应综合评价

本书指标权重具有经济、社会文化、景观三种飞地类型，各飞地类型影响程度各异，权重值采取六大景区各面积与总体规划面积（387km^2）比值。根据本书各飞地效应需要，采用 TArch8.0、AutoCAD2015 等软件测量计算得出各景区面积值，计算结果（见表 5–20）。

表 5–20　普者黑度假公园六大景区飞地效应权重

	山河湾景区	仙人洞景区	落水洞景区	九连山景区	八道哨景区	摆龙湖景区
面积 /km^2	27.50	60.40	72.10	108.40	54.50	64.10
权　重	0.0711	0.1561	0.1863	0.2801	0.1408	0.1556

资料来源：根据 TArch8.0、AutoCAD2015 软件测量计算得出。

将普者黑度假公园六大景区各飞地效应值分别与权重值相乘，作为该项指标的评价值，进而通过加权求和得到普者黑度假公园经济、文化、景观的综合飞地效应值，测算结果（见表 5–21，图 5–33）。

表 5–21　普者黑度假公园综合飞地效应值结果

	经济飞地效应	文化飞地效应	景观飞地效应
山河湾	1.6826	2.3649	0.9702
仙人洞	1.0415	1.2414	1.1575
落水洞	0.4940	0.8125	0.8998
九连山	4.1723	1.5381	1.1143
八道哨	0.9830	0.9889	1.3359
摆龙湖	4.4010	0.9196	0.3999
综合飞地效应值	2.3663	1.2267	0.9768

资料来源：根据 TArch8.0、AutoCAD2015 软件测量计算得出。

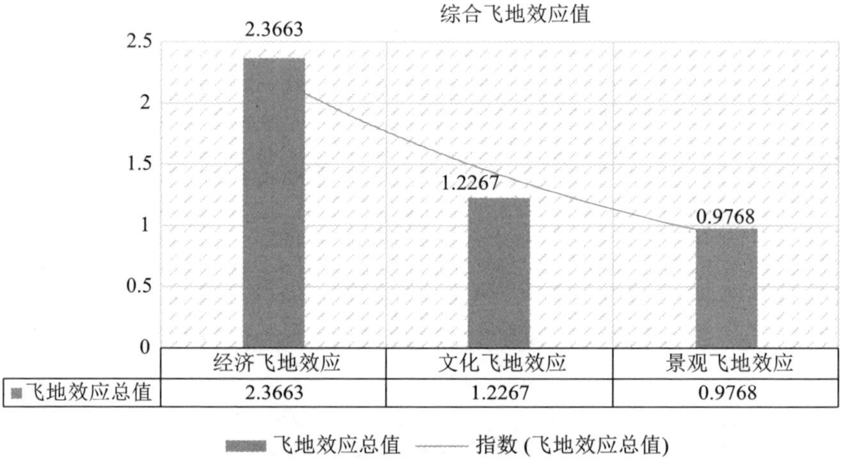

图 5–33　普者黑度假公园飞地效应总值评价

（三）比较分析

1. 差异性比较

从表 5–22、图 5–34 可看出，普者黑六大旅游景区中，经济差异性指数最大的是山河湾景区（0.8260），最小的是落水洞景区（0.1740），文化差异性指数最大的是山河湾景区（0.8344），最小的是落水洞景区（0.3684）、摆龙湖景区（0.3684），景观差异性指数最大的是仙人洞景区（0.7713），最小的是摆龙湖景区（0.1713）。从整体均值来看，普者黑旅游景区差异性指数总体一般，从高到低分别是文化差异性指数（0.5891）、经济差异性指数（0.5491）、景观差异性指数（0.5138）。

表 5–22 景区飞地差异性指数比较结果

景区	经济差异性指数	文化差异性指数	景观差异性指数
山河湾	0.8260	0.8344	0.6917
仙人洞	0.7740	0.7656	0.7713
落水洞	0.1740	0.3684	0.4287
九连山	0.6401	0.7000	0.5112
八道哨	0.4401	0.4976	0.5083
摆龙湖	0.4401	0.3684	0.1713
均值	0.5491	0.5891	0.5138

资料来源：根据 MATLAB 软件计算得出。

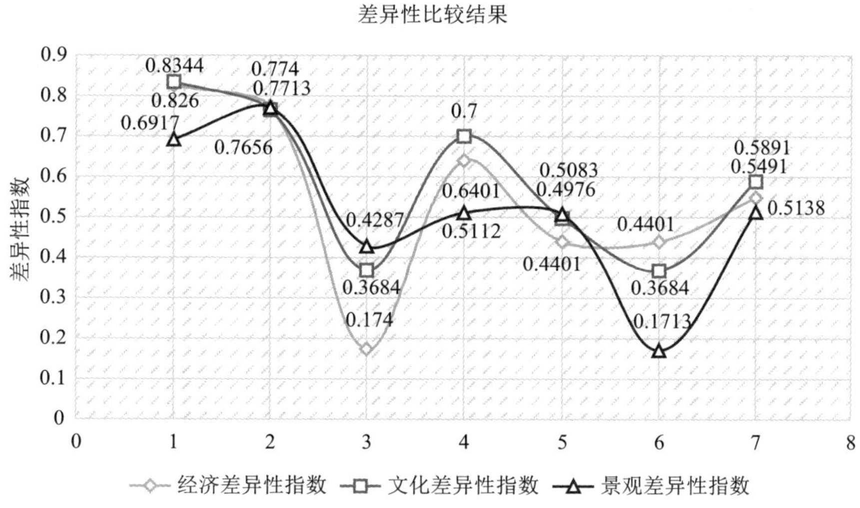

图 5–34 普者黑度假公园飞地差异性评价

2. 连接度比较

从表 5–23、图 5–35 可看出，普者黑六大旅游景区中，经济连接度最大的是仙人洞景区（0.7432），最小的是摆龙湖景区（0.0999）；文化连接度最大的是仙人洞景区（0.6168），最小的是山河湾景区（0.3528）；景观连接度最大的是山河湾景区（0.7129），最小的是八道哨景区（0.3805）。从整体均值来看，普者黑旅游景区连接度总体比较差，从高到低分别是景观连接度（0.5206）、文化连接度（0.4636）、经济连接度（0.3812）。

表 5-23 景区飞地连接度指数比较结果

景区	经济连接度指数	文化连接度指数	景观连接度指数
山河湾	0.4909	0.3528	0.7129
仙人洞	0.7432	0.6168	0.6664
落水洞	0.3523	0.4534	0.4764
九连山	0.1534	0.4551	0.4588
八道哨	0.4477	0.5031	0.3805
摆龙湖	0.0999	0.4006	0.4284
均值	0.3812	0.4636	0.5206

资料来源：根据 MATLAB 软件计算得出。

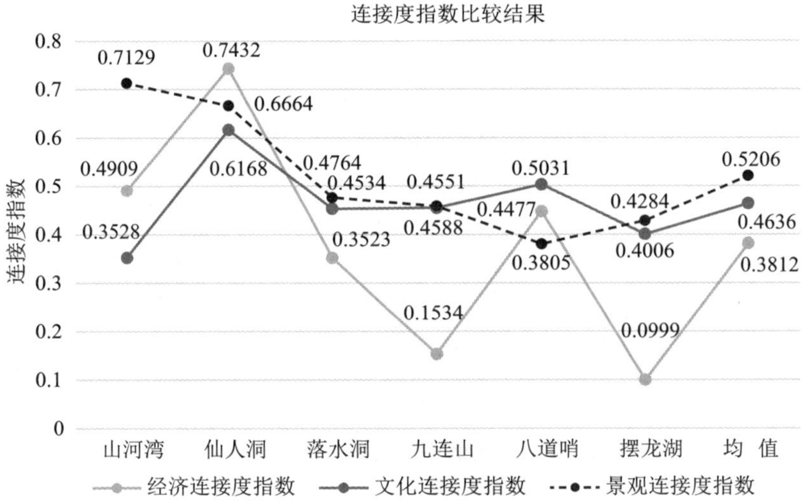

图 5-35 普者黑度假公园飞地连接度评价

3. 飞地效应比较

从表 5-24 和图 5-36 可看出，普者黑度假公园六大景区飞地效应值，经济飞地效应最高的是摆龙湖景区（4.4010），最低的是落水洞景区（0.4940）；文化飞地效应最高的是山河湾景区（2.3649），最低的是落水洞景区（0.8125）；景观飞地效应最高的是八道哨景区（1.3359），最低的是摆龙湖景区（0.3999）。

表 5-24　普者黑度假公园六大景区飞地效应比较结果

景区	经济飞地效应	文化飞地效应	景观飞地效应
山河湾	1.6826	2.3649	0.9702
仙人洞	1.0415	1.2414	1.1575
落水洞	0.4940	0.8125	0.8998
九连山	4.1723	1.5381	1.1143
八道哨	0.9830	0.9889	1.3359
摆龙湖	4.4010	0.9196	0.3999

资料来源：根据 MATLAB 软件计算得出。

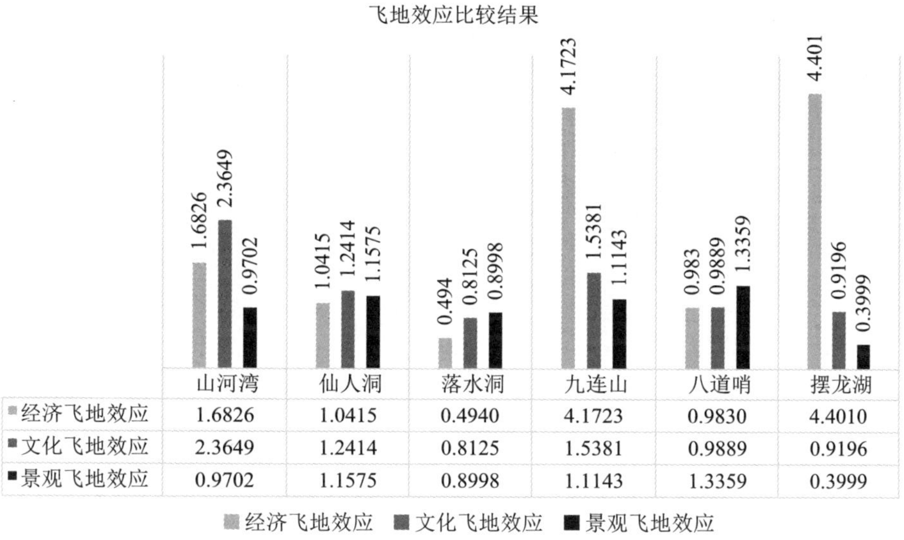

图 5-36　普者黑度假公园六大景区飞地效应评价

从整个普者黑度假公园来看:（1）经济利益的割裂性具有空间递减效应。景区与周边社区的距离远近差异，造成经济带动作用强弱不同，一般而言，越靠近核心景区，获得旅游经济收益的可能性越大，经济飞地效应越弱，（2）社会文化的挤出性具有时空波动效应。随普者黑度假公园淡旺季的影响，造成的社会文化挤出效应各异，旅游旺季社会文化挤出效应较明显，文化飞地效应较大。（3）景观生态的破碎性具有空间孤立效应。由于城镇化的快速发展、道路交通系统的分割、旅游商业化的冲击，景观格局中的“线”被切断，“面”被打散，普者黑景观整体格局空间逐步被挤压和碎化，与周边环境的差异越来越大，联系越来越少，景观生态破碎化程度越高，景观飞地效应越明显；（4）旅游设施的规模和等级与社区居民的就业及旅游收益成反比关系，而旅游设施所有权与社区居民的就业及旅游收益成正比关系；（5）居民参与受限，影响旅游决策权的执行，不利于培育居民对旅游发展的积极态度。

第六章　旅游飞地效应逆变机理

根据普者黑度假公园飞地效应测度结果，探索旅游飞地效应的逆变机理，包括预警机制、"反规划"机制和调控机制三方面。预警机制为旅游飞地效应的识别、辨析、评估提供理论基础；"反规划"机制通过运用逆的规划程序、负的规划成果对旅游飞地效应进行控制；调控机制是一种完善反馈机理，即在测度出相应景区飞地效应类型及飞地值后，通过降低差异性、增强连接度、实施恢复管理等调控对策降低负面影响（见图 6-1）。

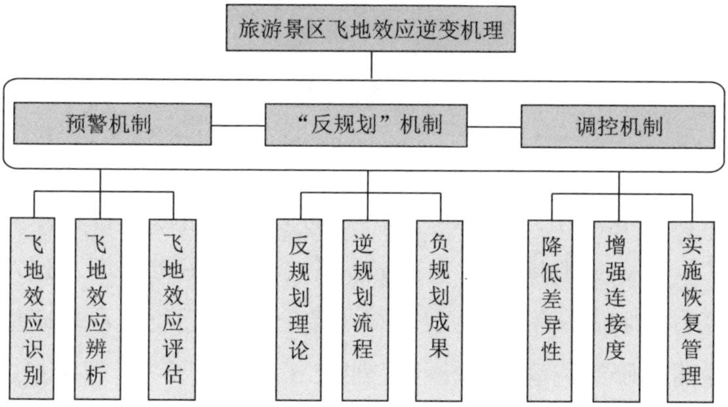

图 6-1　旅游飞地效应逆变机理

一、预警机制

飞地效应作为旅游景区发展的一种负面影响，具有多样性、复杂性、损失性等特征。预警理论可以为旅游飞地效应的识别、辨析、评估提供基础，完善的预警机制不仅能够预防旅游飞地现象的发生，也能够在旅游飞地现象发生后有针对性地进行处理，从而维护旅游景区可持续发展。

（一）预警系统

本书构建了由旅游景区经济飞地预警、旅游景区文化飞地预警、旅游景区景观飞地预警三个子系统构成的旅游飞地预警系统，其内容包括建立预警指标体系、确定预警界限值、制作预警信号图、发布预警信息等（见图 6–2）。

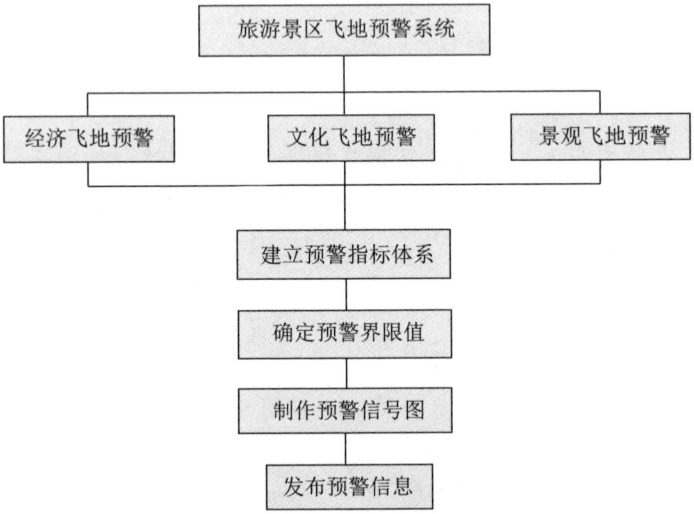

图 6–2　旅游飞地预警系统模型

1. 建立预警评价体系

建立预警评价体系是旅游飞地预警的关键，通过指标体系评价，能够定量、科学、直观地判断旅游飞地效应是否处于正常区间，这对于正确把握旅游景区发展状态、科学制定发展对策有重要价值。本书确立的预警评价体系根据前文研究内容，确定了（如表 6–1 至表 6–3）预警指标体系，并以熵值法确定了各指标的相应权重。在确定各个预警指标和权重的基础上，采用前述方法和（式 5–5），得出具体的经济、社会、景观三个飞地预警值。

表 6-1　经济飞地效应预警指标及权重

指标类型	指标名称	指标权重
差异性指标 D_E	外来资本控制程度 E_1	0.3304
	旅游设施集中度 E_2	0.3701
	旅游经济漏损程度 E_3	0.2995
连接度指标 C_E	居民参与商业机会 E_4	0.2614
	居民旅游就业人数比 E_5	0.2614
	居民旅游依赖程度 E_6	0.2159
	旅游收益分配 E_7	0.2614

资料来源：根据 MATLAB 软件计算得出。

表 6-2　文化飞地效应预警指标及权重

指标类型	指标名称	指标权重
差异性指标 D_S	生活方式差异性 S_1	0.3282
	基础设施差异性 S_2	0.3420
	本土文化同化程度 S_3	0.3298
连接度指标 C_S	社区参与决策程度 S_4	0.2244
	旅游开发支持度 S_5	0.3197
	与游客接触程度 S_6	0.2400
	传统文化传承度 S_7	0.2159

资料来源：根据 MATLAB 软件计算得出。

表 6-3　景观飞地效应预警指标及权重

指标类型	指标名称	指标权重
差异性指标 D_L	斑块密度 L_1	0.3008
	建筑风格分异度 L_2	0.3425
	外来物种入侵程度 L_3	0.3567
连接度指标 C_L	可进入性 L_4	0.2062
	绿地率 L_5	0.2286
	廊道密度 L_6	0.3156
	网络连接度 L_7	0.2497

资料来源：根据 MATLAB 软件计算得出。

2. 确定预警界限值

界限值指旅游飞地警情的强度或程度的数量界限，是识别景区飞地效应状态的基础。在借鉴相关预警研究的基础上，经过定量分析和定性判断，本书结合上文旅游飞地演化研究理论，提出旅游飞地预警的临界点，分别为0.5、1.0、2.0。以临界点为界限，尝试性划分为不严重（<0.5，初化阶段，蓝灯）、一般（0.5~1.0，兴化阶段，绿灯）、严重（1.0~2.0，孤化阶段，黄灯）、非常严重（>2.0，极化阶段，红灯）四个区域。

3. 制作预警信号图

在确定信号显示和界限值的基础上，为便于直接观察旅游飞地效应的大小，以及处于初化阶段、兴化阶段、孤化阶段、极化阶段等何种阶段，做出飞地预警，本书制作旅游飞地预警信号图，分为蓝灯（RGB：0，0，255）、绿灯（RGB：0，207，0）、黄灯（RGB：255，255，0）、红灯（RGB：255，0，0），具体预警信号图（见表 6–4、图 6–3）。

表 6–4　旅游飞地预警信号图

预警区域	<0.5	0.5~1.0	1.0~2.0	>2.0
严重性	不严重	一般	严重	非常严重
飞地阶段	初化阶段	兴化阶段	孤化阶段	极化阶段
预警信号				

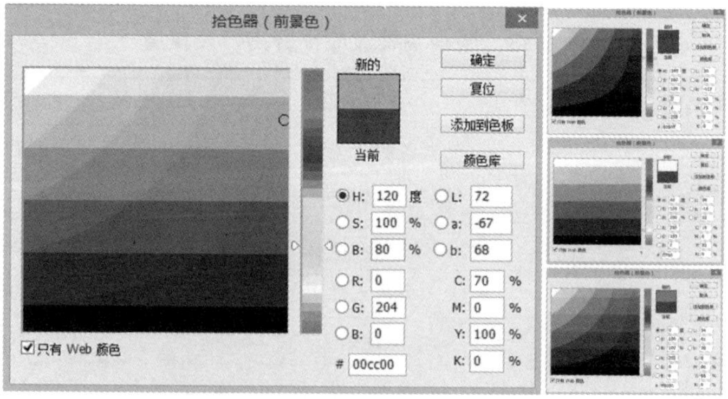

图 6–3　旅游飞地预警信号 RGB 值

4. 发布预警信息

利用所建立的旅游飞地预警系统，依据指标体系及计算过程对所得到的数据进行分析，通过预警信号判别旅游飞地阶段及预警区域。在相关结论的基础上，旅游景区可以发布飞地预警信息，并对景区飞地类型及相关原因进行分析，为后续调控及政策制定提供参考依据。

（二）实证结果

普者黑旅游飞地预警，指通过定量及定性的手段，对六大旅游景区的飞地效应进行分析、测度和判断，以便及时采用相应的调控措施，促进旅游景区的健康和可持续发展。

1. 分析过程

本书基于图 6–2 确定的旅游飞地预警模型，在构建预警指标体系的基础上，选取山河湾、仙人洞、落水洞、九连山、八道哨、摆龙湖六大旅游景区作为研究对象，通过数据的输入与计算，得出相应的飞地效应值大小（见表 5–24），为下一步的飞地预警分析提供依据。

2. 研究结果

研究结果表明，普者黑度假公园旅游景区的经济、社会、景观飞地效应总值虽然存在一定的差异，但总体较为突出。其中，经济飞地效应（2.3663）> 文化飞地效应（1.2267）> 景观飞地效应（0.9768）。普者黑度假公园六大景区飞地效应值，摆龙湖（4.4010）和落水洞景区（4.1723）的经济飞地效应值比较大，达到非常严重状态；山河湾旅游景区的文化飞地效应（2.3649）最为明显，其他景区的文化飞地效应都有一定程度的凸显；摆龙湖景区由于旅游开发较少，生态格局保存完整，景观飞地效应（0.3999）最小。在相关数据分析的基础上，结合旅游飞地预警区域划分和信号图制作方法，确定了普者黑度假公园六大旅游飞地预警信号图（见表 6–5）。

表 6–5　普者黑旅游飞地预警信号

景区名称	经济飞地预警	文化飞地预警	景观飞地预警
山河湾			
仙人洞			

续表

景区名称	经济飞地预警	文化飞地预警	景观飞地预警
落水洞	⊛	◎	◎
九连山	◉	△	△
八道哨	◎	◎	△
摆龙湖	◉	◎	⊛

（三）指导建议

普者黑旅游飞地预警结果不仅丰富了相关理论研究，而且能直接为景区发展提供指导和借鉴。因此，旅游飞地预警机制不仅能判断普者黑六大景区飞地状态，并且通过识别飞地效应发生的主要因素和演化过程，能够为景区管理者制定政策、实施调控提供相关建议。

1. 识别旅游飞地效应演化状态

风险预警机制具有诊断功能，能够根据飞地预警结果，从宏观上判断旅游飞地演化阶段。根据预警分析结果，在经济飞地方面，落水洞景区处于初化阶段，八道哨景区处于兴化阶段，山河湾、仙人洞景区处于孤化阶段，九连山、摆龙湖景区处于极化阶段；在文化飞地方面，落水洞、八道哨、摆龙湖景区处于兴化阶段，仙人洞、九连山景区处于孤化阶段，山河湾景区处于极化阶段；在景观飞地方面，摆龙湖景区处于初化阶段，山河湾、落水洞景区处于兴化阶段，仙人洞、九连山、八道哨景区处于孤化阶段。预警机制能够直观、科学地识别出飞地演化的阶段，为制定针对性的景区调控对策提供依据（见图 6-4）。根据预警结论，九连山、摆龙湖的经济飞地效应，山河湾景区的文化飞地效应均已达到极化阶段，是亟待解决的问题。

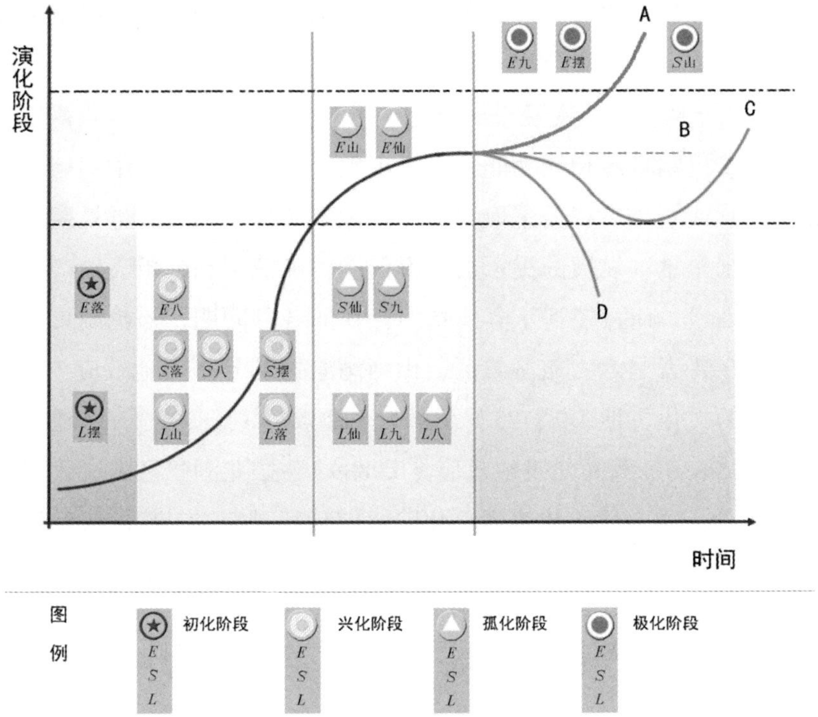

图 6–4 普者黑度假公园飞地效应演化模型

2. *为旅游飞地效应调控提供依据*

风险预警机制具有监测功能，能够通过飞地预警指数或指标监测，从微观上判断旅游飞地因素的问题。飞地预警值由两个指数确定，分别是差异性指数和连接度指数。根据指数值大小，可以判断景区在差异性和连接度方面具体存在的问题。在经济飞地方面，山河湾与摆龙湖景区相比，山河湾景区（0.8260）与社区的经济差异性大于摆龙湖景区（0.4401），但由于山河湾景区（0.4909）与社区的连接度远高于摆龙湖景区（0.099），因此山河湾景区（1.6826）的总体经济飞地效应值低于摆龙湖景区（4.4010）。预警指数可以为景区调控提供依据，在经济方面，山河湾景区飞地调控优先采取减小差异性对策，摆龙湖景区飞地调控优先采取增加连接性对策；飞地预警值同样由 21 个具体指标确定，通过全面收集指标值大小及信息，能够发现景区飞地演化中的具体问题，并作出预警。以经济飞地为例，山河湾景区经济差异性大的原因主要是外来资本控制较大、经济漏损严重，摆龙湖景区连接度小的原因主要是居民参与商业机会小、旅游就业人数少等。因此，飞地预警机制能够全面、具体地反映飞地效应产生的特殊原因及严重程度，为旅游飞地调控提供依据。

3. 预先揭示旅游景区发展中的问题

风险预警机制具有预测功能，通过识别出旅游景区发展中的问题，可以预先提示经营或管理者提前采取对策，以做到防患未然，促进景区可持续发展。预警机制是景区发展的提示器，不仅能正确识别和分析飞地产生的差异性、连接度因素，而且能揭示具体指标存在的各种问题，该机制具有全面反映的功能。在普者黑六大旅游景区，山河湾景区的景观飞地效应（0.9702），落水洞景区的文化飞地（0.8125）及景观飞地效应（0.8998），八道哨景区的经济飞地（0.9830）及文化飞地效应（0.9889），摆龙湖景区的文化飞地效应（0.9196）均处于由兴化阶段进入孤化阶段的特殊时期，是旅游飞地调控的重点内容。

二、“反规划”机制

“反规划”机制指将城市规划中的“反规划”理论引入旅游规划中，通过运用规划的手段对旅游飞地效应进行调节，以维持景区和社区在经济、社会文化、景观生态等方面的和谐发展。

（一）“反规划”理论

“反规划”是城市建设规划的最新研究成果，2003 年由俞孔坚教授在中国快速城市进程和无序扩张的背景下提出[①]。“反规划”既是一种方法，也是一种思想，除了在城市规划领域应用外，也被引用到旅游规划上。

1. “反规划”理论基础

“反规划”不是反对规划，也不是不规划，在某种意义上可以理解为“逆规划”或“负规划”，也有学者将其等同于“控制规划”的方法[②]。20 世纪初国外学者艾利奥特和麦克哈格（*Eliot & McHarg*）已经提出“设计要遵循自然”的观点，即在城市规划中“自然与绿地优先”的规划思想，但是“反规划”不局限于“绿地优先”的城市规划思想。俞孔坚在中国特殊背景下提出的“反规划”理论，其主要内容包括：（1）反思城市发展状态，对我国城市和

① 俞孔坚，李迪华．城市景观之路——与市长们交流［M］．北京：中国建筑工业出版社，2003.

② 齐康．城市环境规划设计与方法［M］．北京：中国建筑工业出版社，1997.

城市扩张中存在的景观格局、生态安全、城市功能、城市污染等一系列问题进行反思；（2）反思现行传统规划方法，提出市场经济和理性规划带来的挑战，表达了对流行几十年中国传统规划方法论的反思；（3）逆向的规划程序，表达了在规划流程上的逆向、反动规划过程，它首先以生态安全、公众利益、健康发展等为出发点，而不是从眼前开发商的经济利益出发做规划；（4）负的规划成果，即提供给决策者的是一个强制性、不发展区域或控制发展区域的规划，构成整体规划的“基底”，而把发展区域提供给市场进行规划完善[①]。

2. 城市“反规划”理论

在城市规划领域，城市“反规划”理论主要指建立在以生态基础设施（Ecological Infrastructure，EI）为保障的城市建设规划。生态基础设施是一种空间格局，用于维护土地安全和健康，是一种基本保障，向城市和居民提供生态服务，是一种刚性限制，是土地开发和城市扩张不可触犯的内容。俞孔坚强调，生态基础设施（EI）作为一种景观格局（空间结构），其编制必须先于城市土地规划设计。在传统城市规划中，过分依赖对城市化和城市人口预测基础上进行编制，而不是以维持城市生态平衡为出发点。根据城市“反规划”理论，城市应采用“反规划”的思考流程，在不知道能做什么的前提下，先告诉我们不能做什么，即将城市与土地之间的“图—底”进行颠倒（见图6–5、图6–6）。在理论应用方面，邱强（2006）以重庆市为例，将“反规划”理论应用到山地城市空间拓展中[②]，李潮（2015）以西宁市湟水河为例，将该理论应用到城市的生态建设中[③]。俞孔坚等（2005）以台州为例，在宏观、中观、微观三个尺度上通过建立生态基础设施（EI）来定义城市空间发展格局和形态[④]。

① 俞孔坚，李迪华，韩西丽．论“反规划”［J］．城市规划，2005（9）：64–69.

② 邱强．“反规划”理念在山地城市空间拓展中的应用——以重庆都市区规划为例［J］．规划师，2006（4）：26–29.

③ 李潮．基于“反规划”途径进行城市生态建设——以西宁市湟水河为例［J］．价值工程，2015（20）：234–236.

④ 俞孔坚，李迪华，刘海龙等．基于生态基础设施的城市空间发展格局——“反规划”之台州案例［J］．城市规划，2005（9）：76–80，97–98.

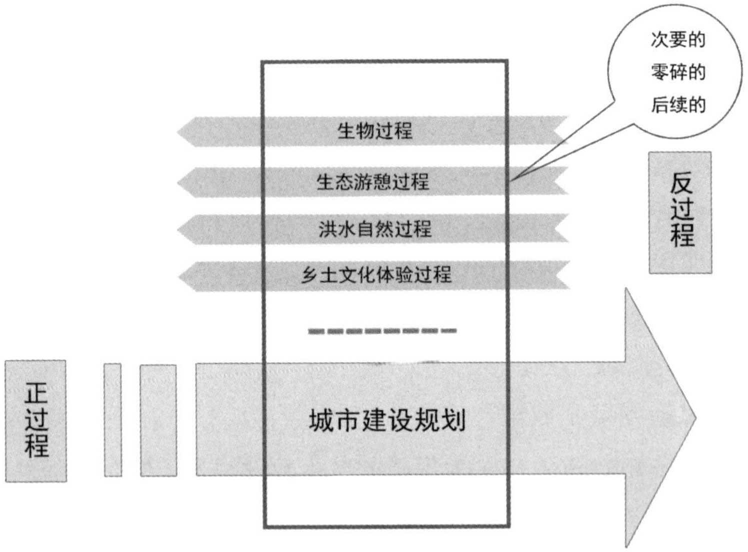

图 6–5　正规划流程框架

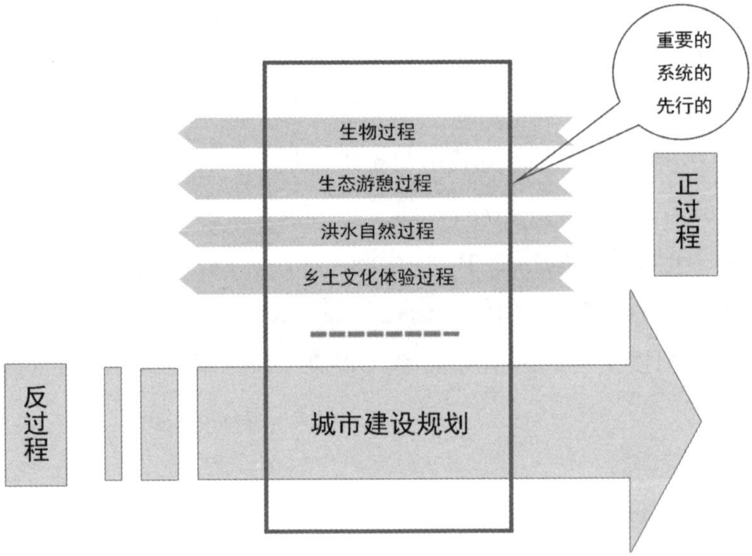

图 6–6　“反规划”流程框架

3. 旅游“反规划”理论

黄万鹏、方仁（2007）最早将“反规划”理论引入旅游规划领域，并提出区域“旅游反规划”的概念。他们指出套用城市规划模式在区域旅游规划中普遍存在，表现出重经济利益、轻社会效益，重硬件开发、轻软件规划等问题，文章分析了“旅游反规划”与传统旅游规划的区别，初步探索了“旅游反规划”的基本流程①。梁振然等（2008）在城市“反规划”理论的基础上，论述了旅游领域“反规划”理论框架，并提出负的“反规划”成果，景区需设立非建设区域即生态基础设施。在理论应用方面，包括旅游度假区规划②、乡村旅游规划③、森林公园规划④等领域都有学者丰富理论的旅游应用。

（二）“反规划”流程

不合理的旅游规划是旅游飞地现象产生的重要原因，如何运用规划手段，建立一个景区和社区和谐的结构和功能，是本书关注的重点。景区可持续发展源于“景区—社区”的和谐关系，包括经济、社会文化、景观生态等方面，可以借助规划的手段建立生态发展系统。本书在借鉴相关研究的基础上，提出以“反规划”机制调控旅游飞地的流程（见图 6-7）。

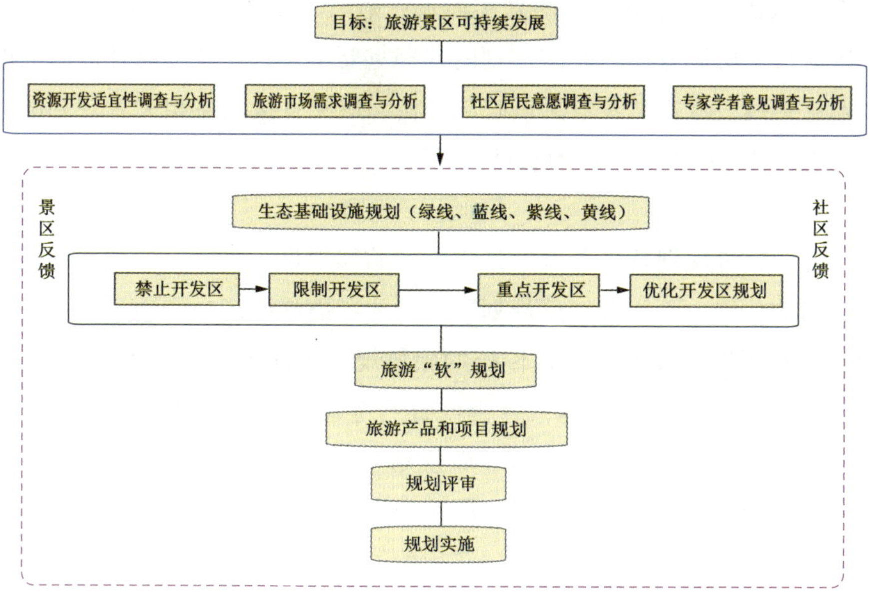

图 6-7　旅游景区“反规划”流程

① 黄万鹏，方仁. 区域“旅游反规划”初探［J］. 桂林旅游高等专科学校学报，2007（5）：682-685.

② 张文香. 黄金海岸旅游度假区空间形态研究——“反规划”理论的应用［J］. 中国环境管理干部学院学报，2008（3）：47-48，65.

③ 叶舒娟，杨效忠，罗世俊. 基于“反规划”视角的乡村旅游规划新途径探析［J］. 资源开发与市场，2009（1）：77-79.

④ 唐建兵. “反规划”理论视域下的森林公园旅游规划探讨——以自贡市飞龙峡森林公园旅游规划为例［J］. 林业资源管理，2014（2）：26-30，34.

1. 确定一个目标

确定旅游景区“反规划”目标，即从社区、生态、文化出发，进行全面的分析，首先明确景区的经济、社会文化、景观生态安全格局，从根本上建立和谐的“景区—社区”和“人—地”关系，以实现旅游景区可持续发展的目标。

2. 采取四项分析

传统的旅游规划和决策多是从开发商、投资商、政府等利益主体出发，忽视了社区、市场等其他利益主体的需求。在旅游景区“反规划”中，需要提前采取四项调查与分析，包括：第一，资源开发适宜性调查与分析，即对土地利用、环境承载力、生态格局、文化价值等资源本身的开发适宜性进行分析；第二，旅游市场需求调查与分析，即不能只局限于政府或开发商意志，而是要深入市场，分析游客的真实需求；第三，社区居民意愿调查与分析，把社区居民意愿调查作为旅游规划的前期重要工作，充分考虑社区居民的切身利益；第四，专家学者意见调查与分析，避免直接利益相关者规划的局限性，积极采纳业内专家群体的意见。

3. 做好四个规划

传统的旅游规划首先考虑的是旅游产品和项目，包括设计精彩的旅游产品或项目的位置，而旅游“反规划”最后才考虑旅游产品和项目规划，并且要保证建在可以建设的位置；传统的旅游规划更注重“硬”规划，即酒店、游客中心、道路等硬件设施，忽视或置后考虑自然生态环境、文化保遗产护、景观生态格局、社区参与等“软规划”，而旅游“反规划”是在全面论证“软”规划的基础上，再进行“硬”规划；传统的旅游规划有关非建设区域（如生态保护区）往往是被动、滞后的，只是作为项目建设后的一项专项规划，而旅游“反规划”强调生态基础设施（EI）在维持旅游景区安全格局、环境承载力的作用，强调先于项目建设规划之前进行编制。综上，为了避免旅游景区发展中社区与景区差距拉大、联系较小的问题，即减小旅游飞地式发展的机会，应做到四项规划，旅游景区“反规划”的顺序和内容为：生态基础设施规划、禁止开发区—限制开发区—重点开发区—优化开发区规划、旅游“软”规划、旅游产品和项目规划四种。

4. 进行两种反馈

反馈机制是解决旅游飞地效应的重要手段，也是旅游“反规划”中的完善机制，通过建立系统、全面的反馈机制，可减少旅游景区中出现的各种问题。一般来说，旅游规划包括旅游发展规划、旅游总体规划、旅游区控制性（修建性）详细规划等，其期限包括短期（3~5 年）、中期（5~10 年）、长期规划（10~20 年）①。一方面旅游规划的时限比较长，另一方面传统的旅游规划是一个单向的“规划—实施”过程，而社区和景区环境和需求的不断变化容易导致规划游离于景区和社区实际需求之外。旅游景区“反规划”强调前期注重对场地最优景观生态安全格局、社区和景区的各项分析，规划过程中注重收集景区和社区的“反馈”意见，在弹性的空间内修正、调整规划，规划实施后根据规划周期、市场环境、项目建设、运营状况定期进行修编，以实现景区和社区的可持续发展。

（三）“反规划”实践

1. 前期规划与问题

多年来，围绕普者黑景区开发建设，先后编制了总体规划、片区规划、项目规划、开发策划等多个规划（见图 6–8），其中包括《普者黑省级旅游区总体规划》（2003 年）、《丘北普者黑国家级风景名胜区总体规划说明书》（2009 年）、《丘北县普者黑景区（核心区）植被景观规划设计》（2009 年）、《普者黑旅游休闲度假基地暨旅游循环经济试验区总体规划》（2010 年）、《云南丘北普者黑国家湿地公园总体规划》（2010 年）、《丘北县“十二五”旅游业发展规划》（2011 年）、《普者黑景区首期启动区修建性详细规划》（2012）、《阿鲁白至七〇新村规划 · 城市设计及典型性单体策划方案》（2012）等。但是，前期规划存在的问题包括：第一，过于注重经济利益，轻社会效益和生态效益，环境保护滞后；第二，套用城市规划模式，旅游度假区出现城镇化倾向，重“硬”开发，轻“软”规划；第三，对自然、生态环境保护不周全；第四，忽视乡土文化的挖掘；第五，忽视旅游开发中的社区参与。在前期的传统规划模式下，一系列规划措施滋生了景区和社区的问题，如景区的极化效应、生态景观环境破碎化、社区景区矛盾激化等，产生各种类型的旅游飞

① 全国旅游标准技术委员会 . 旅游规划通则 GB/T 18971—2003［S］. 北京：中国标准出版社，2003.

地效应。

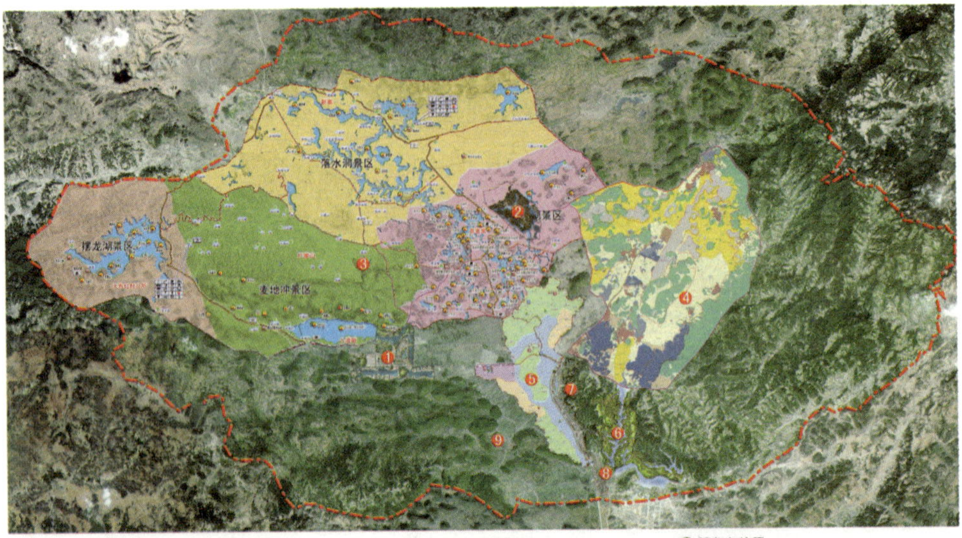

图 6–8 普者黑景区规划集成

2. 传统规划与“反规划”区别

本书采取旅游区“反规划”进行飞地效应逆变调控，与传统旅游规划相比，旅游区“反规划”在规划目的、方法、导向、次序等方面存在不同（见表 6–6）。从表 6–6 可以看出，旅游区“反规划”通过改变规划思路、程序和理念，能够弥补传统规划中的弊端，其出发点建立在和谐的景区关系上，以整体的视角，重视经济、社会、生态效益的协调统一。

表 6–6 旅游区“反规划”与传统旅游规划的区别

区 别	传统旅游区规划	旅游区“反规划”
规划目的	实现旅游景区发展	实现旅游景区、社区共同发展
规划方法	套用城市规划模式，以“硬”规划为主	综合规划模式，“软硬”规划结合
规划导向	以经济利益为主	生态、社会、经济效益统一
规划次序	优先开发区→重点开发区→限制开发区→禁止开发区	禁止开发区→限制开发区→重点开发区→优先开发区
调查对象	资源、市场	资源、市场、社区、专家

续表

区　别	传统旅游区规划	旅游区“反规划”
空间布局	封闭、破碎、机械	开放、系统、弹性
规划流程	单向、静态、直线式	双向、动态、循环式

3. 普者黑景区“反规划”内容

基于“反规划”理念，结合本书中普者黑六大旅游飞地效应存在的问题，从旅游规划的角度提出普者黑景区的“反规划”内容，包括生态基础设施规划、禁止开发区→限制开发区→重点开发区→优先开发区规划、旅游“软”规划、旅游产品和项目规划等。

（1）生态基础设施规划

在普者黑景区内划定强制性不发展区域，建立一个生态基础设施（EI），作为区域生态核心和旅游规划设计的基础，限制和引导景区的空间形态和格局。普者黑旅游区的生态基础设施是保障生态功能完整的基础，能够减小旅游景区生态飞地的发生。在宏观尺度上，划定的生态基础设施包括水库、湿地、河流、农田、林区等内容，作为旅游规划的“底”（见图 6–9、图 6–10）；在中观尺度上，考虑到区域和丘北县生态保护和安全防洪需要，将普者黑景区防洪标准局部提升到百年一遇（见图 6–11、图 6–12）；在微观尺度上，提出恢复湿地自然形态，停止渠化工程，修复湿地生态驳岸，打造生物廊道系统等内容（见图 6–13、图 6–14）。

（2）禁止开发区→限制开发区→重点开发区→优先开发区规划

为维持普者黑景区生态和景观系统的完整性，避免景观生态飞地的出现，以“反规划”理念为指导，首先应建立安全的景观生态格局，再进行相应的产品和项目规划，将传统的旅游规划流程逆向过来，确定“禁止开发区→限制开发区→重点开发区→优先开发区”的开发顺序（见图 6–15）。其中，禁止开发区包括摆龙湖、旧城龙潭、清平水库水域及其面山汇水面积，主要为普者黑景区的水源地，一般禁止游人进入，主要功能是保持生态平衡，只允许进行少量科考旅游；限制开发区包括羊洞塘水域及正常洪水位向外延伸不低于 300 米的范围，滥泥寨、红星湖经落水洞湖、普者黑湖至龙泉湖水域及其湖滨带、面山汇水面积，主要为普者黑景区一、二级保护区，主要功能是

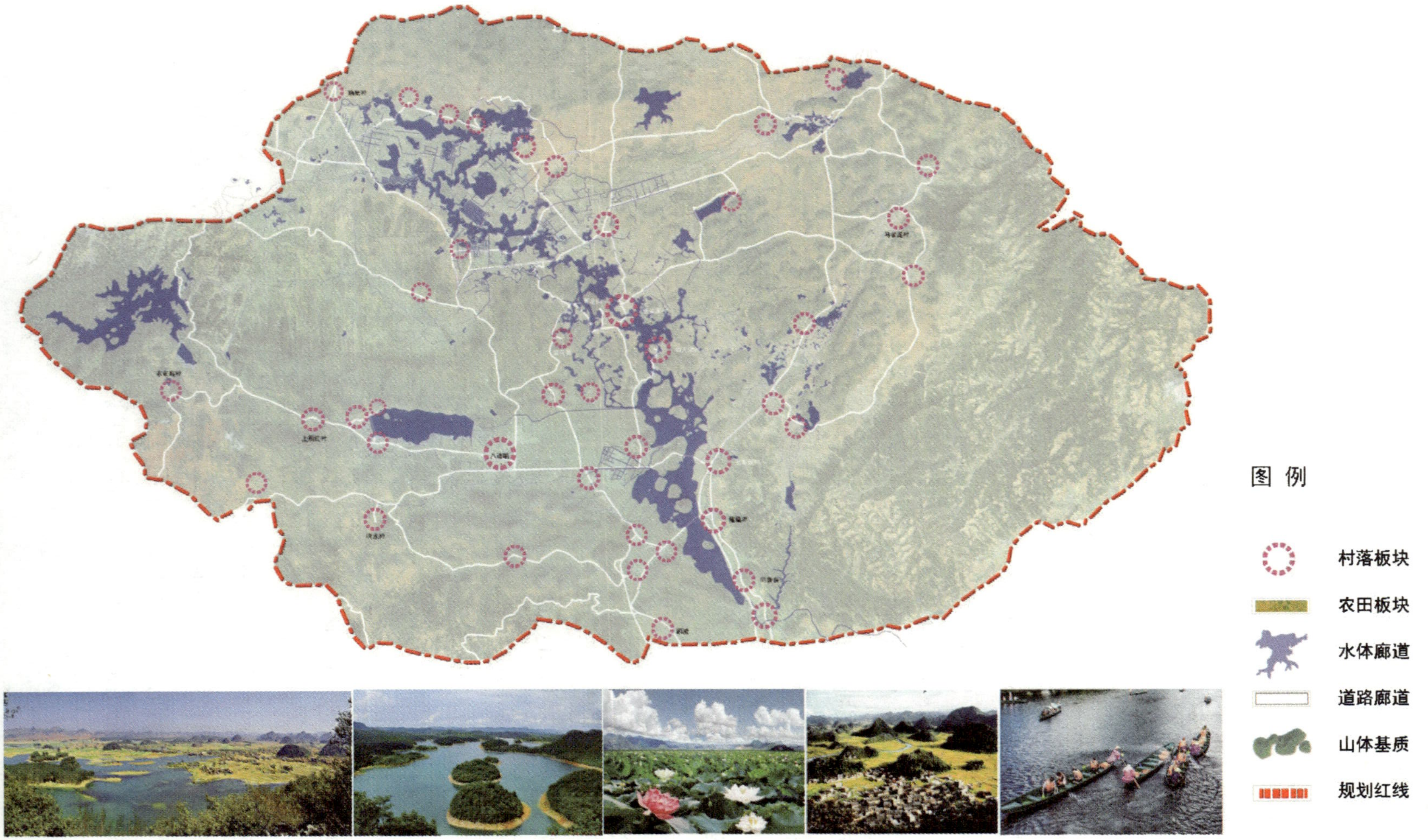

图 6–9　普者黑流域景观生态格局现状

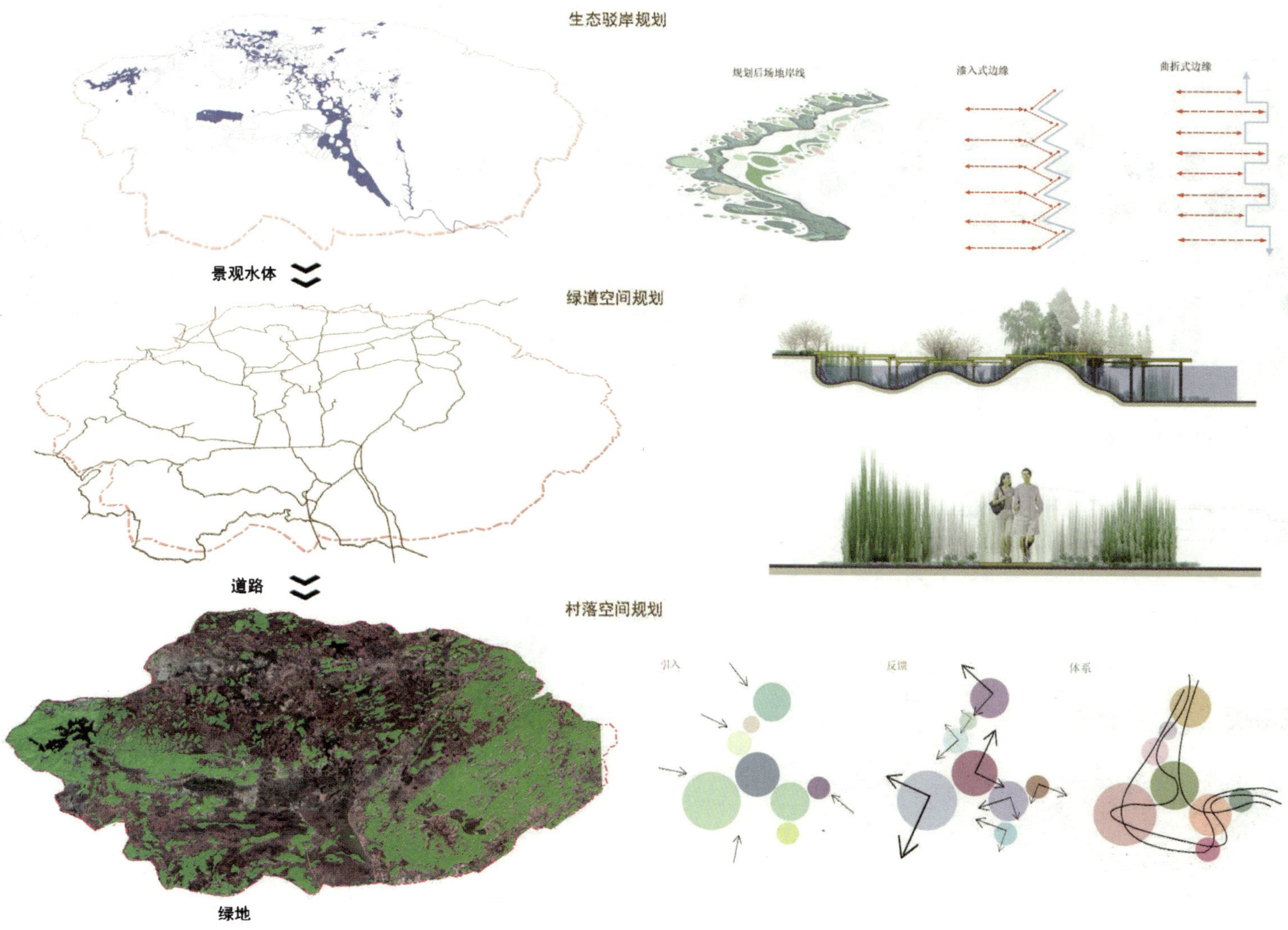

图 6-10　普者黑流域景观生态格局规划

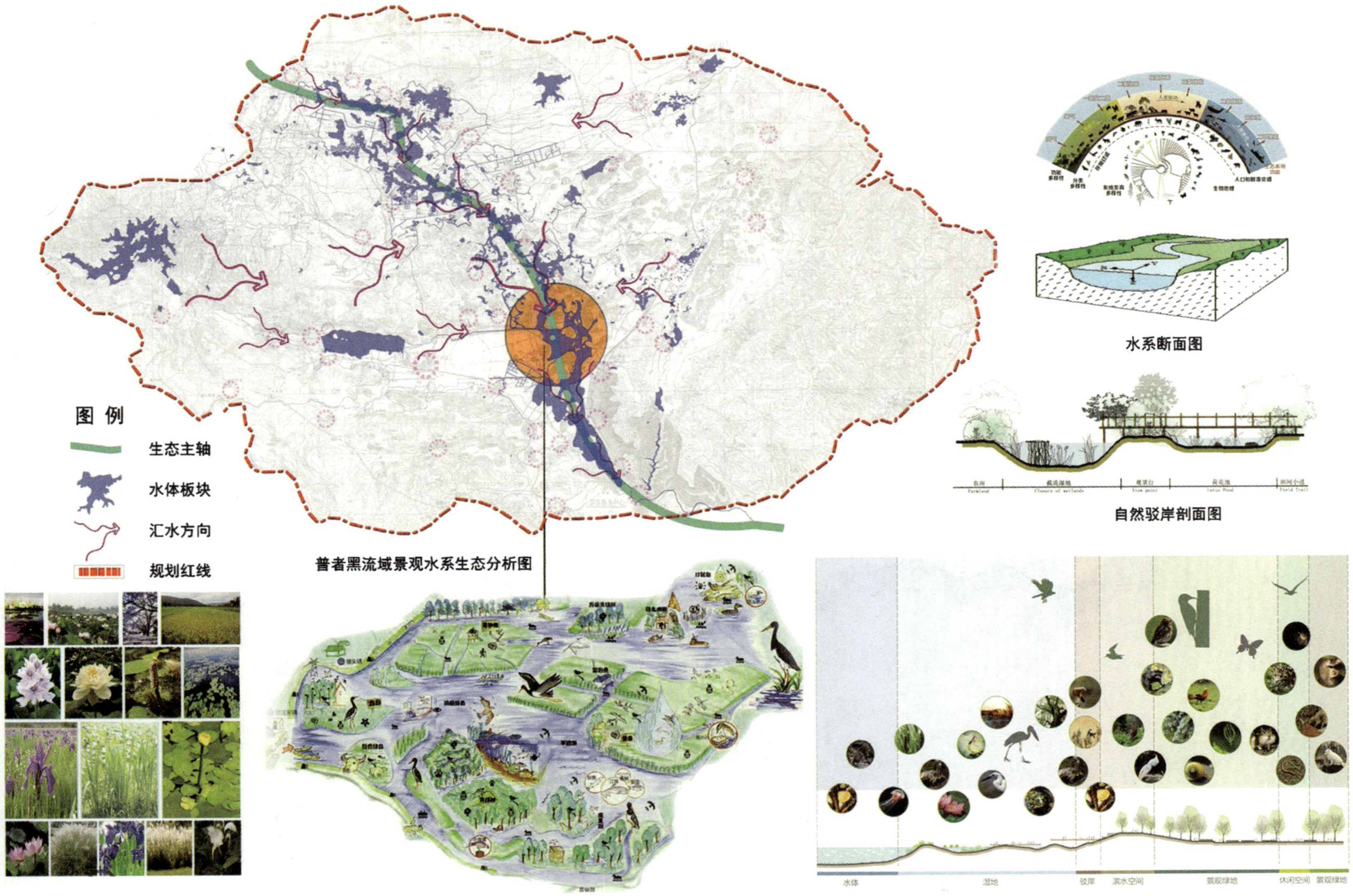

图 6-11　普者黑流域水平生态过程规划

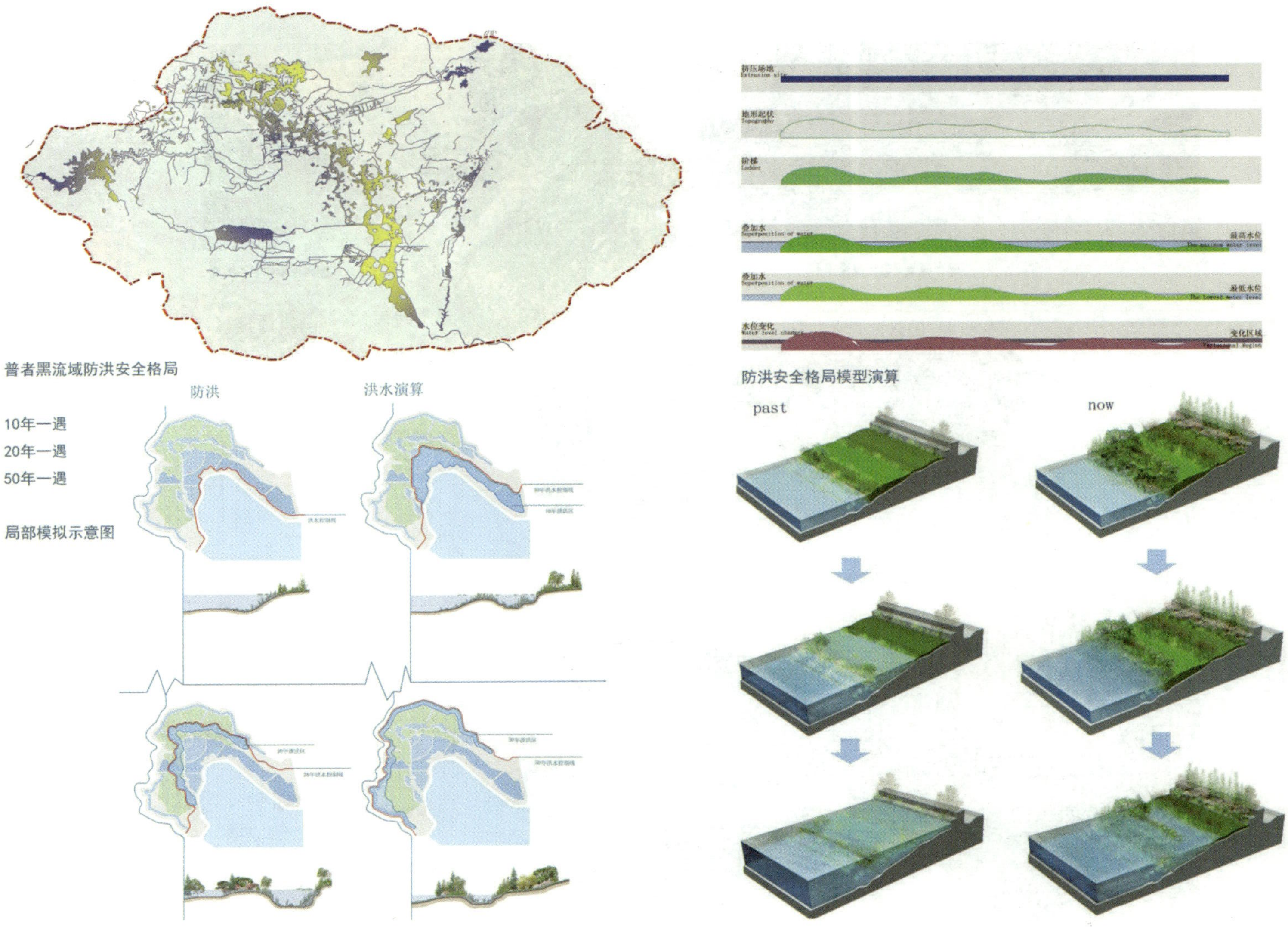

图 6-12　普者黑流域生态防洪安全格局规划

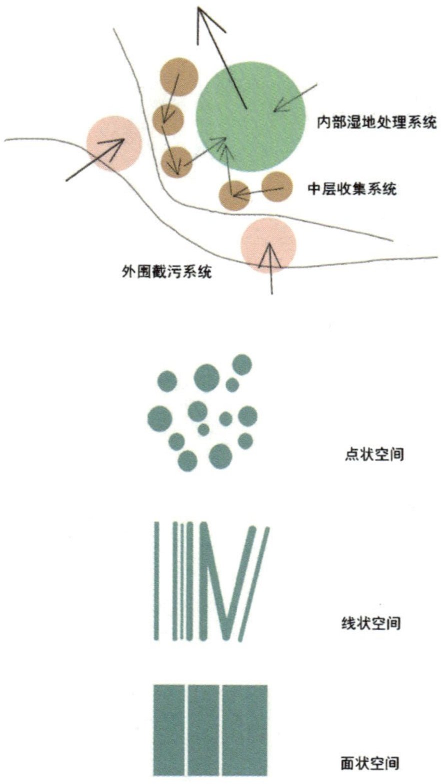

景观设计理念示意图

湿地景观手绘效果图

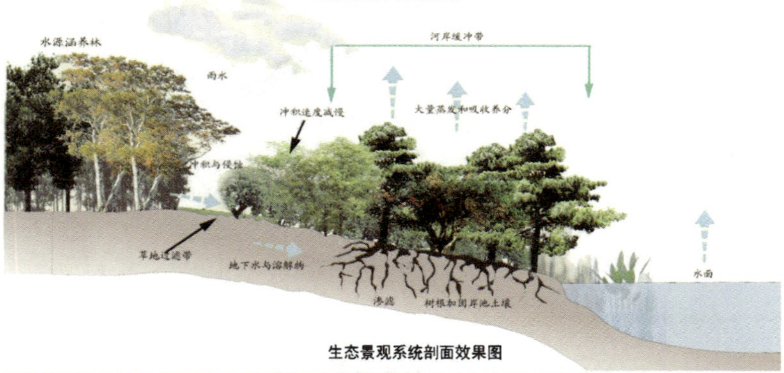

生态景观系统剖面效果图

图 6–13　普者黑景区生态驳岸及廊道设计

图 6–14 普者黑景区生物多样性规划

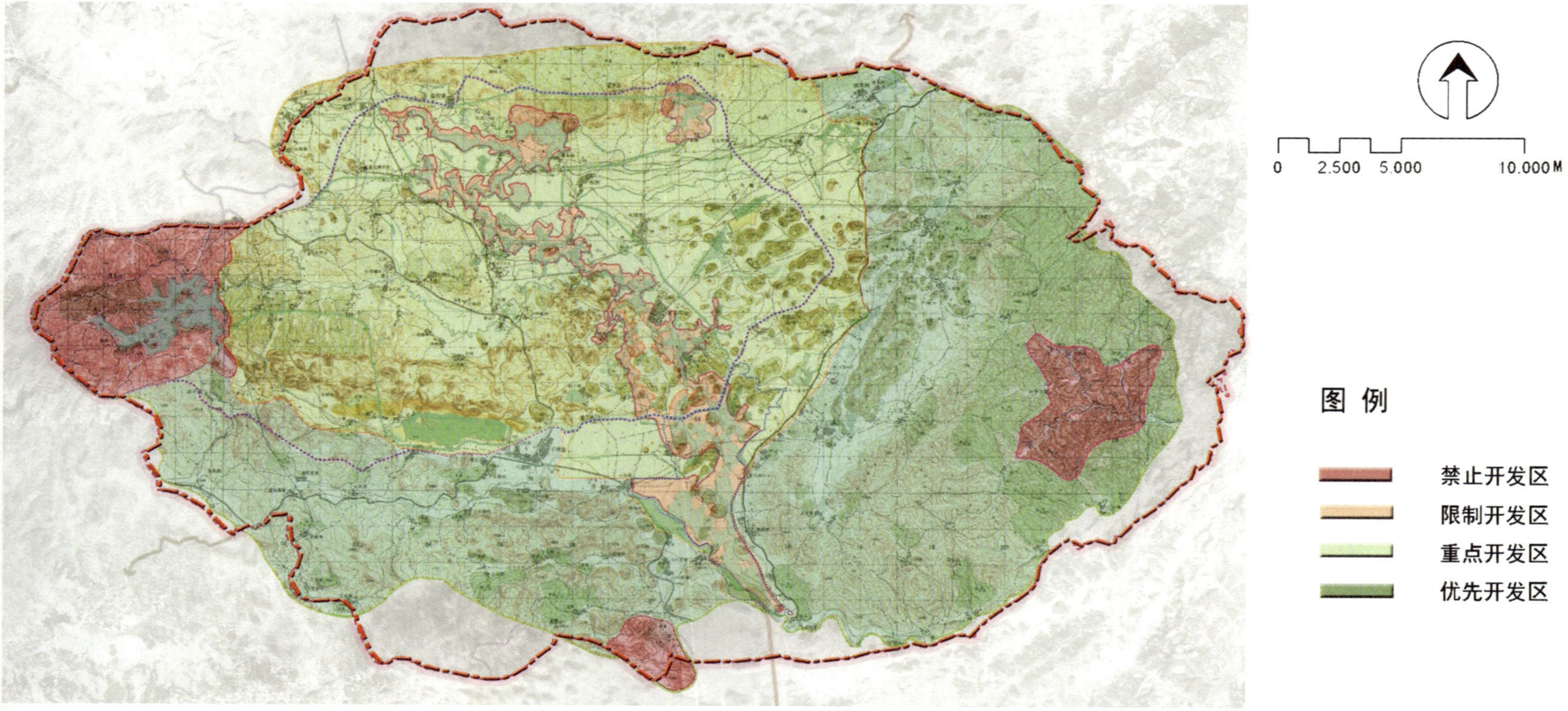

图 6-15　普者黑景区“反规划”空间次序

生态缓冲、过渡，可进行部分生态旅游开发；重点开发区包括普者黑湖、仙人洞湖、蒲草塘、仙人洞村、普者黑村、新沟农场等，该区域生态环境承载力较强、民族文化丰富、开发潜力较大，可进行生态观光、文化体验等旅游活动，编制少量的如栈道、指示牌、观景亭等建设规划；优先开发区包括阿鲁白、九连山等区域，其主要功能是旅游接待，可进行一定的旅游设施建设，如住宿、餐饮、购物、娱乐等内容。

（3）旅游“软”规划

根据旅游“反规划”理论，“软”规划指景区在社区参与、文化传承、生态保护等方面的规划，先于基础设施、旅游项目等“硬”规划。普者黑传统旅游规划造成了文化特色丧失、环境保护不力、社区参与不足等问题，引发了旅游景区的飞地效应问题。因此，本书的旅游“软”规划包括社区调控、文化遗产保护、生态环境等方面，在系统、全面“软”规划论证的基础上，再进行旅游接待设施、服务设施等“硬”规划，以加强景区和社区的经济、文化、生态联系。

（4）旅游产品和项目规划

根据调查发现，普者黑景区 388 平方公里的面积内，游客主要集中在核心水路及周边的 3 平方公里内，旅游区空间布局欠妥。为了使旅游发展扩散到更广阔的景区内，提出“外扩内挖”的规划思路以及“主题性、参与性、系统性”的规划原则，在前文三种规划的基础上，提出六大旅游景区空间布局、旅游业态规划和具体的项目设计（见表 6–7）。

表 6–7 普者黑景区旅游产品和项目规划

景 区	主题定位	功能定位	产品项目
山河湾	风情普者黑	入口集散区	九龙谷半岛别墅、阿鲁白风情走廊、龙山湖水影景观、横山乡村走廊、西荒湿地迷宫
仙人洞	梦境普者黑	山水游览区	长山湖荷花湿地、天鹅湖飞鸟乐园、蒲草塘文创湖岸、仙人洞撒尼工坊村、普者黑鱼虾水乡、青龙山玻璃栈道、菜花箐湖湾苗村、摩乐哥野斗场
落水洞	秘境普者黑	野趣探秘区	影视基地、芳香大地、旅游营地、野奢酒店、岩峰山僰人村、观景台
九连山	休闲普者黑	商务休闲区	玫瑰农园、养生综合体、白玉六郎洞、辣椒观光园
八道哨	养生普者黑	田园农庄区	太阳魂葡萄庄园、龟仙湖稻作庄园、上那红花海庄园

续表

景　区	主题定位	功能定位	产品项目
摆龙湖	生态普者黑	生态示范区	摆龙湖、衣布底

资料来源：根据《普者黑国家度假公园总体规划》整理得出。

三、调控机制

普者黑旅游飞地效应调控机制是一种完善的反馈机理，即在测度出相应景区飞地类型及大小后，通过调控对策降低负面影响。其基本原理为“一降一增一恢复”，其中，“一降”即降低景区和社区之间的差异性，“一增”即增强景区和社区之间的连接度，“一恢复”即实施旅游景区、社区恢复管理，尽量消除旅游飞地效应带来的负面影响。

（一）降低差异性

1. 调整景区发展定位

传统普者黑景区发展定位包括“国家5A级旅游景区”“国家级旅游度假区”等，其发展目标更多的是从旅游景区本身出发，忽略了景区周边社区的发展需求。作为一个景区和社区交织的旅游空间，景区发展涉及四个乡镇（锦屏镇、双龙营镇、曰者镇、八道哨彝族乡）、几十个村庄（阿鲁白村、七〇新村、仙人洞村、普者黑村、菜花箐村、落水洞、布宜村、小矣堵村、上那红村、衣布底村等）、三万多人口，过于关注景区发展，必然导致旅游飞地现象的发生。为了降低景区和社区之间的差异性，把旅游景区发展定位从“旅游景区发展”转变为“旅游景区和社区共同发展”，提出“打造国家度假公园”的发展定位，引入国家公园概念，既延续生态保护、社区参与、全域旅游的发展理念，又体现出以度假为主的旅游特征。

2. 完善旅游补偿机制

景区优先发展的策略，导致普者黑及各景区为自身发展不断索取周边各种资源，挤占周边社区的发展空间，或破坏完整的经济、社会文化、自然生态系统。为了弥补社区损失的发展机会，需要建立一个合理的补偿机制，减小景区和社区之间日益扩大的差异性。根据旅游飞地研究结论，普者黑旅游景区的旅游补偿方式主要包括经济补偿、社会文化补偿、自然生态补偿；补偿主体主要为景区，补偿对象主要为社区居民、生态环境、文化遗产等；补偿的目标包括利益共享、造血式扶贫、社区增权、文化传承、内生增长等。旅游补偿是解决景区与社区差异性扩大的重要方法，但不能局限于金钱补偿的单一方式，而是要寻找适合的多元补偿制度，通过制度化和监控措施，不断完善普者黑的旅游补偿机制。

（二）增强连接度

1. 放大景区辐射功能

通过放大景区对社区的辐射功能，增强两者之间的连接性，实现“景区—社区”一体化发展。第一，发挥景区对周边社区的辐射效应，实现由农业社区向旅游服务型社区的转变。例如，在普者黑民族村寨内开展乡村旅游，使社区居民由从事渔业、种植业向旅游业转型。为了突出乡村旅游特色，提出“一村一品”的规划思路，打造普者黑精品客栈村（见图 6–16）、仙人洞彝家水乡村（见图 6–17）、菜花箐湖湾苗村（见图 6–18）、民族歌舞村（见图 6–19）、岩峰山僰人村落等旅游特色示范村，将游客的旅游空间从景区拓展到社区。第二，发挥景区旅游业对周边相关产业的辐射效应，包括景区旅游业带动特色农业、手工业、服务业等产业发展，带动社区居民参与旅游发展。在本书中，提出景区“旅游业反哺农业”的发展思路，结合课题组相关研究成果，建议发展玫瑰农场、芳香大地、浪漫花海（见图 6–20）、万亩荷塘、田园农庄、葡萄庄园、辣椒农园等旅游项目，促进社区农业产业发展。

图 6–16　普者黑精品客栈效果

图 6-17　仙人洞彝家水乡效果

6-18　菜花箐湖湾苗村效果

图 6-19　歌舞篝火广场效果

图 6–20 落水洞浪漫花海鸟瞰图

2. 建立共生发展模式

共生原指两种不同生物之间所形成的紧密互利关系，在旅游景区和社区中的共生指两者形成的有机整体，相互依存，相互促进，共同发展。景区和社区的共生发展在经济和社会方面实质上是一种“造血式”帮扶，关键在于让社区居民充分参与到旅游发展中，主要内容包括：优先安排就业、建立旅游发展合作社、传承地方文脉、完善社区协调机制等内容；景区和社区的共生发展在景观生态方面，指景区社区内部生态系统结构与功能的相互适应和协调，两者并不是孤立的生态景观系统，而是一个整体系统，主要内容包括：建设生态廊道、提高绿化面积、人工景观与自然环境协调等内容。

（三）实施恢复管理

1. 推动景区开放，打破门票经济

推动普者黑景区开放式发展，与周边社区形成一个有机整体空间，通过打破多头管理的现行制度，在更高的层次上成立管理机构，实现由“景区旅游”向“全域旅游”转型。例如，杭州西湖通过免费开放，带动了周边餐饮、住宿、购物等业态发展，有效地解决了旅游飞地化发展问题。对于普者黑景区，打破过于依赖“门票经济”的怪圈，需要盘活周边社区的多元旅游业态，实现“景区社区化”和“社区景区化”，带动整个普者黑景区和社区的整体发展。

2. 实施改造工程，消除飞地差异

根据普者黑景区飞地效应测评结果，摆龙湖、九连山景区的经济飞地效应最严重，主要原因为过度依赖外来资本；山河湾景区的文化飞地效应最严重，主要原因为本土文化同化现象严重；八道哨景区的景观飞地效应最严重，主要原因为网络连接度差。为了消除相应的飞地引发因素，需针对性地进行改造。例如，在经济方面，培育和发展本土投资主体，减小对外来资本的依赖；在社会文化方面，提出民居改造工程，对当地民居原型进行提炼，设定保留传统建筑风貌的新型民居；在景观生态方面，提出湿地驳岸修复工程，通过改造和新建生态驳岸，构建一个完整的生态系统。

3. 建设旅游廊道，实现有机连接

建设旅游廊道，实现有机连接，其目的是打通景区和社区之间的作用通道，加强相互之间的联系。在经济方面，提出设立八大水路码头集散地和七大陆路游客集散地，通过码头和集散地的分散分布，使游客活动行为不仅停留在核心水路或核心旅游区，而是通过码头、集散地等通道引导游客进入社区；在社会文化方面，提出建立社区居民旅游合作社和文化传承计划的策略，增强社区参与旅游的深度，以及文化的原真性传承；在景观生态方面，通过水廊、绿廊、生物廊道等建设，优化景观生态整体结构（见图 6–21、图 6–22）。

生态战略点的引入板块，将积极有效地促进和维护生态过程的健康与安全，使景观生态结构整体优化。这些战略点的意义在于其促进孤立源之间的空间联系和达到景观生态控制的高效性和稳定性。

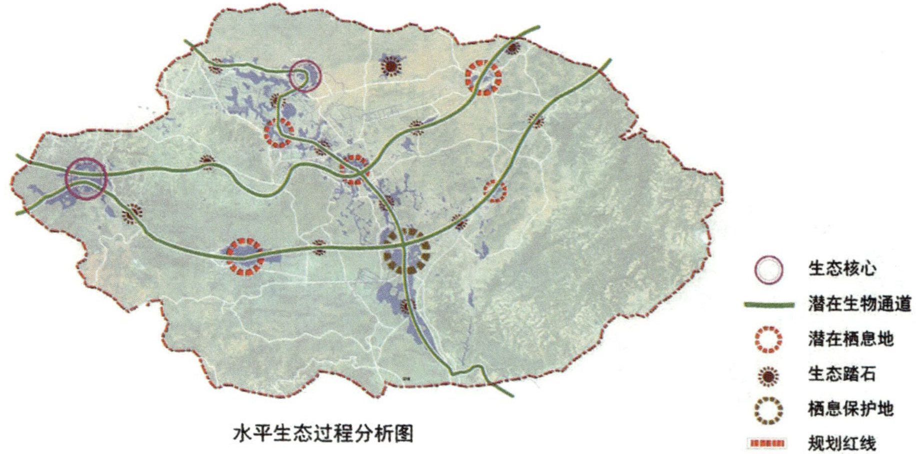

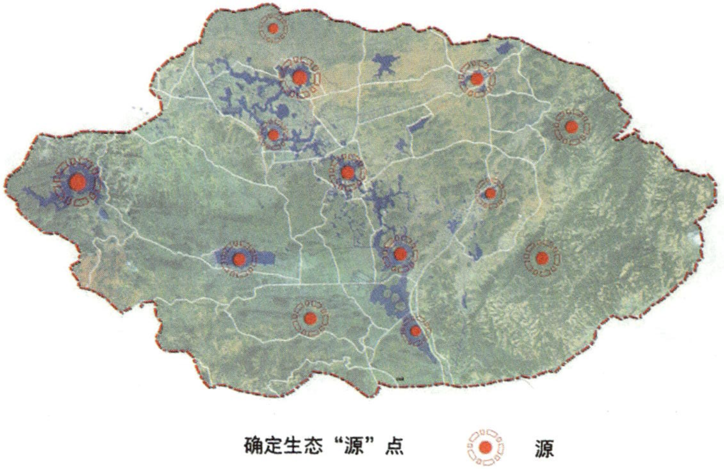

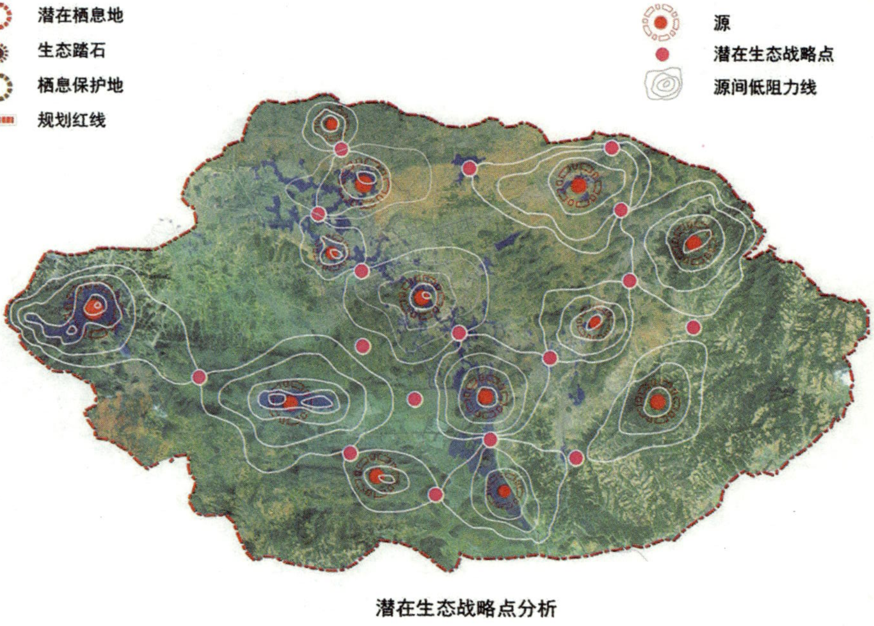

图 6–21　普者黑流域生态格局规划

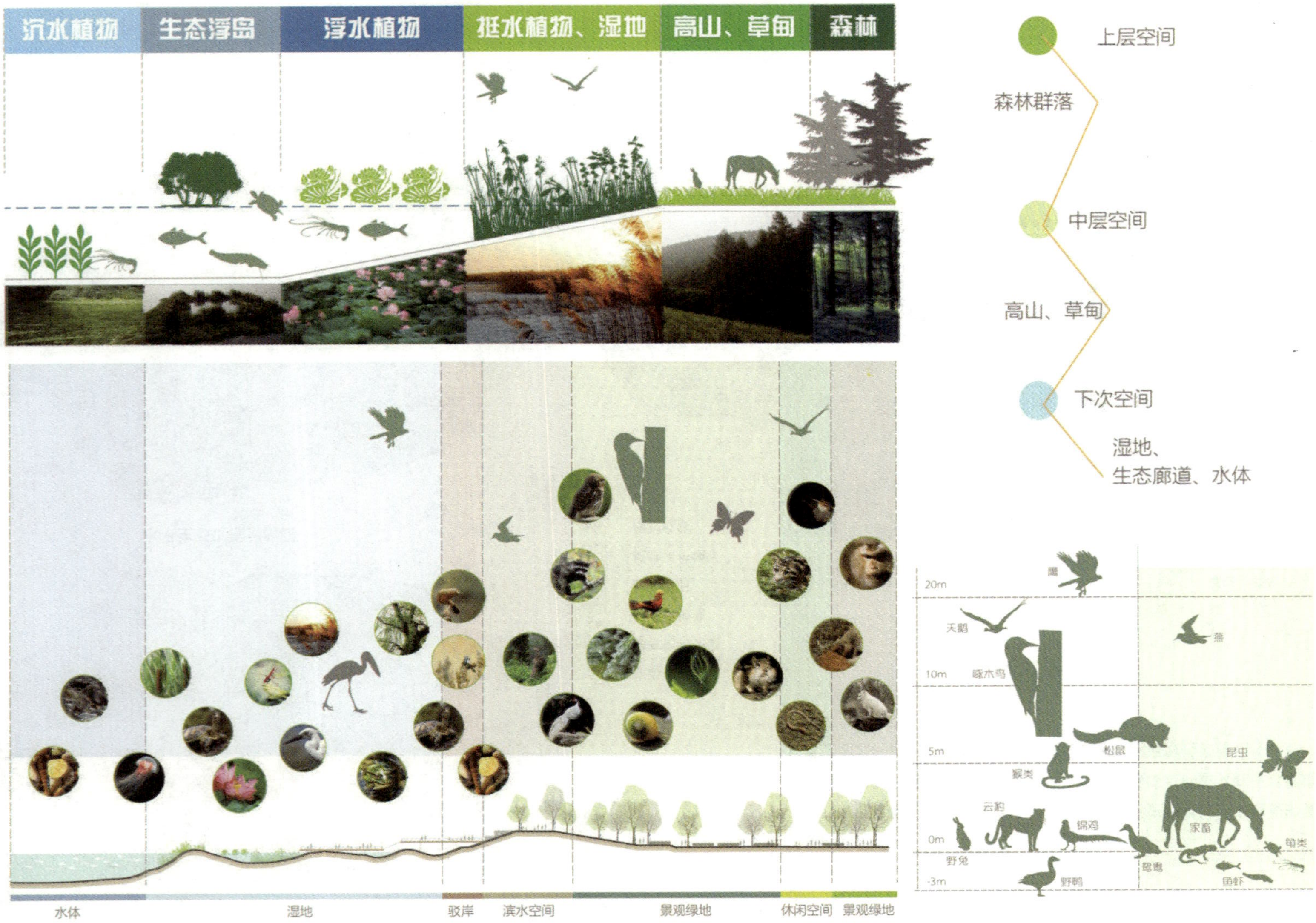

图 6-22　普者黑流域生态过程规划

第七章　研究结论与展望

本章主要对旅游飞地效应及逆变机理研究内容及结论进行概括，总结理论研究和实证研究的核心内容、创新点，并对下一步研究的内容进行了展望。

一、研究结论

（一）理论结论

1. 提出了旅游飞地的基本概念

本书从微观的视角，将“飞地”理论引入旅游景区研究范畴。旅游飞地指景区与周边社区存在鲜明差异并缺少相互联系，形成孤立发展的旅游现象，具体表现为经济利益上的割裂性、社会文化上的挤出性和景观生态上的破碎性等。旅游飞地形象、直观地表达了景区和社区的隔离状态及割裂关系，为旅游景区研究和旅游影响研究提供了新的独特思路。

2. 完善了旅游飞地研究理论框架

在国内外理论研究的基础上，厘清了旅游飞地的类型、演化、成因等基本理论框架。其中，旅游飞地包括经济飞地、文化飞地、景观飞地等类型，是一个“初化→兴化→孤化→极化 / 融化”的演化过程，其成因包括：外部方面的空间区位边缘化、一元化发展模式、多重性管理体制等，内部方面的利益追逐的驱动、社区的参与障碍、人为的生态破坏等。

3. 构建了旅游飞地效应指标体系

在相关研究的基础上，通过提取经济、社会文化、景观生态等方面的关键影响因素，通过对测度指标体系的筛选和确立，最终构建由 1 个目标层、3 个子目标层、2 大指标类型（差异性指数、连接度指数）和 21 项具体指标构成的旅游飞地效应测度指标体系。

4. 建立了旅游飞地效应测度模型

旅游飞地效应测度模型评价包括三个步骤：第一步，通过层次分析法构建评价模型；第二步，通过模糊综合评价法进行赋值；第三步，通过“*D/C*”评价模型进行数据计算。旅游飞地效应，包括经济飞地效应（*EE*）、文化飞地效应（*SE*）、景观飞地效应（*LE*），差异性指数（D_i）越大，旅游飞地效应越明显，连接度指数（C_i）越小，旅游飞地效应越明显。

5. 探索了旅游飞地效应逆变机理

在实证研究的基础上，根据普者黑景区 *IETA* 测度结果，探索旅游飞地效应的逆变机理，即管理路径，包括预警机制、“反规划”机制和调控机制等。分别为：前逆变——预警机制，包括建立预警指标体系、确定预警界限值、制作预警信号图、发布预警信息等，为旅游飞地效应的识别、辨析、评估提供理论基础；中逆变——“反规划”机制，包括确定一个目标、采取四项分析、做好四个规划、进行两种反馈的旅游“反规划”流程，通过运用逆的规划程序、负的规划成果对旅游飞地效应进行调节；后逆变——调控机制，包括降低差异性、增强连接度、实施恢复管理等，通过针对性的调控对策降低负面影响。

（二）实证结论

1. 差异性指数评价结论

研究结论表示，普者黑六大旅游景区中，经济差异性指数最大的是山河湾景区（0.8260），最小的是落水洞景区（0.1740）；社会差异性指数最大的是山河湾景区（0.8344），最小的是落水洞景区（0.3684）、摆龙湖景区（0.3684）；景观差异性指数最大的是仙人洞景区（0.7713），最小的是摆龙湖景区（0.1713）。从整体均值来看，普者黑旅游景区差异性指数总体一般，从高到低分别是社会差异性指数（0.5891）、经济差异性指数（0.5491）、景观差异性指数（0.5138）。

2. 连接度指数评价结论

研究结论表示，普者黑六大旅游景区中，经济连接度指数最大的是仙人洞景区（0.7432），最小的是摆龙湖景区（0.0999）；社会连接度指数最大的是仙人洞景区（0.6168），最小的是山河湾景区（0.3528）；景观连接度指数最大的是山河湾景区（0.7129），最小的是八道哨景区（0.3805）。从整体均值来看，普者黑旅游景区连接度指数总体比较差，从高到低分别是景观连接度指数（0.5206）、社会连接度指数（0.4636）、经济连接度指数（0.3812）。

3. 飞地效应评价结论

研究结论显示，普者黑六大旅游景区中，经济飞地效应最高的是摆龙湖景区（4.4010），最低的是落水洞景区（0.4940）；文化飞地效应最高的是山河湾景区（2.3649），最低的是落水洞景区（0.8125）；景观飞地效应最高的是八道哨景区（1.3359），最低的是摆龙湖景区（0.3999）。从整体均值来看，普者黑旅游飞地效应从高到低分别是经济飞地（2.1291）、文化飞地（1.3109）、景观飞地（1.3109）。

二、研究创新

（一）概念内涵

虽然学术界已将“飞地”概念引入旅游研究中，但并未系统地阐述旅游飞地的内涵、特征、成因、演化、类型、影响等内容，本书把旅游飞地内涵具体深化为经济飞地、文化飞地、景观飞地，既对旅游飞地内涵进行了深化研究，也将系统阐述旅游飞地效应的理论体系，以创新旅游飞地基本理论研究。

（二）研究视角

已有旅游研究更多关注旅游业积极、正面的影响，本书研究将视角转向旅游业消极、负面的影响，实现旅游业正面影响研究向负面影响研究的转变。并从单一影响角度向系统影响研究转变，从一元的旅游区发展向二元的“旅游区 + 社区”发展转变，从旅游区自身发展的视角到向区域协调发展的视角转变，开拓旅游影响研究的新视角。

（三）研究方法

在理论借鉴方面，引入管理学、地理学、经济学、景观生态学等相关理论，应用于旅游飞地效应研究中；在测度指标获取方面，除传统的问卷调查、访谈法外，还采用 ArcGIS9.3、TArch8.0、Auto CAD 等软件辅助获取数据，使得指标数据更客观科学；在数学计算方面，采用熵值法、脆弱性理论、评价模型等计算模型，拓展了计量方法在旅游研究中的应用。

三、研究展望

旅游飞地是一个全新的概念，本书对旅游飞地理论及旅游飞地效应的测度都属于开创性和探索性工作。由于学科背景、知识水平、经验数据等方面的限制，本书还有一些需要继续完善的领域。

（一）理论体系持续拓展

正如前文述评中指出，将“飞地”理论引入旅游影响的研究比较少，旅游飞地研究更是刚刚起步。虽然，国外关于旅游度假区“飞地”现象已有大量的研究成果，但其更多关注的是经济影响，研究对象也局限于宏观或海岛旅游等特殊对象。旅游“飞地”比“飞地”的外延和内涵内容更丰富，作为经济、社会、生态综合效应的表述更全面，也更适用于国内旅游景区的研究。但是，相关理论可供参考和借鉴的内容较少，作者也是结合旅游研究进展及相关学科知识，尝试性地提出旅游飞地及飞地效应的概念及其成因、类型、演化、特征、类型等基本理论。因此，未来关于旅游飞地的理论体系研究需要进一步地完善和优化。

（二）研究对象持续跟踪

第一，案例地普者黑六大景区总体发展时间不长，落水洞、摆龙湖等景区的旅游业也刚刚兴起，所以指标体现的数据不一定十分具有说服力，需要更加持久的关注。第二，对旅游飞地效应衡量最理想的效果是纵向的时序对比，对景区在不同发展阶段的旅游飞地效应进行对比，或对调控前后之间的效应值进行对比，能更加全面、直观、准确地判断旅游景区的发展状况。结合案例，深入、系统研究旅游景区某一飞地效应及逆变调控措施，如管理飞地、心理飞地、文化飞地、信息飞地、功能飞地等。第三，本书中预警机制及“反规划”机制，均强调持续跟踪及反馈，因此会持续对案例点给予足够的关注。

（三）评价研究持续优化

为测度旅游飞地效应大小，本书集合层次分析法、模糊数学法等评价方法，在熵值法确定权重的基础上，通过构建的模型进行评价。但是，本书的案例主要局限在普者黑，下一步需要将案例点拓展到更多不同级别、类型、发展阶段的景区中；在评价方法上，需要进一步优化评价指标体系，更加客观、科学地获取指标数据；在研究内容上，可以尝试将多类型的飞地效应集中于经济飞地、文化飞地、景观飞地、管理飞地、信息飞地、心理飞地等某一个具体内容上，或者尝试测度旅游景区的综合飞地效应，根据特定的研究目的和对象，采用合适的方法，深入探析旅游飞地效应。

附录 1：社区居民调查问卷

姓名：　　　□男　□女　调查地点：　　　　调查时间：

您好！我们正在做关于普者黑景区旅游发展的科研调查，恳请您帮忙！调查内容仅用于学术研究，个人信息都将保密，感谢您的支持与配合！

1. 您的年龄：（单选题）

□ A：20 岁以下　□ B：20~30 岁　□ C：30~40 岁　□ D：40~50 岁

□ E：50 岁以上

2. 您的教育程度：（单选题）

□ A：初中以下　□ B：初中　□ C：高中或中专　□ D：专科

□ E：本科　□ F：研究生及以上

3. 您的家庭主要经济来源：（多选题）

□ A：种地养殖　□ B：打鱼　□ C：外出打工

□ D：靠外地打工亲属寄钱　□ E：旅游服务

□ F：其他＿＿＿＿＿＿＿＿＿＿＿＿＿＿＿＿＿＿＿＿＿＿＿＿

4. 您目前的职业状况：（单选题）

□ A：学生　□ B：料理家务事　□ C：外面务工人员

□ D：景区员工　□ E：在家务农　□ F：其他＿＿＿＿＿＿＿＿＿＿

5. 您的家庭年总收入大概是：（单选题）

□ A：1 万元以下　□ B：1 万 ~2 万元　□ C：2 万 ~3 万元

□ D：3 万 ~4 万元　□ E：其他

6. 您的家庭年总收入中，旅游收入占到：（单选题）

□ A：70% 以上　□ B：50%~70%　□ C：30%~50%

□ D：10%~30%　□ E：10% 以下

7. 您觉得旅游景区经济收入分配的公平性为：（单选题）

□ A：非常不公平　□ B：不公平　□ C：一般　□ D：公平

□ E：非常公平

8. 您对本村旅游开发的态度是：（单选题）

□ A：非常不支持　□ B：不支持　□ C：一般　□ D：支持

□ E：非常支持

9. 您与游客接触的机会为：

□ A：非常少　□ B：少　□ C：一般　□ D：多　□ E：非常多

10. 您在景区旅游开发中参与决策的程度为：

□ A：非常低　□ B：低　□ C：一般　□ D：高　□ E：非常高

感谢您的配合，祝您生活愉快！

附录 2：企业经营户调查问卷

姓名：　　　　□男　□女　　调查地点：　　　　　　　　调查时间：

您好！我们正在做关于普者黑景区旅游发展的科研调查，恳请您帮忙！调查内容仅用于学术研究，个人信息都将保密，感谢您的支持与配合！

1. 您的年龄：（单选题）

□ A：20 岁以下　□ B：20~30 岁　□ C：30~40 岁　□ D：40~50 岁

□ E：50 岁以上

2. 您的教育程度：（单选题）

□ A：初中以下　□ B：初中　□ C：高中或中专　□ D：专科

□ E：本科　□ F：研究生及以上

3. 您所经营的项目为：（多选题）

□ A：餐饮　□ B：住宿　□ C：旅游纪念品　□ D：旅游交通

□ E：其他________________________________

4. 您的企业 / 经营户所经营的时间为：

□ A：1 年以内　□ B：1~3 年　□ C：3~5 年　□ D：5~7 年

□ E：7 年以上

5. 您每年的营业收入为：

□ A：5 万元以下　□ B：5 万 ~10 万元　□ C：10 万 ~20 万元

□ D：20 万元以上

6. 您的企业 / 经营户投资商是：（单选题）

□ A：本地人　□ B：外地人

7. 您雇佣的员工有：（单选题）

□ A：10 人以内　□ B：10~20 人　□ C：20~30 人　□ D：30~50 人

□ E：50 人以上

8. 您雇佣员工中，本地居民占到：（单选题）

□ A：10% 以内　□ B：10%~30%　□ C：30%~50%

□ D：50%~70%　□ E：70% 以上

9. 您所经营中采购的易耗品、原料（食材、工艺品等）来自于：

□ A：本地　□ B：外地

10. 您对景区开发的看法为：

□ A：支持开发，但是要多征求意见并采纳

□ B：支持开发，相信政府会处理好开发的问题

□ C：不支持开发，感觉现在的状态很好

□ D：其他____

感谢您的配合，祝您生活愉快！

附录 3：基于 AutoCAD 地形图

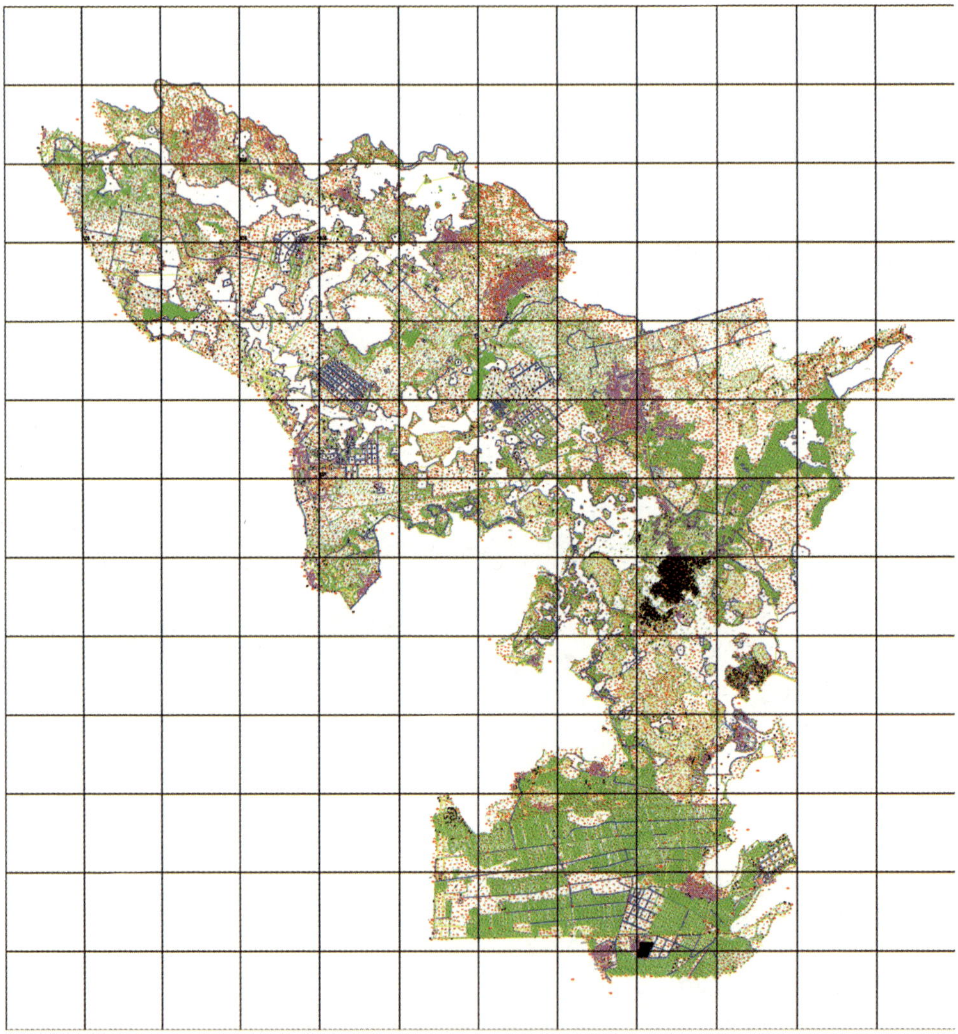

普者黑核心景区地形（比例 1:2000）

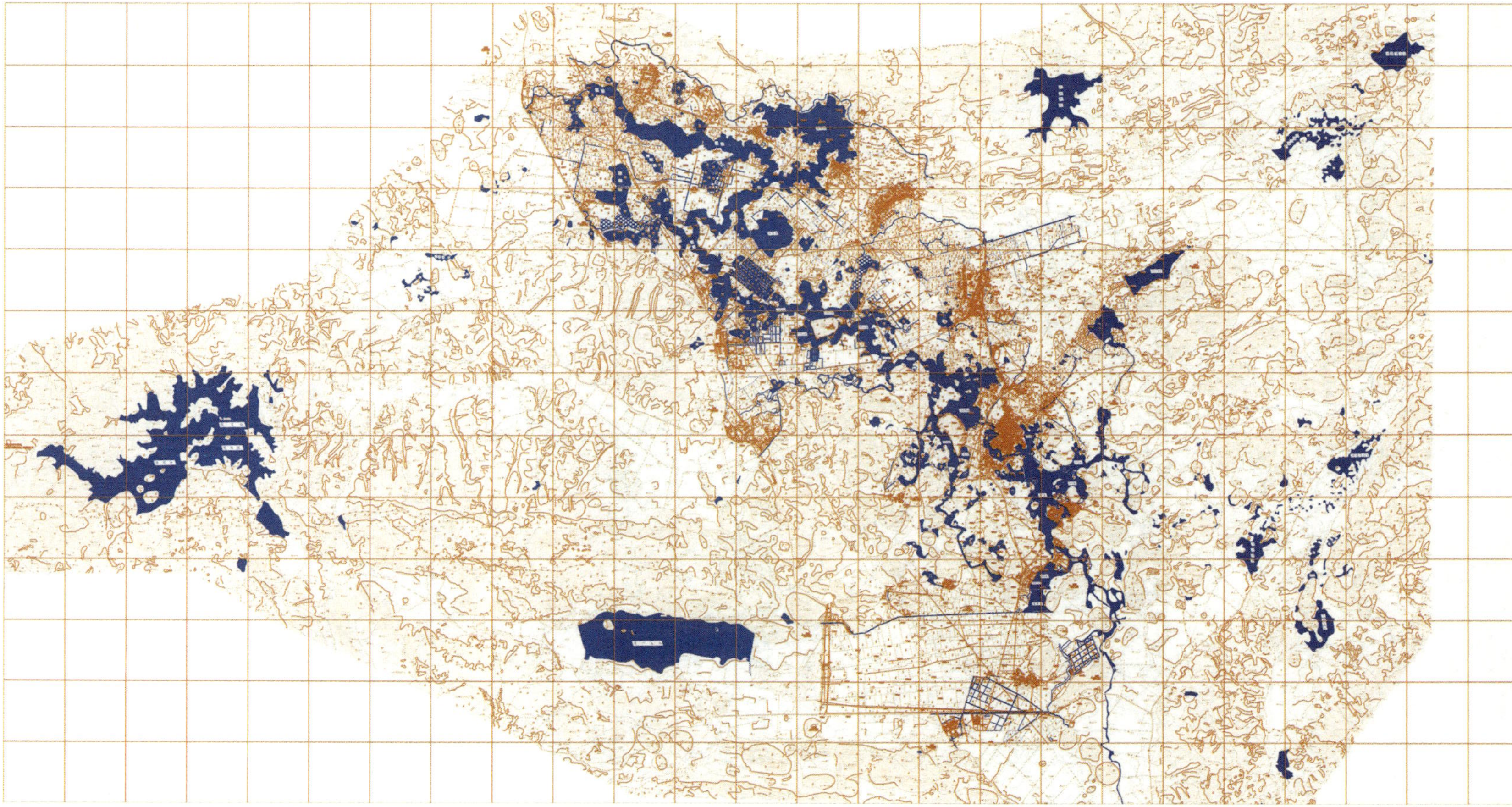
普者黑景区地形（比例 1：10000）

附录 4：基于 ArcGIS 遥感数据图

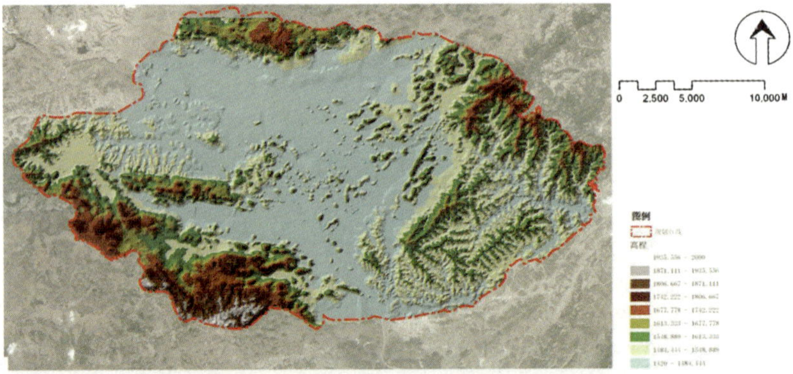

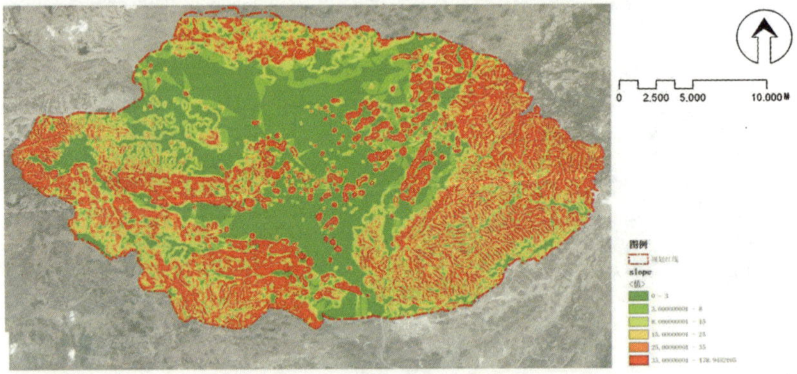

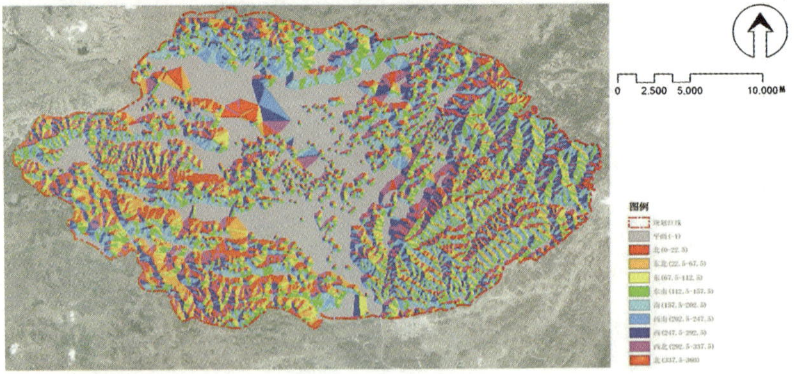

普者黑景区高程、坡度、坡向遥感数据分析

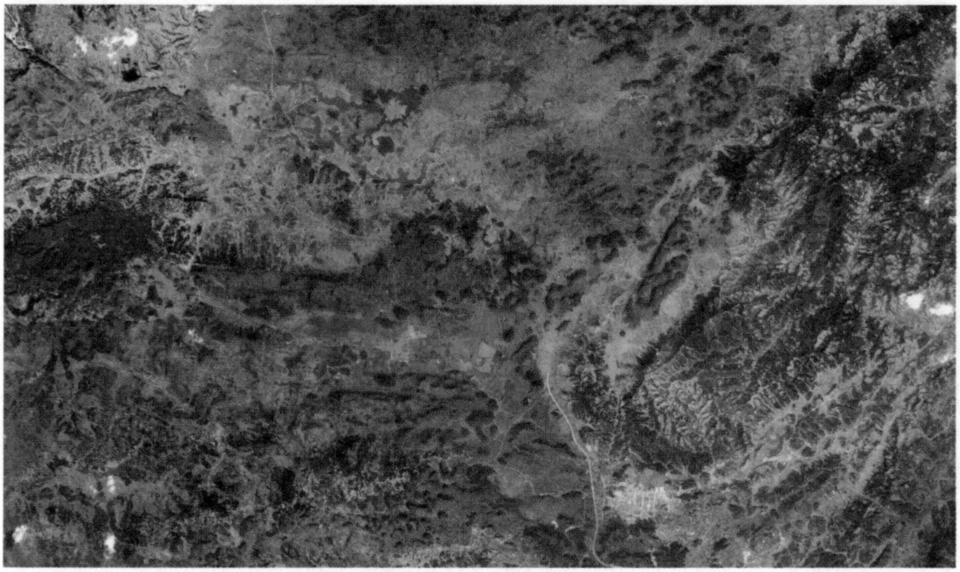

普者黑景区高清卫星遥感图（2009）

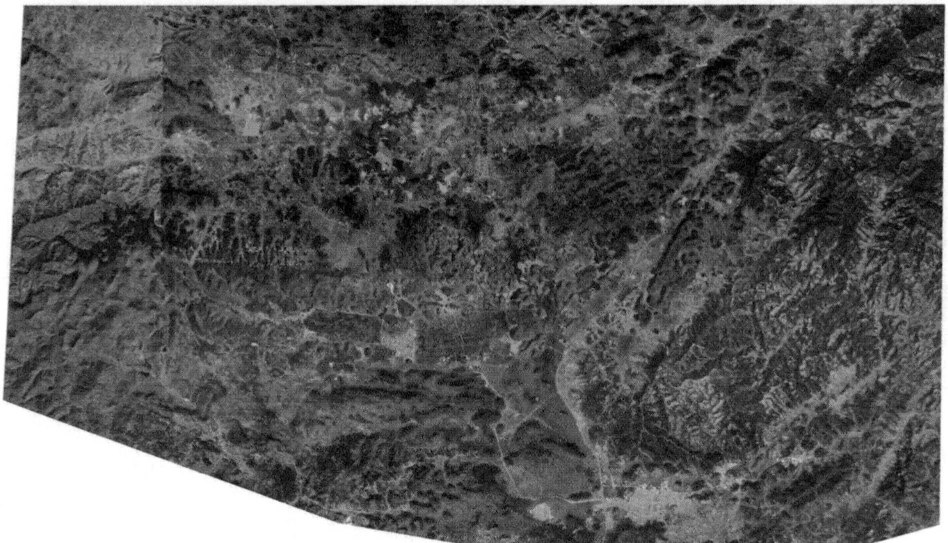

普者黑景区高清卫星遥感图（2014）

普者黑景区旅游资源分布图

自然旅游资源
人文旅游资源

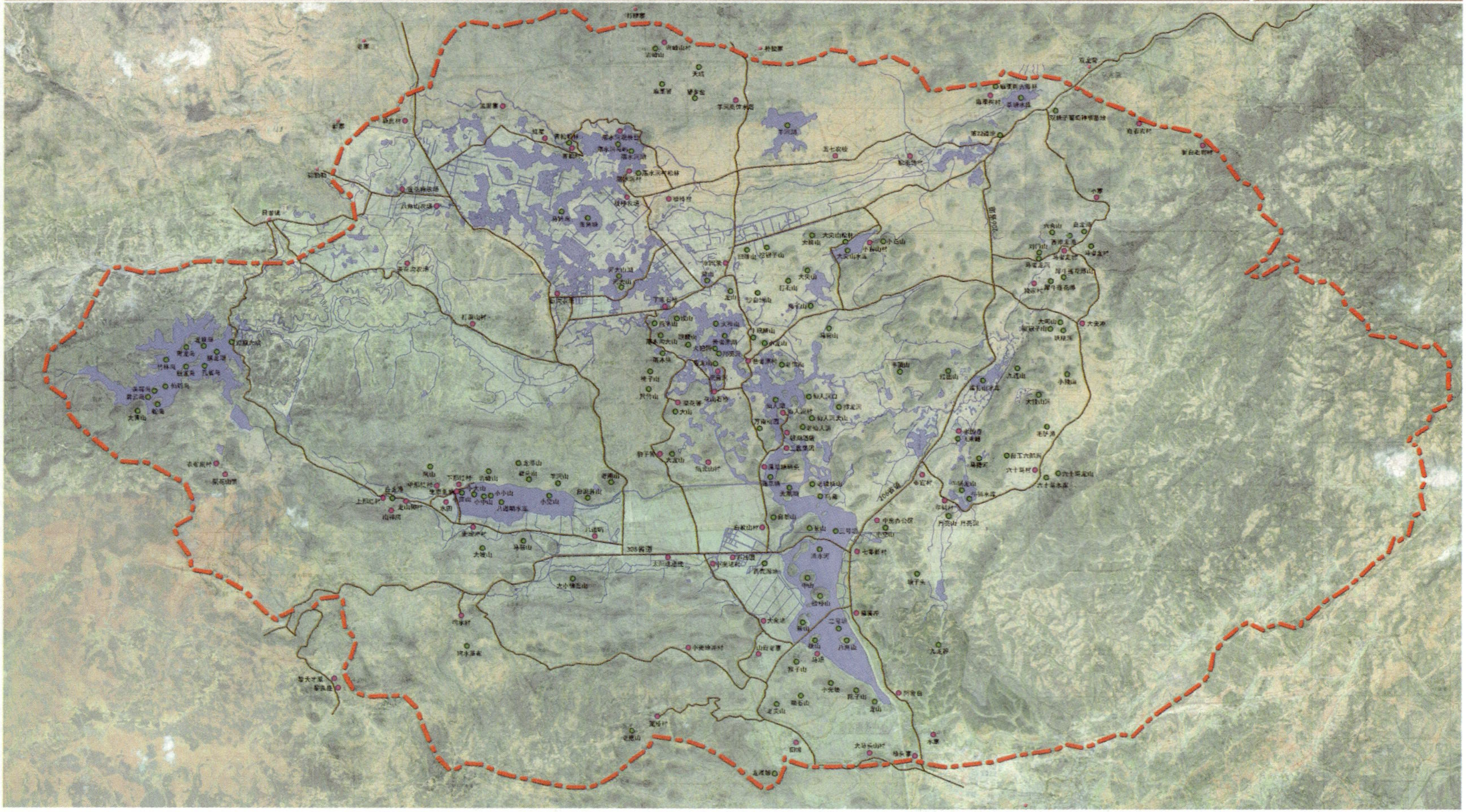

附录 5：基于 MATLAB 分析数据表

EI：经济孤岛效应	类 型	指 标	山河湾景区	仙人洞景区	落水洞景区	九连山景区	八道哨景区	摆龙湖景区	权重	信息熵	效用值
	差异性指数 D_E	外来资本控制程度E_1	0.9	0.7	0.1	0.7	0.5	0.5	0.330391	1.52021	-0.52021
		旅游设施集中度E_2	0.7	0.9	0.3	0.7	0.5	0.5	0.370125	1.582772	-0.582772
		旅游经济漏损程度E_3	0.9	0.7	0.1	0.5	0.3	0.3	0.299485	1.471547	-0.471547
	差异性结果		0.8259759	0.7740257	0.1740251	0.6401037	0.4401035	0.4401035			
	连接度指数 C_E	居民参与商业机会E_4	0.5	0.7	0.3	0.3	0.5	0.1	0.261381	1.20122	-0.20122
		居民旅游就业人数比E_5	0.3	0.7	0.5	0.5	0.3	0.1	0.261381	1.20122	-0.20122
		居民旅游依赖程度E_6	0.7	0.9	0.3	0.3	0.5	0.1	0.215856	1.166173	-0.166173
		旅游收益分配E_7	0.5	0.7	0.3	0.3	0.5	0.1	0.261381	1.20122	-0.20122
	连接度结果		0.4908945	0.7431705	0.3522759	0.1534191	0.4477233	0.0999999			
	经济孤岛结果（D_E/C_E）		1.68259351	1.04151833	0.49400229	4.17225549	0.98298101	4.4010394			
SI：社会孤岛效应	类 型	指 标	山河湾景区	仙人洞景区	落水洞景区	九连山景区	八道哨景区	摆龙湖景区	权重	信息熵	效用值
	差异性指数 D_S	生活方式差异性S_1	0.7	0.9	0.3	0.7	0.5	0.3	0.328171	1.559176	-0.559176
		基础设施差异性S_2	0.9	0.7	0.5	0.7	0.3	0.5	0.342019	1.582772	-0.582772
		本土文化同化程度S_3	0.9	0.7	0.3	0.7	0.7	0.3	0.329809	1.561967	-0.561967
	差异性结果		0.8343649	0.7656335	0.3684035	0.6999993	0.4975575	0.3684035			
	连接度指数 C_S	社区参与决策程度S_4	0.3	0.5	0.1	0.3	0.3	0.1	0.224402	1.191428	-0.191428
		旅游开发支持度S_5	0.3	0.7	0.5	0.5	0.5	0.5	0.319669	1.272696	-0.272696
		与游客接触程度S_6	0.7	0.9	0.5	0.5	0.7	0.1	0.240004	1.204738	-0.204738
		传统文化传承度S_7	0.1	0.3	0.7	0.5	0.5	0.9	0.215924	1.184196	-0.184196
	连接度结果		0.3528165	0.6167501	0.4534235	0.4551191	0.5031199	0.4006067			
	社会孤岛结果（D_S/C_S）		2.36486927	1.24139988	0.81249318	1.5380574	0.98894419	0.91961393			
LI：景观孤岛效应	类 型	指 标	山河湾景区	仙人洞景区	落水洞景区	九连山景区	八道哨景区	摆龙湖景区	权重	信息熵	效用值
	差异性指数 D_L	斑块密度L_1	0.9	0.7	0.5	0.3	0.3	0.1	0.300816	1.471547	-0.471547
		建筑风格分异度L_2	0.5	0.7	0.5	0.5	0.7	0.1	0.342466	1.536836	-0.536836
		外来物种入侵程度L_3	0.7	0.9	0.3	0.7	0.5	0.3	0.356718	1.559176	-0.559176
	差异性结果		0.69167	0.7713436	0.4286564	0.5111804	0.50833	0.1713436			
	连接度指数 C_L	可进入性L_4	0.9	0.7	0.1	0.3	0.3	0.5	0.206194	1.166173	-0.166173
		绿地率L_5	0.3	0.5	0.7	0.5	0.1	0.9	0.228557	1.184196	-0.184196
		廊道密度L_6	0.9	0.5	0.7	0.5	0.7	0.3	0.315567	1.254317	-0.254317
		网络连接度L_7	0.7	0.5	0.3	0.5	0.3	0.1	0.249682	1.20122	-0.20122
	连接度结果		0.7129294	0.6663978	0.4764108	0.4587612	0.3805154	0.4284366			
	景观孤岛结果（D_L/C_L）		0.97018022	1.15748221	0.89976214	1.1142625	1.33589863	0.39992755			

附录 6：普者黑景区基础数据调查报告

普者黑景区飞地效应测度基础数据调查报告分为旅游者、经营户、社区村民和传统村落调查报告四部分。

一、普者黑旅游者调查报告

（一）游客调查主要结论

（1）普者黑游客以中青少年为主，游客以学生人数最多，旅游者大多接受过高中及以上程度教育，游客收入水平一般为中等以下。

（2）普者黑游客大多来自文山州本地和昆明市，游客亲朋好友自驾车游玩的较多，游客大多是亲朋好友推荐前来游玩的，普者黑游客重游率较高。

（3）游客在普者黑的停留时间大多数为 0.5~1 天，人均消费一般为 200~300 元，游客对普者黑山水风光最感兴趣，对水上娱乐活动最满意。

（4）游客对普者黑基础设施方面意见最多，景区外部和内部交通便利性需要提高。因为游船、食宿价格偏高，服务水平有待提高。

（5）调查反映出普者黑高收入游客和老年游客较少，缺乏省外游客和海外游客。

（二）问卷调查单项分析

1. 年龄

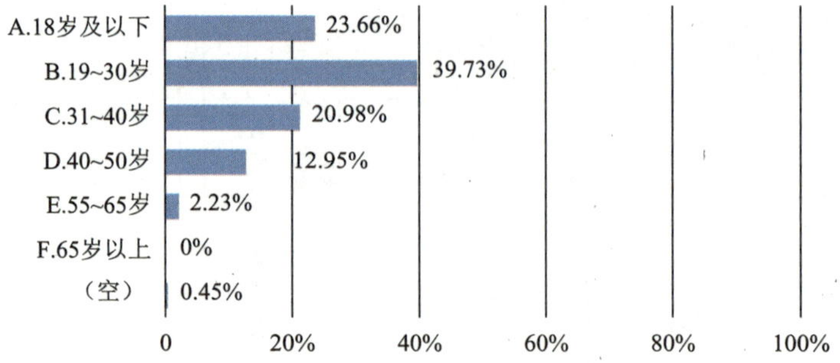

前往普者黑的游客以中青少年为主。年龄在19~30岁的青年所占比例最大，为39.73%，是普者黑的主要旅游者群体；年龄在18岁以下的占23.66%；年龄在31~40岁的成年人只占20.98%；年龄在40~50岁的占12.95%；年龄在55岁以上的老年人所占比例最小，为2.23%。说明普者黑对中老年游客吸引力有限，有较大开发空间。

2. 职业

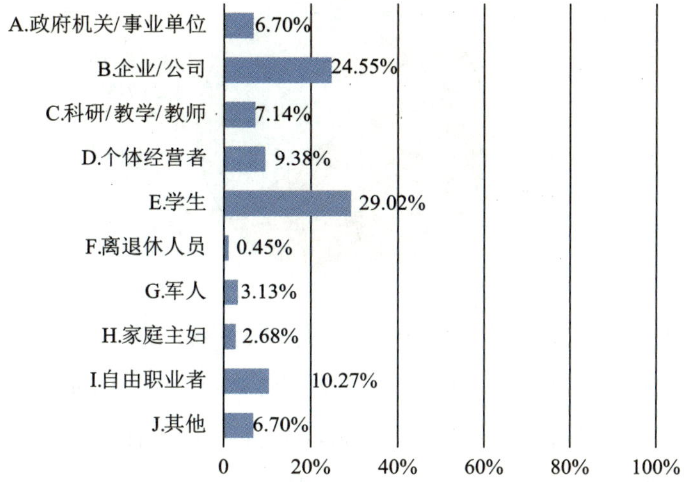

在对游客职业的调查中，中学生所占比例最大，为29.02%，原因与调查正处高考结束，中学放假有关，同时也因为该群体更愿意配合调查；其次是企业/公司工作人员，为24.55%，这两类游客占被调查总人数的一半以上。离退休人员所占比例最小，仅为0.45%。反映出普者黑的旅游产品对学生最具吸引力。

3. 教育程度

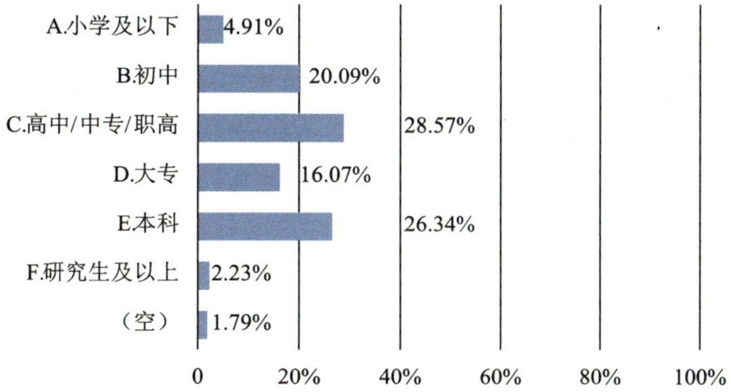

游客教育程度方面，具有高中及以上学历的游客占大多数（约为73%），其中高职高专、大专、本科、研究生及以上的比例分别为28.57%、16.07%、26.34%、2.23%，说明普者黑游客大多接受过一定程度的教育，对普者黑旅游产品的需求也会有相应要求。

4. 月平均收入

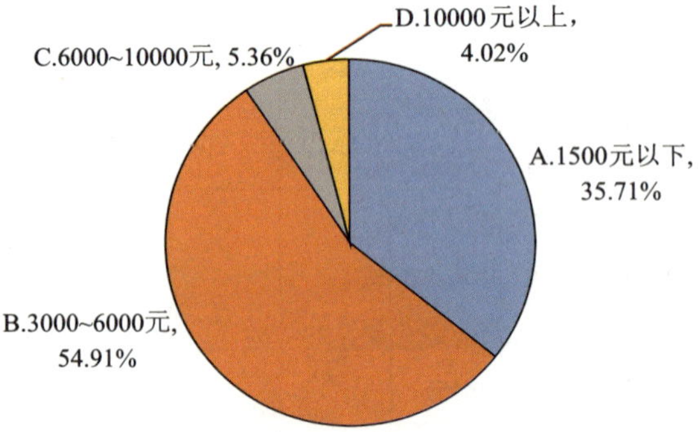

游客的月平均收入在3000~6000元的占大多数，为54.91%；其次是收入1500元以下的，占35.71%，而月平均收入在6000元以上的不到10%，说明普者黑游客高收入的比较少。目前产品较适合于大众消费，高收入旅游者比例较少说明旅游产品和接待设施不能满足其需求。

5. 客源地

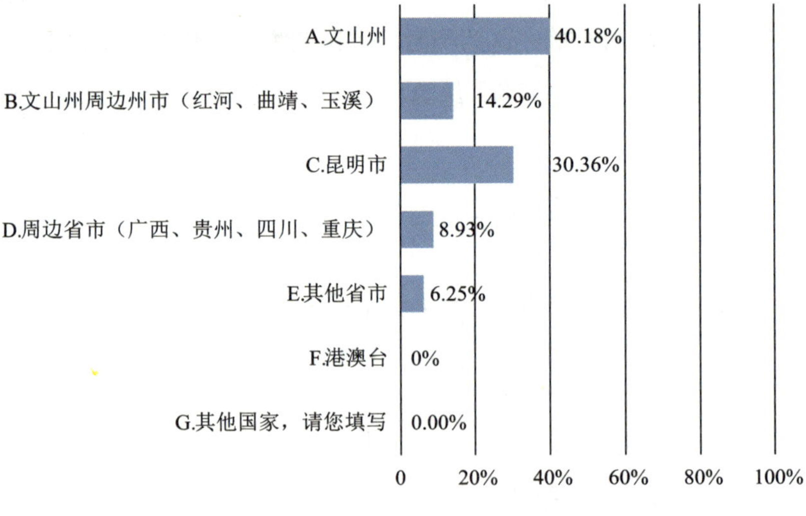

在对客源地的调查中，文山州本地和昆明市的游客最多，分别为40.18%

和 30.36%，两地占比超过 70%；除此之外最多的是文山州周边州市的游客，而来自境外的游客人数为零。这与客源地经济实力和空间距离衰减规律较好吻合，境外游客为零说明普者黑旅游形象传播目前还局限于境内，境外市场尚未启动。

6. 游玩次数

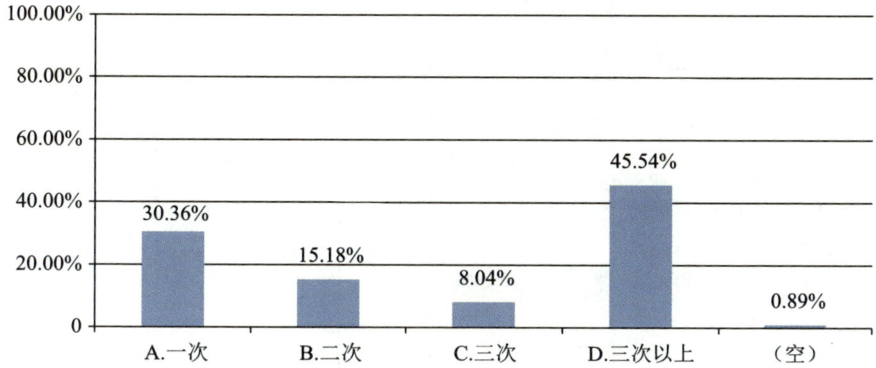

被访游客中多次到普者黑游玩的游客占大多数，其中游玩三次以上的高达 45.54%，说明普者黑游客重游率较高，旅游产品正处于从观光层次向休闲度假过渡阶段。

7. 了解渠道

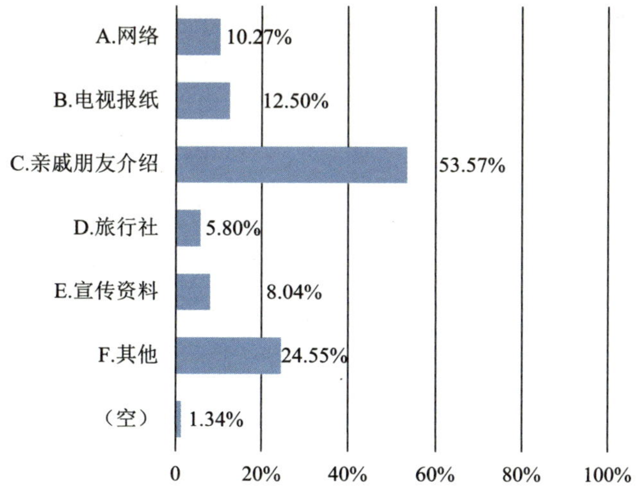

大多数游客（53.57%）对普者黑的了解来源于亲戚朋友的介绍，而通过网络、电视报纸等渠道了解普者黑的游客较少，说明到过普者黑景区的旅游

者比较愿意向亲朋推荐，随着微信、微博等社交媒体的普及，这种亲朋间的营销作用将会更加显著，因此只要把产品和服务做到位，普者黑游客人数将会源源不断地增加。

8. 旅游目的

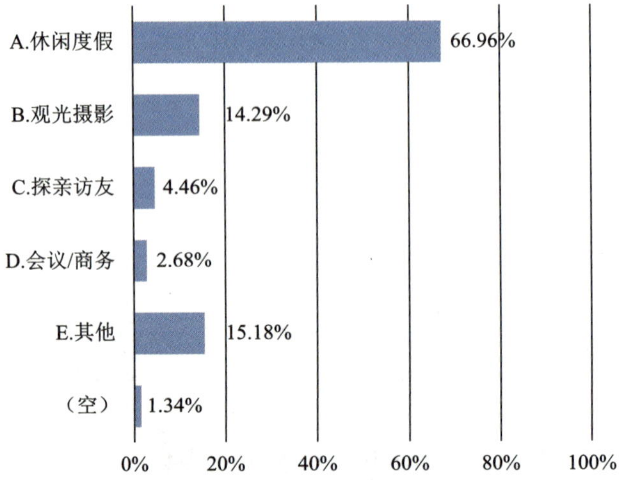

被访游客中来普者黑休闲度假的人数最多，占总访问人数的 66.96%；其次较为突出的是观光摄影的游客；商务会议的游客最少，只有 2.68%。原因是商务会议旅游对旅游目的地的硬件设施要求较高，现有接待条件制约了普者黑商务会议旅游市场的拓展。

9. 旅游形式

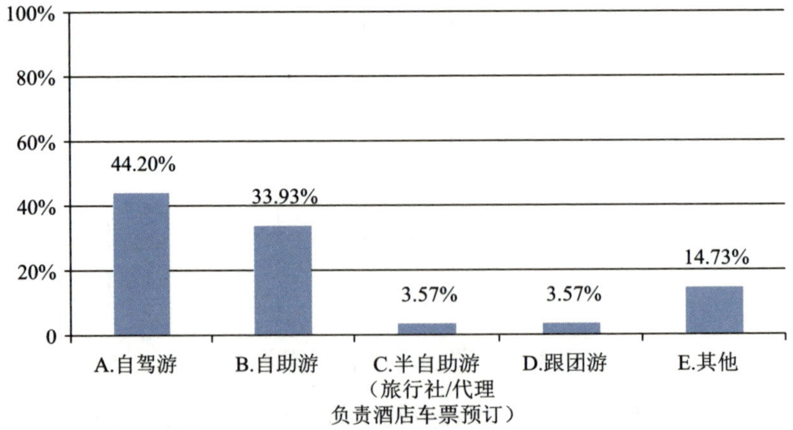

被访游客以自助自驾形式出游的占大多数，其中自驾游游客所占比例达

44.20%，说明自驾游在普者黑旅游市场中占有一席之地。与此相对应的是，通过旅行社去普者黑游玩的游客很少，反映出旅行社推介普者黑的积极性不高，缺少吸引旅行社的项目和产品。

10. 出游方式

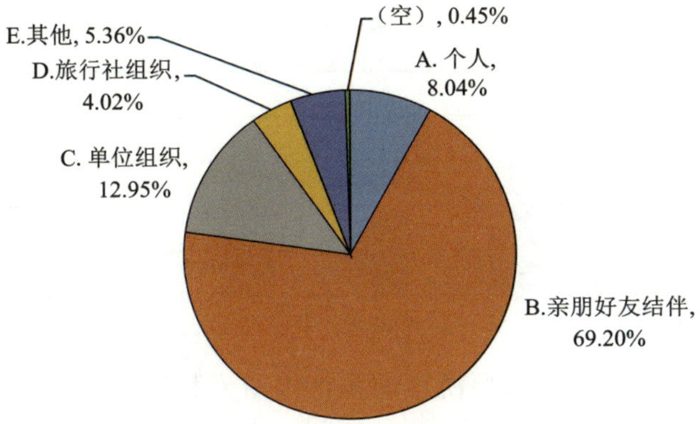

被访游客中亲朋好友结伴的游客占大多数，比例接近 70%；其次是以单位组织方式出游的游客，为 12.95%；以旅行社组织方式出游的游客很少，只有 4.02%。

11. 交通方式

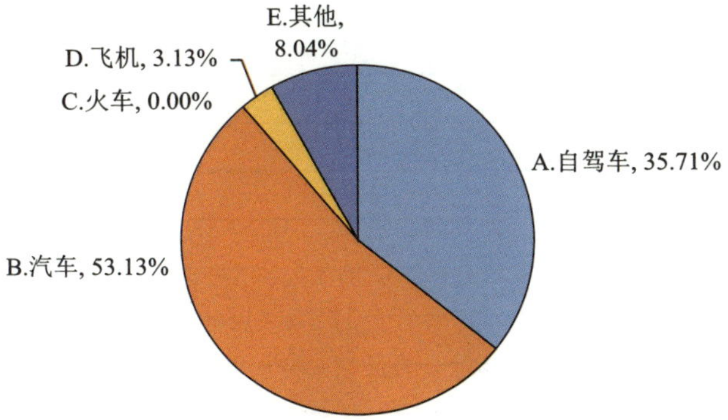

受访游客 80% 以上乘坐汽车出行，其中 35.71% 的游客是自驾车出行，说明普者黑景区公路交通通达性较好，自驾车旅游市场前景广阔；乘飞机到普者黑的游客只有 3.13%，这可能与普者黑机场航班班次少、距离普者黑景区远有关。

12. 停留时间

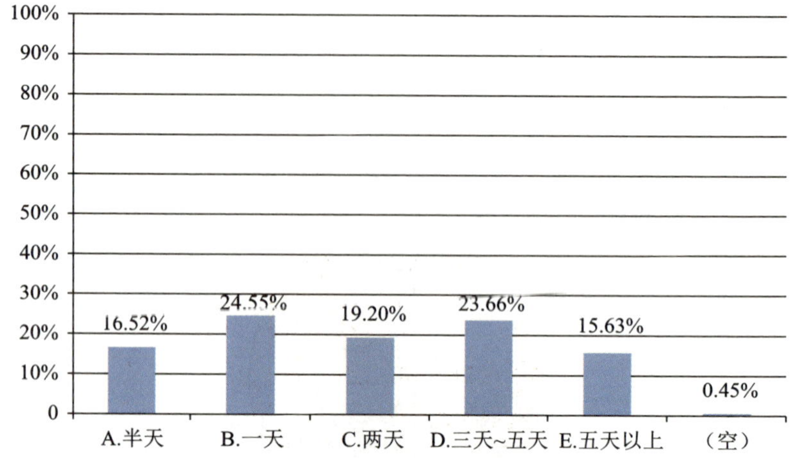

从游客问卷来看，普者黑游客的预计停留天数比较平均，其中停留半天和一天的游客比例分别为 16.52% 和 24.55%，增加旅游产品类型和夜间活动项目也许能留住这 40% 的游客在普者黑过夜。停留三天以上的游客比例接近 40%，反映出普者黑休闲度假旅游特征明显。

13. 预计消费（元\人）

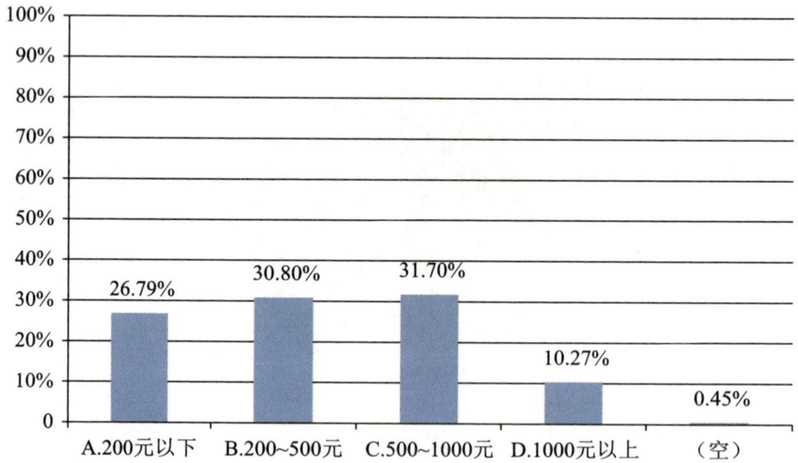

将近 90% 的受访游客在普者黑消费不足千元，消费 500 元以下的占 50% 以上，说明普者黑游客的消费水平偏低；其中还有超过 20% 的游客消费低于 200 元，考虑到普者黑游船价格是 200 元，可以认为至少这部分游客是不坐游船的。但这并不能说明普者黑游客的消费能力低，而是普者黑的旅游产品单

一，作为重游的游客，很多项目不再具有吸引力。因此要考虑怎样迎合市场、满足游客重游需求。

14. 住宿选择

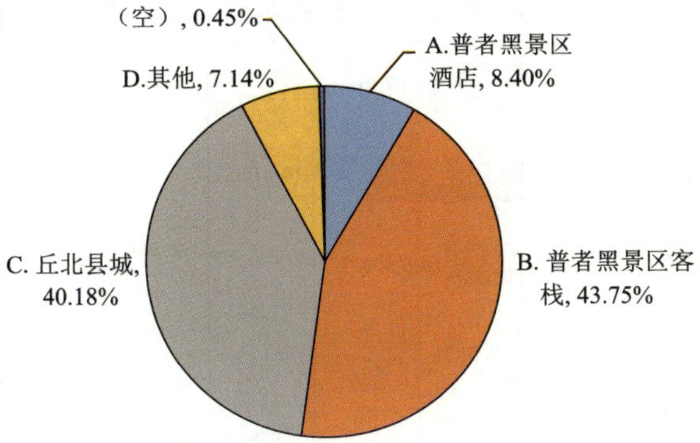

被访游客的住宿选择方面，选择住宿景区客栈和丘北县城酒店宾馆的游客占 80% 以上，景区客栈和县城酒店宾馆各有优势，对游客有不同的吸引力。景区客栈价格便宜、离景区近、民族风情浓郁；县城酒店宾馆设施齐全、生活便利，因此选择在这两个地方住宿的游客人数相当；而选择住宿普者黑景区酒店的游客只有 8.4%，这可能与景区酒店少、住宿价格高有关。

15. 最期待

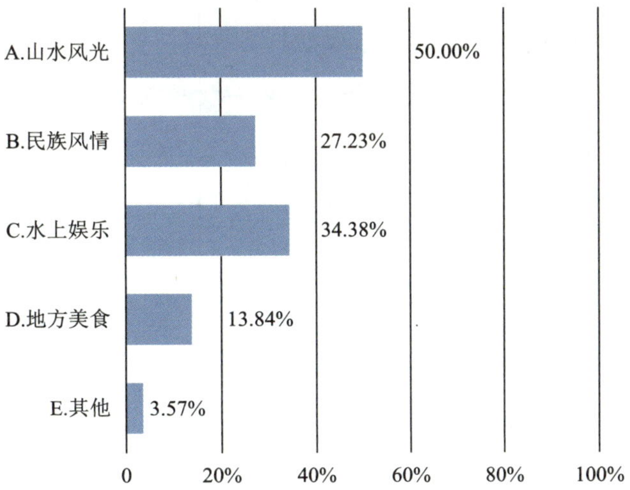

一半的被访游客去普者黑之前最期待的是山水风光，其次是水上娱乐，占 34.38%，与水相关的选项占到了 80% 以上。说明普者黑景区给游客的印象

主要是山水风光，普者黑景区开发要打好“山”牌和“水”牌。

16. 最满意

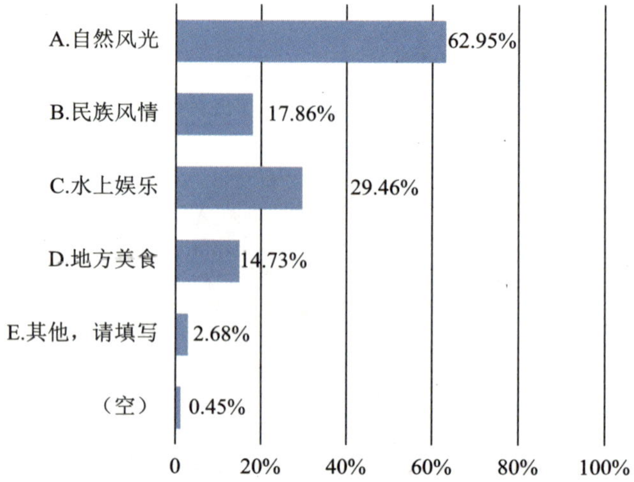

62.95% 的游客来到普者黑后最满意的是自然风光，其次是水上娱乐，占 29.46%，这与游客的预期基本吻合。印证了普者黑自然风光对游客的吸引力是最大的。

17. 收费意见（哪些方面价格较高）

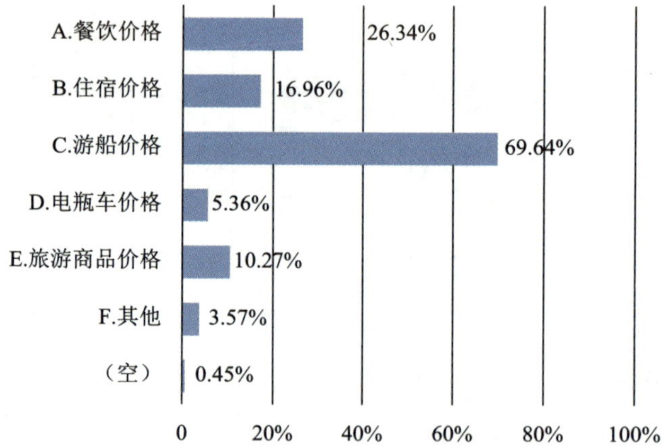

将近 70% 的游客认为普者黑景区游船价格较高，其次是餐饮和住宿价格。一方面大部分游客认为船票贵，一方面游船公司表示靠船票收入维持游船的购入和维护成本都很困难，要想解决这个矛盾可能要从游船线路的合理规划、游览项目的增加、游船运载效率的提高等方面入手。由于普者黑景区游客进入的季节性非常明显，这就意味着餐饮和住宿的经营者要用旅游旺季两个月的收入维持一年的开销，这是游客反映餐饮住宿价格高的主要原因，怎样打破游客对普者黑只有夏季好玩的刻板印象是亟待解决的问题。

18. 本次出行的其他旅游目的地

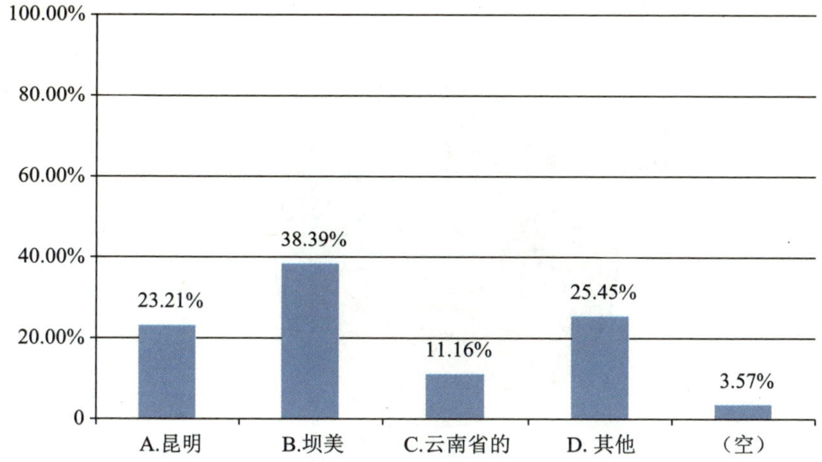

当被问到这次到普者黑游玩是否有其他目的地时，38.39% 的游客选择了广南坝美，所占比例最大。坝美和普者黑景区地理位置接近，交通便利，两个景区联合打造、联合宣传，甚至联合打包售票，产生“1+1>2”的效果。

19. 希望开发项目

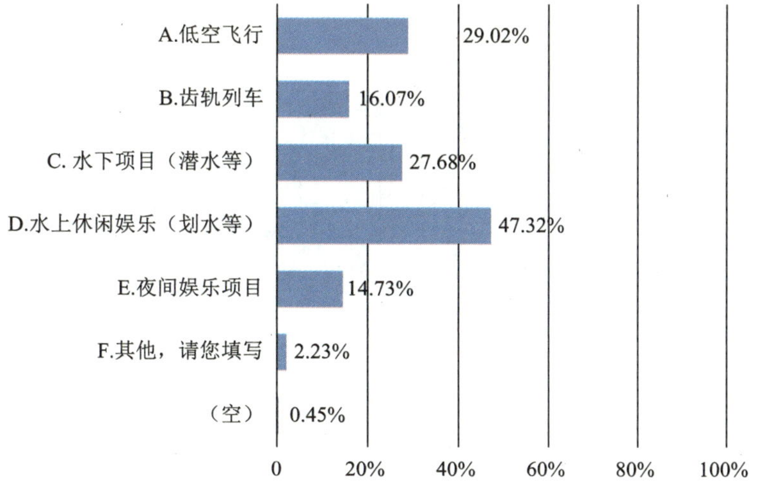

将近一半的游客对开发水上娱乐项目更感兴趣，其次是水下娱乐项目和低空飞行项目。希望开发的项目中选择水上和水下项目的游客达70%，说明游客更愿意选择与水相关的旅游项目，这为旅游项目的策划提供了参考。

20. 满意度

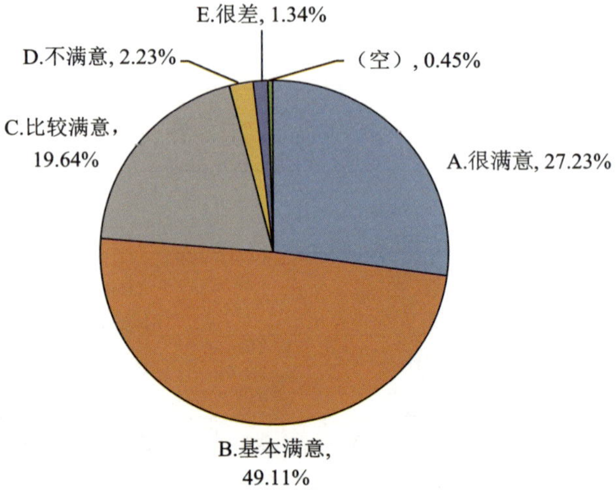

在对游客满意度的调查中，绝大部分游客的感受是满意的，其中选择很满意和基本满意的游客比例最高，分别为27.23%和49.11%；选择不满意的游客只不到3%。说明普者黑景区游客总体满意度还是比较高的，也说明受访游客不太挑剔。

21. 是否会再来

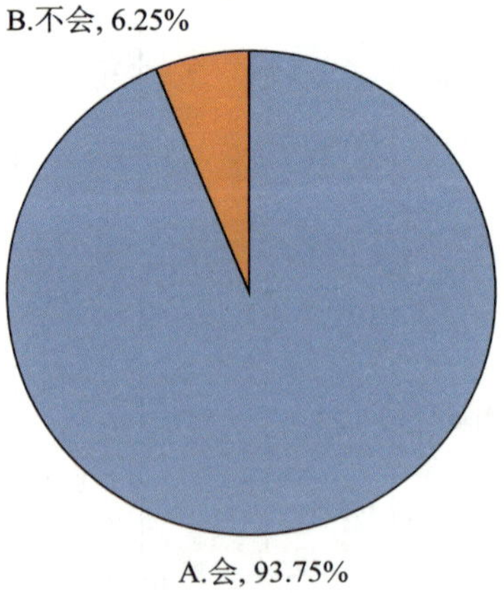

当被问到是否会再次来普者黑景区游玩时，93.75% 的游客选择会再来，这与游客满意度调查结果和重游率高的结论是一致的。

22. 是否会向亲友推荐

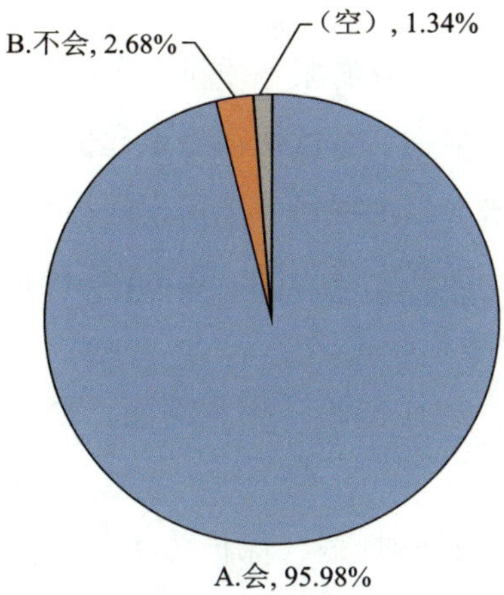

当被问到是否会向亲友推荐普者黑景区时，95.98% 的游客选择了会推荐，这与游客满意度的调查和如何知道普者黑景区的调查是一致的。

23. 不足之处

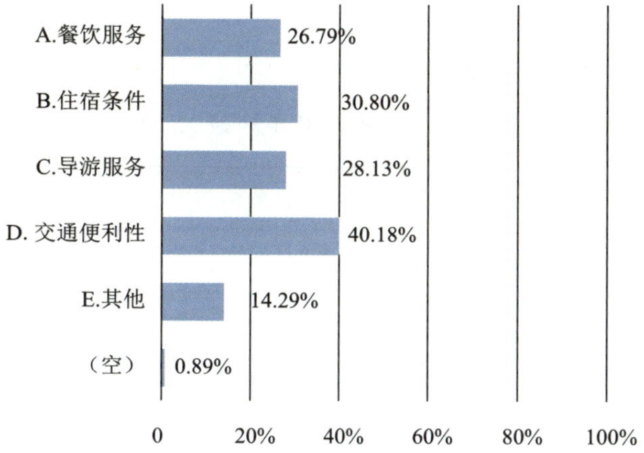

游客提到普者黑景区不足之处最多的是交通便利性，特别提到旅游高峰季节从县城到景区的公交车难、景区内部交通拥堵等问题；其次是住宿条件、导游服务和餐饮服务。普者黑基础设施建设和路网规划设计将是未来开发的重点。

24. 改进方法

游客提出的改进方法主要集中体现在五个方面：

（1）基础设施不健全：卫生问题、道路拥堵、餐饮住宿不规范、星级酒店少等。

（2）服务质量有待提高：导游服务质量、景区经营者素质等。

（3）价格高：游船价格高、餐饮住宿坐地起价等。

（4）旅游项目少：增加旅游项目、丰富夜间活动等。

（5）宣传力度不够：加强宣传力度、扩人网络销售等。

25. 游客提出的主要意见和建议

（1）基础设施方面：村庄整治，拓宽路面。增加路标和导览图，提供更多游客休息场所。

（2）规划方向方面：科学规划，保护为主，生态旅游，深入挖掘民族文化，加强与周边旅游区域的联合发展。

（3）旅游项目方面：增加娱乐设施，开发一些新奇的水上娱乐项目，突出本地文化的夜间娱乐活动，开发美食街，多些水果摊。

（4）其他方面：加大宣传力度，提高导游服务质量，严格管理宰客现象，增加针对本地游客的优惠。

（三）问卷调查交叉分析

1. 收入与职业关系分析（自变量：月平均收入 因变量：职业）

X\Y	A. 政府机关 / 事业单位	B. 企业 / 公司	C. 科研 / 教学 / 教师	D. 个体经营者	E. 学生	F. 离退休人员	G. 学生	H. 家庭主妇	I. 自由职业者	J. 其他	（空）	小计
A. 1500 以下	1（1.25%）	2（2.50%）	0（0.00%）	1（1.25%）	60（75.00%）	0（0.00%）	7（8.75%）	2（2.50%）	3（3.75%）	4（5.00%）	0（0.00%）	80
B. 1500~3000 B. 3000~6000	13（10.57%）	47（38.21%）	14（11.38%）	12（9.76%）	5（4.07%）	1（0.81%）	0（0.00%）	4（3.25%）	17（13.82%）	10（8.13%）	0（0.00%）	123
C. 6000~10000	1（8.33%）	4（33.33%）	2（16.67%）	3（25.00%）	0（0.00%）	0（0.00%）	0（0.00%）	0（0.00%）	1（8.33%）	1（8.33%）	0（0.00%）	12
D. 10000 以上	0（0.00%）	2（22.22%）	0（0.00%）	5（55.56%）	0（0.00%）	0（0.00%）	0（0.00%）	0（0.00%）	2（22.22%）	0（0.00%）	0（0.00%）	9

普者黑游客中低收入者所占比例最大，高收入者所占比例最小。低收入者（月均收入 1500 元以下）中，学生占大多数（75%）；中等收入者（1500~3000 元）主要从事企业 / 公司、自由职业者、科研 / 教学 / 教师、政府机关 / 事业单位方面的工作，占有相当的比例；中高收入者（6000~10000 元）

主要从事企业/公司、个体经营者、科研/教学/教师方面的工作，占有一定的比例；只有个体经营者、自由职业者、企业/公司人员收入达到一万元以上的高收入水平，所占比例较小。学生群体大多数经济并不独立，占低收入者的绝大多数。工作相对稳定的企业/公司、科研/教学/教师、政府机关/事业单位人员收入大多处于中上等水平。

2. 游客收入与人均消费关系分析（自变量：月平均收入 因变量：人均消费）

X\Y	A. 200 元以下	B. 200~500 元	C. 500~10000 元	D. 10000 元以上	（空）	小计
A. 1500 以下	45（56.25%）	16（20.00%）	15（18.75%）	4（5.00%）	0（0.00%）	80
B. 1500~3000 B. 3000~6000	14（11.38%）	48（39.02%）	50（40.65%）	10（8.13%）	1（0.81%）	123
C. 6000~10000	0（0.00%）	4（33.33%）	2（16.67%）	6（50.00%）	0（0.00%）	12
D. 10000 以上	1（11.11%）	1（11.11%）	4（44.44%）	3（33.33%）	0（0.00%）	9

总体来说，游客的收入水平越高，消费水平也越高。月平均收入在 1500 元以下的低收入群体，在普者黑的人均消费大多低于 200 元；中等收入群体人均消费集中于中高等水平（200~1000 元）；收入 6000 元以上的中高等收入群体的人均消费较高，大部分都在人均 500 元的消费水平之上。

3. 游客收入与住宿选择关系分析（自变量：月平均收入 因变量：住宿选择）

X\Y	A. 普者黑景区酒店	B. 普者黑景区客栈	C. 丘北县城	D. 其他	（空）	小计
A. 1500 以下	1（1.25%）	31（38.75%）	41（51.25%）	7（8.75%）	0（0.00%）	80
B. 1500~3000 B. 3000~6000	13（10.57%）	54（43.90%）	46（37.40%）	9（7.32%）	1（0.81%）	123
C. 6000~10000	3（25.00%）	8（66.67%）	1（8.33%）	0（0.00%）	0（0.00%）	12
D. 10000 以上	2（22.22%）	5（55.56%）	2（22.2%）	0（0.00%）	0（0.00%）	9

从表中可以看出，普者黑景区内酒店消费较高，选择住宿景区酒店的游客收入水平也普遍偏高，这部分游客更注重住宿的品质。低收入游客大多选

择丘北县城的宾馆住宿，县城宾馆可选择的范围广、价格便宜，选择住宿景区宾馆的几乎为零。中等收入游客除小部分选择住宿景区宾馆外，选择住宿景区客栈和县城宾馆的几乎各占一半。中高等收入游客选择住宿景区客栈的占大多数，其次是景区酒店。

4. 客源地与游览次数关系分析（自变量：客源地　因变量：游览次数）

X\Y	A. 一次	B. 二次	C. 三次	D. 三次以上	（空）	小计
A. 文山洲	3（3.33%）	6（6.67%）	7（7.78%）	73（81.11%）	1（1.11%）	90
B. 文山州周边州市（红河、曲靖、玉溪）	13（40.63%）	9（28.13%）	2（6.25%）	7（21.88%）	1（3.13%）	32
C. 昆明市	33（48.53%）	15（22.06%）	9（13.24%）	11（16.18%）	0（0.00%）	68
D. 周边省市（广西、贵州、四川、重庆）	9（45.00%）	3（15.00%）	0（0.00%）	8（40.00%）	0（0.00%）	20
E. 其他省市	10（71.43%）	1（7.14%）	0（0.00%）	3（21.43%）	0（0.00%）	14
F. 港澳台	0（0.00%）	0（0.00%）	0（0.00%）	0（0.00%）	0（0.00%）	0
G. 其他国家，请您填写	0（0.00%）	0（0.00%）	0（0.00%）	0（0.00%）	0（0.00%）	0

普者黑景区重复游览率较高，其中游览三次及以上的游客大部分来自文山州及周边州市；来自云南省以外其他省市的游客大多是首次游览；本次调查没有遇到境外游客。可以看出，虽然普者黑景区的重复游览率较高，但是这部分重复游览的游客以文山州及周边州市游客为主，省外及境外旅游市场还有待开发。

二、普者黑经营户调查报告

（一）经营户调查主要结论

（1）经营者以本地青壮年为主，经营户普遍受教育程度偏低；经营户总体收入不高，但相对稳定。

（2）经营户以自主经营为主，经营项目单一，员工人数以 4 人以内为主，规模较小；经营户融资渠道单一，融资难度大，扩大经营规模困难。

（3）接待游客以省会昆明及文山州周边州市为主。淡旺季经营人数变化不大，旺季以亲朋帮忙为主，难以保证服务水准和满足游客需求。

（4）经营活动开展较为集中，受季节、周末、节庆影响较为明显，7、8

月份为旺季，其他为淡季，其中1、2月最淡。火把节、荷花节是普者黑最为重大的节日。

（5）经营户对未来预期模糊，发展信心不足，缺乏持续发展动力。

（6）经营户支持地方旅游发展，希望政府规范旅游秩序、改善基础设施、加大宣传力度。

（二）问卷调查单项分析

1. 年龄构成

1. 您的年龄：　[单选题]

选项	小计	比例
A. 20以下	4	4.49%
B .20-30	30	33.71%
C .30-40	29	32.58%
D .40-50	16	17.98%
E .50以上	10	11.24%
本题有效填写人次	89	

从经营者的年龄构成看，经营者年龄大多在20~50岁（20~30岁占33.71%，30~40岁占32.58%），50岁以上占受访群体的11.24%，20岁以下则仅占4.49%。反映出普者黑的经营户户主年龄以青壮年为主。

2. 教育程度

2. 您的教育程度：　[单选题]

选项	小计	比例
A. 初中以下	36	40.45%
B .初中	36	40.45%
C .高中或中专	13	14.61%
D .专科	4	4.49%
E .本科	0	0%
F .研究生及以上	0	0%
本题有效填写人次	89	

从经营者受教育程度看，大多数教育程度较低，初中以下（含文盲）占总体的40.45%，接受初中教育的经营者占总体的40.45%；接受高中教育的仅占总体的14.61%；接受专科教育的只占4.49%；而接受本科及以上教育的经营者比重则为0。说明当地经营户普遍受教育程度低，经营户的经营方式也相对粗放，经营理念落后，服务意识、服务质量也有待提高，需要加强相关服务技能培训，并制定相应的服务规范和标准。

3. 年总收入

3. 您家庭年经济总收入： [单选题]

选项	小计	比例
A. 1万以下	7	7.87%
B. 1万至2万	6	6.74%
C. 2万至4万	34	38.02%
D. 4万以上	42	47.19%
本题有效填写人次	89	

从调查结果分析，经营者收入差距较大，年收入 4 万元以上的经营户占总数的 47.19%，年收入 2 万 ~4 万元的占总体的 38.02%；年收入 1 万 ~2 万元和 1 万元以下的经营户则分别占调查总数的 6.74%、7.87%。经过访谈进一步了解到，经营地点、经营规模、服务水平是导致收入差距的主要原因。由此也导致经营户对客源的竞争，出现村口拉客、宰客等系列连锁反应。因此，对经营街、经营户的空间布局将是本次规划的重点。

4. 经营者籍贯

4. 本店的老板是哪里人 。 [单选题]

选项	小计	比例
A. 丘北县	83	93.26%
B. 文山州	1	1.12%
C. 省内 [详细]	4	4.49%
D. 省外 [详细]	1	1.12%
本题有效填写人次	89	

从经营者的籍贯看，93.26% 的受访经营户为丘北县本地人家，4.49% 的受访者来自云南省内的红河、昆明等地，来自文山州的其他县域的经营户占总数的 1.12%，外省经营户仅占总数的 1.12%。可以看到，与丽江、大理等旅游热点地区不同，普者黑的旅游商户基本由当地人经营，旅游开发致富了当地人；但也要看到，没有外来经营户的旅游参与，旅游商户的经营意识、服务水平、接待档次很难与全省、全国看齐，同时经营业难以对外产生影响。

5. 经营时间

10. 本店经营了多长时间 。 [单选题]

选项	小计	比例
A. 3年以内	17	19.10%
B. 3-7年	38	42.70%
C. 7-10年	17	19.10%
D. 10-15年	12	13.48%
E. 15年以上	5	5.62%
本题有效填写人次	89	

从经营户的经营时间看，42.7% 的受访户经营了 3~7 年，经营 3 年以内的占 19.10%，经营 7 年以上的占 38.20%。普者黑经营户经营时间相对较长，说明开店可以得到合理利润，在自有房屋中经营压力不大。最早进入旅游行业的经营户大都有较好的收益，开奔驰、宝马的经营户也不鲜见。

6. 经营项目

9. 您的经营项目主要有：　[多选题]

选项	小计	比例
A. 餐饮	64	71.91%
B. 住宿	62	69.66%
C. 旅游纪念品	16	17.98%
D. 旅游交通	1	1.12%
E. 其他 [详细]	9	10.11%
本题有效填写人次	89	

查看多选题百分比计算方法

从经营项目看，大部分经营户均是餐饮、住宿同时兼顾，只有极小部分专营餐饮项目；旅游纪念品的经营户占总数的 17.98%；经营杂货的其他经营者占受访总数的 10.11%；从事旅游交通的经营者则占 1.12%。从数据可判断餐饮和住宿两种业态是相依相存的，餐饮和住宿是没有弹性的需求，而有弹性的纪念品比例较低，在未来旅游产品开发中要加大弹性旅游产品设计，增加游客的滞留时间和旅游消费内容。

7. 您店里的食材主要是自己种的还是从本村收购的 。　[单选题]

选项	小计	比例
A. 自己种一部分，收购一部分	51	57.30%
B. 全部自己种	4	4.49%
C. 全部收购	31	34.83%
D. 看季节	3	3.37%
本题有效填写人次	89	

食材选择方面，57.3% 的经营户选择自己种一部分外加收购一部分，34.83% 的经营户选择了全部收购，4.49% 的经营户选择了全部自己种，3.37% 的经营户则选择了看季节选择。访谈中了解到，景区经营户家中的土地基本被政府征用，只留有少量土地，因此大多情况下，店中食材都需要采购。有的经营户会在水中安放虾篓来捕捉鱼虾，针对这一情况，政府需要加强监管。

7. 经营资金来源

23. 您进行旅游经营的资金是借钱开的吗：　[单选题]

选项	小计	比例
A. 是，借了很多	31	34.83%
B. 是，借了点	44	49.44%
C. 否，没有借	13	14.61%
D. 不知道	1	1.12%
本题有效填写人次	**89**	

24. 您找谁借的钱：　[单选题]

选项	小计	比例
A. 银行	12	16%
B. 信用社	36	48%
C. 有钱的村民	3	4%
D. 当地老板	0	0%
E. 亲戚	22	29.33%
F. 邻居	0	0%
G. 不知道	0	0%
H. 其他 [详细]	1	1.33%
(空)	1	1.33%
本题有效填写人次	**75**	

25. 为什么您选择向他们借钱：　[单选题]

选项	小计	比例
A. 比较近	5	6.67%
B. 利率低	7	9.33%
C. 手续简便	20	26.67%
D. 不需要抵押	10	13.33%
E. 信任度高	18	24%
F. 其他 [详细]	15	20%
本题有效填写人次	**75**	

从统计结果来看，村民靠贷款发展旅游是社区旅游参与的主要形式，84.27% 的受访者均不同程度地向外界借了资金（34.83% 的经营户借了很多，49.44% 的经营户只借了一点），只有 14.61% 的经营户没有向外界借钱。从借钱渠道来看，受利率、手续、信任度、借贷抵押以及近期银行政策等因素的影响，48% 的经营户选择向信用社借款，29.33% 的经营户选择向亲戚借钱，16% 的受访经营户选择向银行贷款，4% 的经营户选择向有钱的村民借钱。调查显示，居民自有资金不足以支撑村民经营起步，后续发展也离不开向银行或信用社贷款，在贷款门槛提高或是受到贷款限制后，居民的扩大经营就受到极大限制。

8. 您的经营方式

5. 您的经营方式是 。 [单选题]

选项	小计	比例
A. 跟亲友合伙经营	3	3.37%
B. 自主经营	74	83.15%
C. 租赁别人的房子自己经营	12	13.48%
本题有效填写人次	89	

6. 本店的房子是自己的还是租来的。 [单选题]

选项	小计	比例
A. 自己的	72	80.9%
B. 租来的	17	19.1%
本题有效填写人次	89	

从经营方式看，83.15%的受访经营户选择了自己建房、自己经营的方式，13.48%的经营户选择了租赁别人的房子经营，3.37%的经营户因缺乏资金选择了跟亲友合伙经营。自主经营的方式必然导致经营单体散、小、弱，相互同质竞争，如能成立一个类似餐饮协会的组织，引导其分区域、分特色合作经营，可以在一定程度上缓解自主经营上的弊端。

9. 淡旺季雇佣人数

13. 您的淡季工人数 [单选题]

选项	小计	比例
A. 4人以内	85	95.51%
B. 4至7人	2	2.25%
C. 7~12人	2	2.25%
D. 12~20人	0	0%
E. 20人以上	0	0%
本题有效填写人次	89	

您旺季的工人数： [单选题]

选项	小计	比例
4人以内	68	76.4%
4~7人	16	17.98%
8~12人	5	5.62%
12~20人	0	0%
20人以上	0	0%
本题有效填写人次	89	

15. 您旺季会优先雇佣哪些人： [多选题]

选项	小计	比例
A. 家人	38	42.7%
B. 亲戚朋友	31	34.83%
C. 村民	31	34.83%
D. 外来务工人员	7	7.87%
本题有效填写人次	89	

14. 您的员工是否有过培训 [单选题]

选项	小计	比例
A. 自己培训	40	44.94%
B. 政府培训	1	1.12%
C. 没有	48	53.93%
本题有效填写人次	89	

从淡季的员工人数看，95.51% 的经营户员工人数在 4 人以内，访谈得知绝大多数为家人帮忙经营，约 5% 的经营户员工人数超过 4 人；从旺季的员工人数看，76.4% 的经营户由于经营规模较小员工人数在 4 人以内，采取家庭经营模式，17.98% 的经营户员工人数达到 4~7 人，5.62% 的经营户员工人数达到 8~12 人；说明旺季员工人数有明显增加。旺季，42.7% 的经营户会优先让自家人帮忙，34.83% 的经营户会雇佣亲戚朋友来帮忙；另外 7.87% 的经营户会优先雇佣外来务工人员。在员工培训方面，53.93% 的经营户没有对员工进行培训，44.94% 的经营户选择了自己培训，这也是旺季游客反映服务质量下降的原因。

10. 游客来源及意见

21. 您接待的游客主要来自哪里： [多选题]

选项	小计	比例
A. 昆明	83	93.26%
B. 玉溪	12	13.48%
C. 曲靖	27	30.34%
D. 省内的 [详细]	14	15.73%
E. 省外的 [详细]	11	12.36%
本题有效填写人次	89	

30. 游客是否有对您提过景区开发管理的意见： [多选题]

选项	小计	比例
A. 从没有	19	21.35%
B. 道路交通有待改善	37	41.57%
C. 通信网络有待改善	13	14.61%
D. 服务水平有待提高	24	26.97%
E. 环境卫生有待提高	24	26.97%
F. 其他： [详细]	10	11.24%
本题有效填写人次	89	

从游客来源看，绝大多数游客来自文山州周边的昆明、玉溪、曲靖等省内州市，省外的游客主要分布在四川、广西等地。访谈中了解到每年也会有少量美国、韩国游客。游客向经营户的抱怨主要集中在道路交通、环境卫生、服务水平等方面。昆明、曲靖等距普者黑景区较近，应重点开发周末休闲旅游市场，同时对邻近的广西、四川、贵州等省应加大宣传力度；政府要重视游客反映的问题，加强基础设施建设和环境卫生改善。

11. 淡旺季收入分布

11. 您的营业收入最高的月份是 [多选题]

选项	小计	比例
A. 1月	1	1.12%
B. 2月	0	0%
C. 3月	2	2.25%
D. 4月	0	0%
E. 5月	1	1.12%
F. 6月	14	15.73%
G. 7月	79	88.76%
H. 8月	69	77.53%
I. 9月	5	5.62%
J. 10月	1	1.12%
K. 11月	0	0%
L. 12月	1	1.12%
本题有效填写人次	89	

您每年收入最少是哪月： [多选题]

选项	小计	比例
1月	53	59.55%
2月	46	51.69%
3月	24	26.97%
4月	13	14.61%
5月	6	6.74%
6月	3	3.37%
7月	2	2.25%
8月	2	2.25%
9月	4	4.49%
10月	8	8.99%
11月	41	46.07%
12月	44	49.44%
本题有效填写人次	89	

16. 哪个节日您的营业收入高： [多选题]

选项	小计	比例
A. 火把节	71	79.78%
B. 花山节	2	2.25%
C. 花脸节	15	16.85%
D. 辣椒节	5	5.62%
E. 普者黑荷花节	37	41.57%
F. 其他	6	6.74%
G. 五一节	8	8.99%
H. 国庆节	7	7.87%
I. 其他： [详细]	10	11.24%
本题有效填写人次	89	

从收入最高的月份来看，绝大多数受访经营户认为6~8月为旺季，其他月份受到节日影响会出现一定的回暖现象，如火把节、荷花节以及其他一些法定节假

日；从收入最低的月份来看，秋冬季从9月到来年的5月均为淡季，游客较少，经营户收入较低。普者黑景区季节性较强，可以通过遍布各个月份的节庆活动打造各具特色的旅游项目吸引淡季游客，盘活淡季闲置的游览和接待资源。

12. 一周收入分布

12. 您一周内营业收入最高的是 [多选题]

选项	小计	比例
A. 星期一	1	1.12%
B. 星期二	0	0%
C. 星期三	1	1.12%
D. 星期四	0	0%
E. 星期五	61	68.54%
F. 星期六	85	95.51%
G. 星期天	25	28.09%
本题有效填写人次	89	

您一周收入最少是哪天 [多选题]

选项	小计	比例
星期一	69	77.53%
星期二	56	62.92%
星期三	25	28.09%
星期四	7	7.87%
星期五	0	0%
星期六	4	4.49%
星期天	18	20.22%
本题有效填写人次	89	

从统计结果来看，星期五游客会突然增多，经营户的收入普遍增加，星期六达到峰值，周末游客游览后离开，收入开始下降。说明普者黑已经成为周边城市的周末度假地，周末度假游市场开发还可有大作为。

13. 污水处理

8. 您是怎样处理污水垃圾的。 [单选题]

选项	小计	比例
A. 直接倾倒，因为没有相关设施	24	26.97%
B. 统一降污处理	58	65.17%
C. 不知道	7	7.87%
本题有效填写人次	89	

在污水处理方面，65.17%的受访经营户都拥有自己的污水处理设施（主要是化粪池），26.97%的经营户没有污水处理设施而直接倾倒污水，7.87%的经营户则不知道需要污水处理。反映出当地对污水处理已经有了一定的认识，但是还需加强宣传和监督，采取措施处理污水排放问题，用科学方法对

待旅游开发与环境保护的问题。

14. 投资倾向

18. 您近几年是否有增加投资打算： [单选题]

选项	小计	比例
A.有	50	56.18%
B.没有	39	43.82%
本题有效填写人次	89	

19. 请问您都对哪些方面进行投资： [多选题]

选项	小计	比例
A.装修	25	50%
B.扩建	30	60%
C.其他 [详细]	3	6%
本题有效填写人次	50	

20. 请问您为什么不想追加投资： [单选题]

选项	小计	比例
A.缺乏资金	13	33.33%
B.不需要	4	10.26%
C.对景区前景不看好	8	20.51%
D.想转让或者转变经营方向	2	5.13%
E.其他 [详细]	11	28.21%
(空)	1	2.56%
本题有效填写人次	39	

从统计结果来看，56.18%的经营户选择了近期追加投资，43.82%的经营户则没有投资打算，投资主要用于装修或改扩建；不打算投资的经营户主要是因为缺乏资金、不看好景区未来发展以及受到政府的限制等。

15. 经营户间邻里关系

28. 因为竞争游客等问题，现在的邻里关系没有以前和睦了： [单选题]

选项	小计	比例
A.完全同意	6	6.74%
B.同意	13	14.61%
C.说不清	22	24.72%
D.不同意	40	44.94%
E.完全不同意	8	8.99%
本题有效填写人次	89	

29. 你是否反对村民路口拉客现象，你认为有什么好办法解决： [多选题]

选项	小计	比例
A. 不反对，因为我也找村民拉客	8	8.99%
B. 反对，政府要完善政策，杜绝扰乱秩序的行为，该罚就罚	54	60.67%
C. 无所谓，各有各的办法	31	34.83%
D. 解决方法： [详细]	0	0%
本题有效填写人次	89	

在游客竞争方面，53.93% 的经营户认为这种竞争的行为没有影响到相互间的关系，24.72% 的经营户选择了说不清，21.35% 的经营户认为相互间的关系确实受到了影响。对于村口拉客的问题，60.67% 的经营户认为政府必须完善政策维护正常的秩序，8.99% 的经营户有雇人拉客行为。经营户竞争游客行为确实存在，但还处于可控状态，政府需要约束不正当竞争行为，维持良好的经营秩序，为游客创造良好的体验游览氛围。

16. 对景区开发的态度及期望

31. 您对普者黑进行旅游规划开发的看法： [单选题]

选项	小计	比例
A. 支持开发，但是要多征求意见并采纳	69	77.53%
B. 支持开发，相信政府会处理好开发的问题	17	19.1%
C. 不支持开发，感觉现在的状态很好	0	0%
D. 其他 [详细]	3	3.37%
本题有效填写人次	89	

17. 假如房屋需要拆迁，您希望什么样的补偿方式： [单选题]

选项	小计	比例
A. 1:1的比例分配房屋	22	24.72%
B. 按市场价格补钱	17	19.10%
C. 作为景区发展的股份补偿	36	40.45%
D. 其他： [详细]	14	15.73%
本题有效填写人次	89	

32. 您希望政府向你们提供什么样的支持和帮助： [多选题]

选项	小计	比例
A. 加大宣传，吸引更多的游客	61	68.54%
B. 加强基础设施，比如交通通信建设	41	46.07%
C. 减免税收	12	13.48%
D. 统一规划管理	33	37.08%
E. 其他 [详细]	7	7.87%
本题有效填写人次	89	

在对景区开发态度方面，77.53% 的经营户对景区开发都持支持态度，但希望政府能多采纳群众意见，19.1% 的经营户选择相信政府能处理好开发问题；在拆迁补偿方面，大多数经营户（占 40.45%）希望作为景区开发的股份补偿，24.72% 的经营户希望按 1∶1 的比例分配房屋，19.1% 的经营户则希望按市场价补钱，15.73% 的经营户则不愿意拆迁。在对政府期望方面，经营户大多希望政府做好规划及基础设施的建设，减免税收，加大宣传力度，做好相关的培训等。总之，大多数经营户对景区的规划开发都是支持的，希望能从旅游开发中获益，政府在处理这一问题应多方听取意见谨慎从事。

17. 对景区现状的认识及意见

22. 您觉得普者黑旅游业急需解决的问题是： [多选题]

选项	小计	比例
A. 道路交通	41	46.07%
B. 基础设施	45	50.56%
C. 合理规划	42	47.19%
D. 宣传推广	33	37.08%
E. 服务培训	11	12.36%
F. 其他：[详细]	8	8.99%
本题有效填写人次	89	

经营户认为景区存在问题主要集中在规划是否合理、基础设施是否完善、服务培训是否配套以及宣传是否积极等方面。在景区规划方面，经营户希望政府可以科学规划，丰富旅游活动项目，同时处理好经营户的生存问题；在基础设施方面，经营户希望政府做好道路交通的建设以及环境卫生改善，科学设置公共厕所及垃圾桶，简化新建房屋审批手续等；宣传方面，经营户希望政府加大对普者黑的宣传力度，以吸引更多的游客。

（三）问卷调查交叉分析

1. 受教育水平对收入的影响

X\Y	A. 5000元以下	B. 5000~10000元	C. 10000~20000元	D. 20000~30000元	E. 其他	(空)	小计
A. 初中以下	23 (19.17%)	28 (23.33%)	44 (36.67%)	10 (8.33%)	9 (7.50%)	6 (5.00%)	120
B. 初中	5 (6.17%)	21 (25.93%)	28 (34.57%)	14 (17.28%)	11 (13.58%)	2 (2.47%)	81
C. 高中或中专	0 (0.00%)	5 (26.32%)	6 (31.58%)	5 (26.32%)	3 (15.79%)	0 (0.00%)	19
D. 专科	0 (0.00%)	0 (0.00%)	3 (100.00%)	0 (0.00%)	0 (0.00%)	0 (0.00%)	3
E. 本科	0 (0.00%)	0 (0.00%)	0 (0.00%)	2 (100.00%)	0 (0.00%)	0 (0.00%)	2
F. 研究生及以上	0 (0.00%)	0 (0.00%)	0 (0.00%)	0 (0.00%)	0 (0.00%)	0 (0.00%)	0

从总体上来看，该地受教育水平普遍较低，而受教育水平的高低，影响当地居民的家庭收入。从数据分析中可以看出，受教育水平高的，家庭收入相应高些，因为他们眼界更为开阔，更有头脑，有些自己经营，或是在外拼搏，从而使其收入高于其他一般的低教育水平者。

2. 受教育水平对人口数量的影响

X\Y	A. 3~5人	B. 5~8人	C. 8人以上	(空)	小计
A. 初中以下	64 (53.33%)	45 (37.50%)	10 (8.33%)	1 (0.83%)	120
B. 初中	38 (46.91%)	41 (50.62%)	1 (1.23%)	1 (1.23%)	81
C. 高中或中专	11 (57.89%)	5 (26.32%)	3 (15.79%)	0 (0.00%)	19
D. 专科	2 (66.67%)	0 (0.00%)	1 (33.33%)	0 (0.00%)	3
E. 本科	0 (0.00%)	2 (100.00%)	0 (0.00%)	0 (0.00%)	2
F. 研究生及以上	0 (0.00%)	0 (0.00%)	0 (0.00%)	0 (0.00%)	0

受教育水平高者，家庭人口相对较少；而受教育程度低者，家庭人口较多。这主要是因为没有受过更多教育的居民中，他们更多的是秉承传统的理

念，认为人口越多越好，甚至有些地方盛传“多子多福气”，而在贫困地方，因为生产力、生产观念落后，需要更多的劳动力人口，去提升生产产出，从而导致这一现象的出现。

3. 人口数量对收入水平的影响

X\Y	A. 5000元以下	B. 5000～10000元	C. 10000～20000元	D. 20000～30000元	E. 其他	(空)	小计
A. 3～5人	21 (18.26%)	30 (26.09%)	41 (35.65%)	11 (9.57%)	10 (8.70%)	2 (1.74%)	115
B. 5～8人	5 (5.32%)	21 (22.34%)	34 (36.17%)	15 (15.96%)	13 (13.83%)	6 (6.38%)	94
C. 8人以上	2 (13.33%)	2 (13.33%)	7 (46.67%)	4 (26.67%)	0 (0.00%)	0 (0.00%)	15

人口数量对收入水平的影响，总体上是正影响的，人口多的家庭，相对而言收入水平高一些，这只是体现一种劳动密集型生产特点。因为家里劳动力多，做事的人多，从而从事的农业生产规模会更大，收益也更高些。

4. 政府提供培训对居民收入的影响

X\Y	A. 5000元以下	B. 5000～10000元	C. 10000～20000元	D. 20000～30000元	E. 其他	(空)	小计
A. 有，没什么效果	0 (0.00%)	1 (25.00%)	1 (25.00%)	1 (25.00%)	1 (25.00%)	0 (0.00%)	4
B. 有，效果很好	1 (3.57%)	10 (35.71%)	7 (25.00%)	3 (10.71%)	6 (21.43%)	1 (3.57%)	28
C. 没有	27 (14.06%)	43 (22.40%)	72 (37.50%)	27 (14.06%)	16 (8.33%)	7 (3.65%)	192

从数据上可以看出，政府对居民在就业或农业上，提供专业的技能培训能提高当地居民的收入水平。这说明在改善农村人员就业、农民收入水平时，政府有必要提供一些专业的技能培训。

总结：综合以上几个交叉分析结论，可以看出，所选的几个变量因素之间存在着相互影响的关系，特点是人口数量、受教育水平、家庭收入水平等相互作用明显，通过问卷调查和数据分析，可以得出较为可靠的结论，即在发展旅游的过程中，提升当地居民的技能水平、改变思想观念尤为重要。

三、普者黑村民调查报告

（一）调查主要结论

（1）受教育程度影响当地人口数量及人口素质，进一步影响居民的家庭收入。在调查过程中，有一个明显对比，只要学历高一点，有头脑、有思想的，都在外打工，或是自己在当地投资做生意，从而这部分村民的收入相比其他村民要高。受教育程度低的村民情况则相反。

（2）尽管当地大多数人的受教育水平不高，但是他们中绝大部分都表示支持旅游的发展，普遍认为通过旅游发展会带动当地经济发展，提高他们的收入水平，改善生活条件和社区基础设施。

（3）普者黑的旅游发展起步虽然较早，但并没有充分发展起来。表现在旅游淡旺季分明，景区工作人员流动性大，雇用临时工现象普遍。在询问当地村民是否有家人在景区工作时，93.36% 是回答没有，反映出旅游促进当地就业、带动经济发展的作用未充分显现，有待进一步开发和挖掘。

（4）社区参与旅游的方式单一，大都是以经营客栈，提供餐饮、售卖手工艺品或是拉马车等经营成本较低的方式参与旅游，而想参与旅游而未能参与的村民主要原因是缺乏资金。

（5）社区参与旅游受益情况局限于位于核心景区较近的村民，他们已从旅游发展中获益，获得利益也较多；而远离核心景区的村民，还主要从事传统农业生产或是外出打工。

（6）村民普遍认为政府采取职业技能培训很有必要。调查中了解到参与培训过的村民（如烤烟种植技术培训）还是获益不少。

（7）调查结果显示，在房屋搬迁或拆迁、土地征用方面，村民未能达成统一共识，需要拟定多种方案谨慎对待。

（8）外出务工的收入占该地村民收入的比例较大，外出打工主要以沿海地区特别是浙江居多，多数是亲朋好友介绍，收入高中低各不等。

（9）旅游发展给当地居民带来的影响还处于村民可以接受的阶段，部分原因是旅游直接涉及的村民不多。

（二）问卷调查单项分析

1. 您的年龄［单选题］

选项	小计	比例
A. 20 岁以下	18	7.96%
B. 20~30 岁	43	19.03%
C. 30~40 岁	60	26.55%
D. 40~50 岁	51	22.57%
E. 50 岁以上	53	23.45%
（空）	1	0.44%
本题有效填写人次	226	

被访村民中，以中年为主，年龄在30~40岁，其他年龄段的受访村民比较均匀，说明样本选择对各个年龄段都有一定代表性。

2. 您的教育程度［单选题］

选项	小计	比例
A. 初中以下	120	53.1%
B. 初中	81	35.84%
C. 高中或中专	19	8.41%
D. 专科	3	1.33%
E. 本科	2	0.88%
F. 研究生及以上	0	0
(空)	1	0.44%
本题有效填写人次	226	

受访者的受教育程度普遍偏低，大多以小学为主，初中罕见，说明该地落后贫困与受教育之间有着不可分割的联系。因为贫穷而没有办法受教育，同时对教育的重视程度也不够；反过来，因为教育程度不高，进一步加深精神、物质等方面的贫困。

3. 你们家有几口人［单选题］

选项	小计	比例
A. 3~5人	115	50.88%
B. 5~8人	94	41.59%
C. 8人以上	15	6.64%
(空)	2	0.88%
本题有效填写人次	226	

受访家庭人数3~5人的占50.88%，5~8人的占41.59%，有6.64%的达到8人以上。说明该地家庭以大家庭为主，如收入不高的家庭，容易造成教育、就业、贫困等社会问题。

4. 您目前的职业状况［单选题］

选项	小计	比例
A. 学生	9	3.98%
B. 料理家务事	23	10.18%
C. 外面务工人员	22	9.73%
D. 景区员工	1	0.44%
F. 在家务农	160	70.8%
G. 其他	8	3.54%
（空）	3	1.33%
本题有效填写人次	226	

受访村民中，70% 以上在家务农，说明普者黑旅游发展还未创造更多的就业机会惠及当地群众，经济结构仍以传统农业为主，景区的扩大、土地的征用进一步压缩了农民的生存空间，亟须合理规划旅游，更好地带动相关产业的发展。

5. 您家庭的主要经济来源［多选题］

选项	小计	比例
A. 种地	185	81.86%
B. 打鱼	3	1.33%
C. 外出务工	66	29.2%
D. 靠外地打工亲属寄钱	9	3.98%
E. 其他	26	11.5%
本题有效填写人次	226	

80% 以上的主要家庭经济收入是靠种地，辅之以打鱼为生，也有一部分外出务工赚钱，但是在受访的几个村子中，这样的分布是不均匀的。有些村几乎绝大部分是靠种地为生，而有些村子多数在外务工。因此在进行相关产业布局时要考虑到这一特点。

6. 家庭年总收入大概多少？［单选题］

选项	小计	比例
A. 5000 元以下	28	12.39%
B. 5000~10000 元	54	23.89%
C. 10000~20000 元	82	36.28%
D. 20000~30000 元	31	13.72%
E. 其他	23	10.18%
（空）	8	3.54%
本题有效填写人次	226	

在受访村民中，家庭年收入 5000~10000 元的占 23.89%，10000~20000 元的占 36.28%，说明普者黑村民收入偏低，若平均家庭人数以 5 人计，普者黑村民人年均收入不到 4000 元，低于全国平均月收入 4134 元的水平。在受访的板桥村，有村民种植烟叶，收入有达 4 万 ~5 万元。

7. 对当地旅游发展的态度［多选题］

选项	小计	比例
A. 非常支持	31	13.72%
B. 支持	168	74.34%
C. 一般	27	11.95%
D. 反对	3	1.33%

在受访的村民中，绝大多数是支持发展当地旅游业的，旅游明显带动了当地经济的发展，增加了村民的收入，提高了村民的生活水平，同时也可享受到更好的社会基础设施。

8. 家里是否有人在景区工作［单选题］

选项	小计	比例
A. 有	15	6.64%
B. 没有	211	93.36%
本题有效填写人次	226	

普者黑的旅游发展带动当地就业还十分有限，受访者中 93% 以上的人回答没有家人在景区工作。参与度不高会导致他们对地方旅游发展的态度，甚至对待旅游者的态度缺乏热情。

9. 受雇于景区的收入情况如何［单选题］

选项	小计	比例
A. 按钟点工算	1	6.67%
B. 按天计算	6	40%
C. 按月计算	7	46.67%
D. 按次计算	1	6.67%
本题有效填写人次	15	

在这一部分受雇于景区景点的人员中，在询问到他们的收入是如何计算的，46.67% 是按月计算的，而还有大部分按钟点、按天、按次数计算的。从这个侧面可以看到，很多都是临时工、钟点工，长期工所占比例较小，景区服务人员变动性大。

10. 如果有可能你是否愿意参与当地旅游开发和景区经营［单选题］

选项	小计	比例
A. 不愿意	10	4.42%
B. 无所谓	23	10.18%
C. 愿意	156	69.03%
D. 有机会就一定参与进去	36	15.93%
（空）	1	0.44%
本题有效填写人次	226	

在问及村民们是否愿意参与当地旅游开发和景区经营时，他们大部分表示愿意，有一小部分表示无所谓及不愿意。他们愿意、不愿意、无所谓，都有其深刻的立场态度、利益出发点，所以在处理景区社区利益时，需要有一个协调多方利益、兼顾各方的全面方案，否则很容易出现众口难调局面，产生纠纷与矛盾。

11. 您希望以何种方式参与旅游经营［多选题］

选项	小计	比例
A. 开馆子	81	37.67%
B. 经营客栈	62	28.84%
C. 卖旅游纪念品	43	20%
D. 以自有土地，房屋投资入股	19	8.84%
E. 出租房屋	6	2.79%
F. 拉小马车	12	5.58%
G. 其他	48	22.33%
（空）	2	0.93%
本题有效填写人次	215	

在普者黑的核心景区可以看到，经营住房的主要模式是“客栈＋餐饮”，而在询问当地村民以何种方式参与经营时，大多数人选择开馆子、客栈，这是一部分人成功经验的有益借鉴，但同时也说明了当地村民经营的局限性，没能有更好、更新的经营参与方式。这需要在规划过程中，为其提供相关策略。

12. 你家的读书小孩是否会在旅游旺季到旅游经营户帮忙［单选题］

选项	小计	比例
A. 没读书的小孩	63	27.88%
B. 没有去帮忙	138	61.06%
C. 经常去帮忙	13	5.75%
D. 偶尔去帮忙	11	4.87%
（空）	1	0.44%
本题有效填写人次	226	

由于旅游淡旺季明显，所以服务人员的流动性很大，为节省成本，很多经营户都会在旺季的时候，临时雇用一些学生帮忙。在受访的村民家中，离核心景区近的，有很多小孩在旺季的时候去帮忙，而没有去帮忙的 61.06% 是因为距景区远，还有一部分就是家中的小孩已经早早辍学，外出务工。

13. 你的家庭未参与旅游业的原因［单选题］

选项	小计	比例
A. 缺乏资金	141	62.39%
B. 竞争激烈	8	3.54%
C. 没有人手	24	10.62%
D. 不会经营	53	23.45%
本题有效填写人次	226	

在受访的村民中，当问及家庭未参与旅游业的原因时，62.39% 回答是缺乏资金，23.45% 是因为不会经营，还有一部分是因为没有人手及竞争激烈而没有参与。在这样一份问卷中，针对前面的教育情况，可能有些原因连他们自己都没有想到，那就是技术、技能和专业支撑。更深层次地反映了人们对于参与旅游缺乏认识。

14. 如果重新修房子，希望按哪种风格设计［单选题］

选项	小计	比例
A. 按传统风格设计	88	38.94%
B. 按现代钢混结构设计	136	60.18%
（空）	2	0.88%
本题有效填写人次	226	

这个问题可以不用分析，属于无效问题，因为他们中的很多根本就搞不清，而是说“按旅游的发展要求来设计”。

15. 您认为旅游开发后，村里人的福利和待遇有什么变化［单选题］

选项	小计	比例
A. 好多了	73	32.3%
B. 好了点	99	43.81%
C. 与以前一样	46	20.35%
D. 变差了	6	2.65%
E. 差了很多	2	0.88%
本题有效填写人次	226	

70% 以上的人认为在旅游开发发展后，他们的利益与收入会变好，这主要是距离景区较近的村子，他们已经尝到了发展旅游的好处；而回答并没有带来多少实惠的，则是距离景区较远的村子，还没有享受旅游发展带来的好处；还有少数人认为变差了、差了很多，则反映了旅游发展所带来的一些负面影响。

16. 如未来旅游规划和开发需要时，你是否愿意搬出现在的居住地［单选题］

选项	小计	比例
A. 不愿意	65	28.76%
B. 愿意	44	19.47%
C. 比较愿意	25	11.06%
D. 非常愿意	1	0.44%
F. 看搬迁条件而定	89	39.38%
（空）	2	0.88%
本题有效填写人次	226	

这是一个非常敏感的且涉及整个景区规划发展的问题。在问卷调查过程中，39.38% 说要看条件定搬迁，这部分群体很容易满足，只要满足他们的诉求便可解决；而难以处理的是那部分不愿意搬迁的人，他们的原因各种各样，其中有一个非物质原因是很难解决的，那就是一部分老年人，对那片土地怀有的“根”的情结。

17. 您的土地出租前与出租后，给您收入上带来了哪些变化［单选题］

选项	小计	比例
A. 减少了	82	36.28%
B. 增加了	20	8.85%
C. 不变	78	34.51%
（空）	46	20.35%
本题有效填写人次	226	

在对比土地出租前与出租后的收入变化情况时，36.28% 反映减少了，34.51% 反映不变，增加的比例较小。这也是根据不同的村子而决定的，有的土地出租种植经济作物如烤烟，他们的收入有所增加；而有的土地被租用了，同时因为旅游尚未发展起来，所征的土地处于闲置状态，租金低于当地百姓用来从事农作物种植的收入。

18. 您是否参与过政府提供的技能培训［单选题］

选项	小计	比例
A. 有，没什么效果	4	1.77%
B. 有，效果很好	28	12.39%
C. 没有	192	84.96%
（空）	2	0.88%
本题有效填写人次	226	

绝大部分没有参与过政府提供的技能培训，而参与的仅有一小部分，主要是烤烟这一块的培训，也确实给当地百姓的收入带来了增加。可见政府统一的职业培训还是卓有成效的。

19. 如果参与旅游经营，您希望政府给你们提供什么样的帮助［多选题］

选项	小计	比例
A. 提供培训	73	32.3%
B. 小额贷款	146	64.6%
C. 提供自主经营的各项便利条件	92	40.71%
D. 其他	19	8.41%
本题有效填写人次	226	

正如前面的一个问卷调查所知，村民们没有参与旅游经营的一个原因是没有资金，所以在问及最希望提供什么样的帮助时，他们最需要资金，其次是自主经营的各项便利条件，最后是提供培训。

20. 假如房屋需要拆（搬）迁，您最希望什么样的补偿方式［单选题］

选项	小计	比例
A. 按市场价格补钱	76	33.63%
B. 1∶1 的面积分配房屋	103	45.58%
C. 作为景区发展的股份补偿	15	6.64%
D. 其他	28	12.39%
（空）	4	1.77%
本题有效填写人次	226	

这是一个非常敏感的问题，不过在问及的时候，还是有很多人愿意按 1∶1 的面积分配房屋，其次是按市场价格补钱，只有极少数的愿意作为景区发展的股份进行补偿。

21. 您家中有成员外出打工吗［单选题］

选项	小计	比例
A. 有	124	54.87%
B. 没有	99	43.81%
（空）	3	1.33%
本题有效填写人次	226	

54.87% 的家庭有村民外出务工，43.81% 的家庭村民全部在家务农，前者的比例大于后者，说明该地劳动力流失很严重。

22. 您的家庭成员打工的地点是［单选题］

选项	小计	比例
A. 丘北县	30	24.19%
B. 文山州	5	4.03%
C. 昆明	15	12.1%
D. 外省	63	50.81%
E. 其他	11	8.87%
本题有效填写人次	124	

在外出务工的人员中，50.81% 是去的外省，在本省本州的很少。而在进一步的访问中，其中很多是亲戚介绍的，比如一个去了浙江之后，后面去浙江的是由最先去的人介绍去的。

23. 您的家庭成员外出打工的月收入［单选题］

选项	小计	比例
A.1500 以下	18	14.52%
B. 1500~3000	86	69.35%
C.3000~6000	20	16.13%
D.6000~10000	0	0
E. 10000 以上	0	0
本题有效填写人次	124	

总体上，外出务工人员的收入基本上要比在家务农的高，其中高收入比例的有 16.13%，而中等收入的占 69.35%，以下是低收入者。

24. 你是否认为游客的旅游活动干扰或者打乱了当地居民的生活［单选题］

选项	小计	比例
A. 有影响	13	5.75%
B. 影响很大	5	2.21%
C. 没影响	157	69.47%
D. 有点小影响，但无所谓	51	22.57%
本题有效填写人次	226	

这个问题的分析只能放在个别村子里，说没有影响的是那些距景区远，还没有受到旅游发展影响的村；而一部分说有点小影响，但无所谓，说明这个地方的村民更看重旅游发展给他们带来的收入改善的正面影响；有影响及影响很大，则说明当地旅游发展过程中，已经积累了较多矛盾与民怨。

25. 总体来说，您认为普者黑旅游对当地的影响是［单选题］

选项	小计	比例
A. 正面	217	96.02%
B. 负面	8	3.54%
（空）	1	0.44%
本题有效填写人次	226	

绝大多数村民回答普者黑发展旅游业对当地的影响是好的。

（三）问卷调查交叉分析

1. 受教育水平对收入的影响

X\Y	A．5000元以下	B．5000~10000元	C．10000~20000元	D．20000~30000元	E．其他	(空)	小计
A．初中以下	23 (19.17%)	28 (23.33%)	44 (36.67%)	10 (8.33%)	9 (7.50%)	6 (5.00%)	120
B．初中	5 (6.17%)	21 (25.93%)	28 (34.57%)	14 (17.28%)	11 (13.58%)	2 (2.47%)	81
C．高中或中专	0 (0.00%)	5 (26.32%)	6 (31.58%)	5 (26.32%)	3 (15.79%)	0 (0.00%)	19
D．专科	0 (0.00%)	0 (0.00%)	3 (100.00%)	0 (0.00%)	0 (0.00%)	0 (0.00%)	3
E．本科	0 (0.00%)	0 (0.00%)	0 (0.00%)	2 (100.00%)	0 (0.00%)	0 (0.00%)	2
F．研究生及以上	0 (0.00%)	0 (0.00%)	0 (0.00%)	0 (0.00%)	0 (0.00%)	0 (0.00%)	0

从总体上看，该地受教育水平普遍较低，而受教育水平的高低，影响当地居民的家庭收入。从数据分析中可以看出，受教育水平高的，家庭收入相应高些，因为他们眼界更为开阔，更有头脑，有些自己经营，或是在外拼搏，从而使其收入高于其他一般的低教育水平者。

2. 受教育水平对人口数量的影响

X\Y	A．3~5人	B．5~8人	C．8人以上	(空)	小计
A．初中以下	64 (53.33%)	45 (37.50%)	10 (8.33%)	1 (0.83%)	120
B．初中	38 (46.91%)	41 (50.62%)	1 (1.23%)	1 (1.23%)	81
C．高中或中专	11 (57.89%)	5 (26.32%)	3 (15.79%)	0 (0.00%)	19
D．专科	2 (66.67%)	0 (0.00%)	1 (33.33%)	0 (0.00%)	3
E．本科	0 (0.00%)	2 (100.00%)	0 (0.00%)	0 (0.00%)	2
F．研究生及以上	0 (0.00%)	0 (0.00%)	0 (0.00%)	0 (0.00%)	0

受教育水平高者，家庭人口相对较少，这主要是因为没有受过更多教育的居民中，他们更多的是受传统的观念“多子多福气”影响，而在贫困地方，因为生产力、生产观念落后，需要更多的劳动力人口，去提高生产产出。

3. 人口数量对收入水平的影响

X\Y	A. 5000元以下	B. 5000～10000元	C. 10000～20000元	D. 20000～30000元	E. 其他	(空)	小计
A. 3～5人	21 (18.26%)	30 (26.09%)	41 (35.65%)	11 (9.57%)	10 (8.70%)	2 (1.74%)	115
B. 5～8人	5 (5.32%)	21 (22.34%)	34 (36.17%)	15 (15.96%)	13 (13.83%)	6 (6.38%)	94
C. 8人以上	2 (13.33%)	2 (13.33%)	7 (46.67%)	4 (26.67%)	0 (0.00%)	0 (0.00%)	15

人口数量对收入水平的影响，总体上是正面影响的。人口多的家庭，相对而言收入水平高一些，这只是体现一种劳动密集型农业生产的特点。因为家里劳动力多，从事的农业生产规模会更大，收益也更高些。

4. 政府提供培训对居民收入的影响

X\Y	A. 5000元以下	B. 5000～10000元	C. 10000～20000元	D. 20000～30000元	E. 其他	(空)	小计
A. 有，没什么效果	0 (0.00%)	1 (25.00%)	1 (25.00%)	1 (25.00%)	1 (25.00%)	0 (0.00%)	4
B. 有，效果很好	1 (3.57%)	10 (35.71%)	7 (25.00%)	3 (10.71%)	6 (21.43%)	1 (3.57%)	28
C. 没有	27 (14.06%)	43 (22.40%)	72 (37.50%)	27 (14.06%)	16 (8.33%)	7 (3.65%)	192

从数据可以看出，政府对居民在就业或生产上，提供技能培训能提高当地居民的收入水平。这说明在改善农村人员就业及农民收入水平时，政府有必要提供一些专业的技能培训。

总结：综合以上交叉分析结论，可以看出，所选的几个变量因素之间，存在着相互影响的关系，特点是人口数量、受教育水平、家庭收入水平等相互作用明显，通过问卷调查和数据分析，可以得出较为可靠的结论，即在发展旅游的过程中，提升当地居民的思想观念和技能水平尤为重要。

四、普者黑传统村落调查报告

（一）村落概况

1. 村落人口情况统计

表1　人口情况统计

村名	所属乡镇行政村	人口	户数	民族
仙人洞村	双龙营镇普者黑行政村	900多	194	彝族
普者黑村	双龙营镇普者黑行政村	5100	1063	彝族、汉族
落水洞村	双龙营镇普者黑行政村	615	141	彝族、汉族、苗族、壮族
阿鲁白村	八道哨彝族乡矣堵行政村	500多	118	壮族
横山—马场村	八道哨彝族乡矣堵行政村	1631	393	彝族、汉族

2. 村落经济产业状况统计

表 2 村落经济产业状况统计

村名	村庄经济总收入	村民主要经济来源	人均纯收入	村庄主导产业	村庄特色产业	村庄特色资源	是否发展旅游业	村内企业	外出务工人数
仙人洞村	2000 万元	旅游业、养殖业	2 万元左右	旅游业	农家乐	旅游资源	是	客栈、餐饮等	0
普者黑村	2000 万元	种植业、旅游业	4000 元左右	种植业、旅游业	经济作物、农家乐	旅游资源	是	无	约 30%
落水洞村	200 万元	种植业	2000 元左右	种植业	经济作物、养鱼	旅游资源	否	无	约 20%
阿鲁白村	200 万元	务工	3000~4000 元	旅游业	旅游业	旅游资源	刚开始	客栈	60% 左右
横山—马场村	600 万元	种植农作物、外出务工	3000~4000 元	种植业	蔬菜种植	旅游资源	否	0	约 50%

3. 村落基础设施建设现状

表 3 村落基础设施建设现状

村名	道路交通可达性	村内道路路面	停车设施	给水设施	排水设施	供电状况	垃圾收集与处理	是否有垃圾站	粪便处理	公厕数量	村民居住环境满意度
仙人洞村	很好	6m 宽水泥路面，有路灯	村口停车场	地下水供水	无序排水	良好	专人清运集中处理	无	化粪池	1	90% 以上
普者黑村	很好	6m 水泥路面，无路灯	无	地下水供水	无序排水	常阶段式供电	专人清运集中处理	无	化粪池	1	90% 以上
落水洞村	很好，距主要景区较远	4~8m 水泥或砂子路面，无路灯	无，暂用村口闲置地	地下水供水	无序排水	良好	专人清运集中处理	无	无	无	60%
阿鲁白村	很好	土路，无路灯	无	地下水供水，地下水位下降	有截污沟	受施工影响	专人清运集中处理	无	沼气池	1	30%
横山—马场村	好	4.5m 碎石路面	无	地下水供水	明沟排水	良好	专人清运集中处理	无	沼气池	无	90% 左右

4. 村落公共设施建设现状

表 4　村落公共设施建设现状

村名	小学、幼儿园	村委会	卫生所	活动中心	图书馆	运动场地及设施	广场	商店	市场	寺庙
仙人洞村	有	有	2	有	有	有	有	有	有	有
普者黑村	有	无	1（关闭）	无	无	无	无	有	有	有
落水洞村	无	无	无	无	无	无	有	3	无	有
阿鲁白村	无	无	无	无	无	无	有 700~800m^2	6	无	有
横山—马场村	无	无	无	无	无	无	无	5	年节有小市场	2

5. 村庄能源、资源使用现状

表 5　村落能源、资源使用现状

村名	主要使用到的资源	主要使用燃料	水资源使用状况	用电状况	太阳能使用状况	沼气使用状况
仙人洞村	水、电	电、液化气	地下水充足，无节水意识，水资源有污染情况	每户每月 100~500 度不等	70% 左右	无
普者黑村	水、电	电、液化气、柴	地下水充足，无节水意识	平均每户每月 120 度左右	50% 左右	无
落水洞村	水、电、林木	电、柴	地下水充足，无节水意识	平均每户每月 60 度左右	45% 左右	6 户
阿鲁白村	水、电	电、沼气	地下水水位低，缺水	平均每户每月 100 度左右	20% 左右	80%
横山—马场村	水、电	电、沼气	地下水充足	平均每户每月 60 度左右	30% 左右	90%

6. 新民居意愿调查统计

表 6　村落新民居意愿调查统计

村名	新建房屋花费	可自筹资金	新民居形式意向	新民居元素意向	现状宅基地面积
仙人洞村	40 万元左右	大多数接受 10 万元以上	砖混独立式住宅	水冲厕、储藏间、阳台或屋顶平台、水井、太阳能、化粪池	300~400m^2

续表

村名	新建房屋花费	可自筹资金	新民居形式意向	新民居元素意向	现状宅基地面积
普者黑村	20 万元左右	大多数接受 5 万 ~10 万元	砖混独立式住宅	水冲厕、储藏间、阳台或屋顶平台、水井、太阳能、化粪池、沼气池	400~500m^2
落水洞村	15 万元左右	大多数接受 5 万元以下	砖混独立式住宅	水冲厕、储藏间、阳台或屋顶平台、水井、太阳能、化粪池	600m^2
阿鲁白村	5 万 ~8 万元		砖混独立式住宅	水冲厕、储藏间、阳台或屋顶平台、水井、太阳能、化粪池、沼气池	200~300m^2
横山—马场村	20 万元左右	约 30% 接受 2 万 ~5 万元，40% 接受 10 万元以上	砖混独立式住宅	水冲厕、储藏间、阳台或屋顶平台、水井、太阳能、化粪池、沼气池	200~300m^2

（二）仙人洞村调查分析

1. 仙人洞村基础状况

（1）人口及用地状况

表 1　仙人洞村人口及用地调查

	村名	双龙营镇普者黑行政村仙人洞自然村
地理及交通	地形地貌	丘陵
	与最近中心城镇距离	23km
	村内主要道路	宽 6m，水泥路面，有路灯
	停车场状况	有停车场
人口及用地	年末总户数	194 户
	年末总人口	900 人
	民族	彝族、汉族
	外出务工人口	0
	耕地	1000 亩左右
	建设用地	500 亩左右

（2）自然条件状况

海拔 1465 米，年平均气温 16.20℃，年降水量 1174.2 毫米，近两年未有水灾，降水量较往年少，干旱。

（3）村庄经济产业状况

表 2　仙人洞村经济产业状况调查

村民职业主要构成	农民，经营农家乐、小商店者，景区上班人员，学生
村民主要收入来源	旅游业、农作物、养殖
村内企业情况	客栈、餐馆
阻碍村民经济收入增长因素	人均耕地少；缺少外来投资办厂；自身文化水平限制，缺乏专门技术；旅游产品单调，旅游淡季时间长
旅游经济状况	村内经营有农家乐、餐馆、商品店等，数量较多，但是服务质量标准较低，淡旺季收入差距明显

（4）村庄公共基础设施状况

①公共设施建设

表 3　仙人洞村公共设施建设情况

单位名称	现状	村民意见
小学	占地 3 亩，10 多名职工	基本满意
幼儿园	占地 2 亩，2 名职工	基本满意
卫生所	2 个	基本满意
活动中心	有	活动中心面积不够，使用率较低
图书馆	有	使用率低
运动场地	有	需要小广场、儿童游戏场地
商店	有多家，主要沿村庄主要道路分布	满意
市场	无	
寺庙	无	
道路	宽 6m，水泥路面	基本满意，旺季会堵车
停车场	有，在村口	在村口，村内停车在院内
供电状况	户户通电	基本满意

②给排水设施建设

表 4　仙人洞村给排水设施建设情况

水源	主要是地下水，几乎每户有水井。目前地下水已有污染状况
污水集中处理设施	无，生活污水一般直接排放，客栈有化粪池
雨、污排放方向	河道、湖

③环卫设施建设

表 5　仙人洞村环卫设施建设情况

是否有专人清运垃圾	有	垃圾处理方式	简易填埋
是否进行垃圾无害化处理	否	是否进行禽畜粪便无害化处理	否
是否有禽畜集中养殖区	无	已实现改厕户数	
垃圾站数量、位置	无		
公厕数量、位置	1 个，桥边		

表 6　仙人洞村能源、资源利用状况调查

主要使用到的能源	电能、水
使用到的可再生能源	太阳能、农业废物燃料
主要使用燃料	煤气、煤、柴、电
水资源使用状况	因地下水充足，村民没有节水意识，不会循环用水，很多生活污水是直接排放
沼气使用状况	没有沼气使用，原因是养殖等较少，没有足够原料

2. 仙人洞村接待情况调查评价

表 7　仙人洞村调查评价

旅游经营户数及收入状况	约 20 户农家乐，年收入 10 万 ~20 万元，约 20 户商店，年收入约 5 万元
游客量最大的时间段	7~8 月
游客数量	较少
游客一般停留时间	一天
客房数	旺季供应不足，淡季空置过多
游客平均每次在当地花费	200~500 元
旅游收入增长面临的主要阻碍因素	提供的旅游项目少、单调

3. 仙人洞村旅游发展调查评价

（1）仙人洞村整体风貌评价

仙人洞村落村容村貌、环境质量的评价：

仙人洞村距离县城12km，人口194户，900人，是彝族聚居村落，村域面积2000亩，主要收入来源是旅游业和养殖业。人均建设用地60m²，宅基地面积为300 ～ 400m²，建筑主要为土木结构和砖混结构，没有统一的建筑形式，出现了大量的平屋顶建筑，以及风格色彩各异的建筑，比较混乱，破坏了景区的整体风貌。环境质量尚可，有专人清扫垃圾，但仍有乱扔乱放的情况，没有排污设施，生活污水、家畜排泄物等随意排放，破坏了环境和水质。

基础设施的调查分析：

道路停车：村内1条主要道路，长500m，宽6m，水泥路面，30多条支路，宽4m，水泥路面。路面窄，进出只有一条道路，易造成拥堵；没有集中停车设施。

用水来源：地下水，水资源丰富，但水中含有大量硝，长期饮用会致癌。

电力设施：设有1个变压器，全村已完成电网改造，供电情况稳定。

环卫设施：村内有专人清运垃圾，大部分使用水箱式厕所，每家都建有化粪池，有公厕，无排污设施。

（2）仙人洞村景点现状评价

仙人湖

普者黑景区内最美景点之一，峰影荷韵的经典景观

浪漫广场

大片草坪具有观赏性，但卫生状况不佳，村民或游客的游览率不高

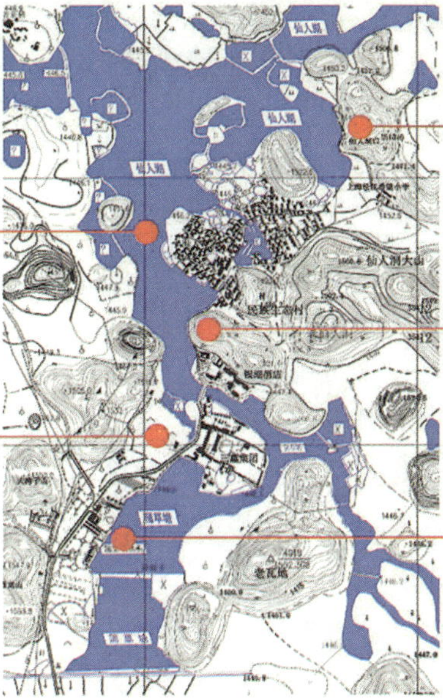

仙人洞

乘船400m即可进入，小型溶洞，观赏性一般

仙人山

可俯瞰整个仙人洞村景色，观赏日落最佳点

蒲草塘

游览仙人湖乘船点

（3）仙人洞村水陆交通可达性评价

可达性评价：

车行道路：可达性较差，没有形成环线，需要原路返回再进入新景点，且路面较窄，容易造成拥堵；景区内部有马车可载游客游览景点；

水上游线：可达性较好，串联仙人洞、普者黑、月亮洞几个景点

车行道路

水上游线

（4）旅游服务设施分布评价

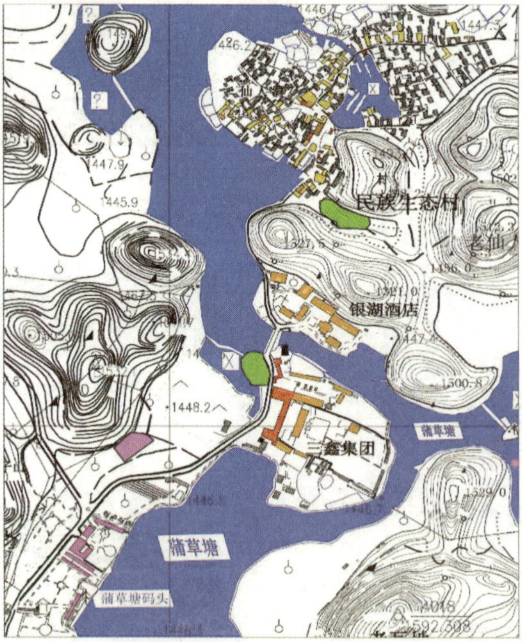

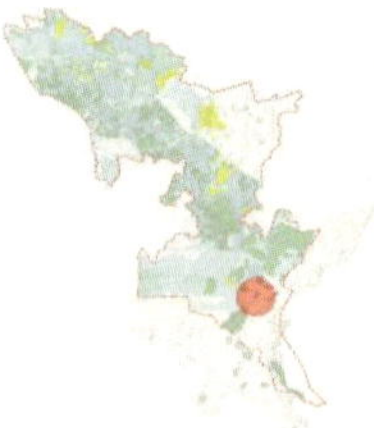

商业

民居客栈

宾馆

餐饮点

景点服务

广场

（5）仙人洞村餐饮点数量和质量评价

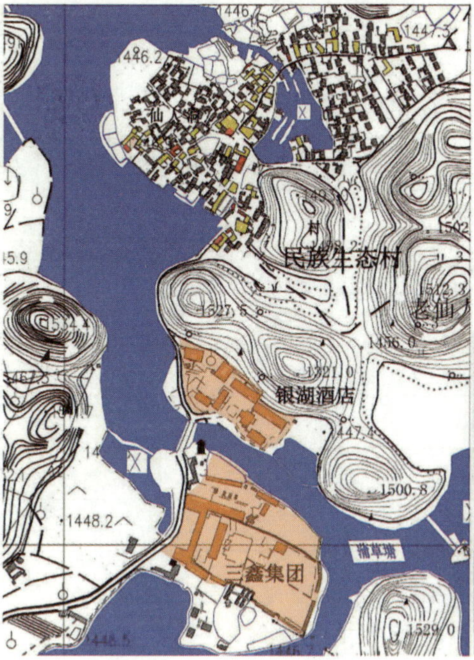

仙人洞餐饮点评价：

仙人洞餐厅大多和客栈结合，同时接待住宿和餐饮，餐饮点数量可以满足需求，品质相对一般，缺少高端餐饮接待点，菜品特色不足。

餐厅
客栈

（6）仙人洞村购物点数量和质量评价

购物环境评价：

主要经营日用品、零食、河鲜特产、打水仗用具等小商品销售，没有专门的旅游购物点，无法刺激游客消费

商店

（三）普者黑村调查分析

1. 普者黑村基础状况

（1）人口及用地状况

表 1　普者黑村人口及用地调查

	村名	双龙营镇普者黑行政村普者黑自然村
地理交通区位	地形地貌	丘陵
	与最近中心城镇距离	23km
	村内主要道路	宽 6m，水泥路面，无路灯
	停车场状况	无停车场
人口及用地	年末总户数	1063 户
	年末总人口	5100 人
	民族	彝族、汉族
	外出务工人口	1500 人左右
	耕地	原有 10000 亩左右
	人均建设用地	$300m^2$ 左右

（2）自然条件状况

海拔 1465 米，年平均气温 16.20℃，年降水量 1174.2 毫米，近两年未有水灾，降水量较往年少，干旱。

（3）村庄经济产业状况

表 2　普者黑村村庄经济产业状况调查

村民职业主要构成	农民，经营农家乐、小商店、景区上班者，外出打工者，学生
村民主要收入来源	农作物、经济作物（烤烟、三七、辣椒）、旅游业、外出打工、养殖
村内企业情况	无
阻碍村民经济收入增长因素	人均耕地少；缺少外来投资办厂；自身文化水平限制，缺乏专门技术；旅游管理对村民经营农家乐缺乏积极鼓励政策
旅游经济状况	从 1996 年开始发展旅游，现全村有约 20 户农家乐，年均收入 10 万 ~20 万元，有商店 20 余个，景区开发也给村民提供了一些工作机会，但旅游业收入未达到期望值

（4）村庄公共基础设施建设状况

①公共设施建设

表 3　普者黑村公共设施建设情况

单位名称	现状	村民意见
小学	占地 2 亩，10 多名职工	学生上学距离较远，教室少，班级少
卫生所	村中心卫生所因医疗事故关闭，村中有一些小诊所及药店	不正规，没有保障
活动中心	有老年活动中心	活动中心面积不够，使用率较低
图书馆	无	需要介绍农业知识的书籍
运动场地	无	需要小广场、儿童游戏场地
商店	20 多家，主要沿村庄主要道路分布	比较满意，有点多了
市场	无	
寺庙	有山神庙	
道路	长 5km，宽 6m，柏油路面	基本满意，旺季会堵车，弯较多
停车场	无	长远考虑需要停车场
供电状况	户户通电	基本满意，时有停电，高峰时段电压不足，电费较高

②给排水设施建设

表 4　普者黑村给排水设施建设

水源	主要是地下水，几乎每户都有水井，目前地下水已有污染状况
污水集中处理设施	无，生活污水一般直接排放，旅馆有化粪池
雨、污排放方向	河道、湖

③环卫设施建设

表 5　普者黑村环卫设施建设情况

是否有专人清运垃圾	有	垃圾处理方式	简易填埋
是否进行垃圾无害化处理	否	是否进行禽畜粪便无害化处理	否
是否有禽畜集中养殖区	无	已实现改厕户数	
垃圾站数量、位置	无		
公厕数量、位置	1　桥边		

（5）能源、资源利用状况调查

表 6　普者黑村能源、资源利用状况调查

主要使用到的能源	电能、水
使用到的可再生能源	太阳能热水器 农业废物燃料
主要使用燃料	煤气、煤、柴、电
水资源使用状况	因地下水充足，村民没有节水意识，不会循环用水，很多生活污水都是直接排放
沼气使用状况	没有沼气使用，原因是养殖等较少，没有足够原料

2. 普者黑村旅游发展状况调查及评价

表 7　普者黑村旅游发展状况调查评价

旅游经营户数及收入状况	约 20 户农家乐，年收入 10 万 ~20 万元，约 20 户商店，年收入约 5 万元
游客量最大的时间段	7~8 月
游客数量	较少
游客一般停留时间	一天
客房数	旺季供应不足，淡季空置过多
游客平均每次在当地花费	200~500 元
旅游收入增长面临的主要阻碍因素	提供的旅游项目少、单调

3. 普者黑村旅游景观评价

（四）落水洞村调查分析

（1）人口及用地状况

表1　落水洞村人口及用地调查

	村名	双龙营镇普者黑行政村落水洞村
地理交通区位	地形地貌	丘陵
	县级以上公路相邻	14km
	与最近中心城镇距离	23km
	村内主要道路	老街
	停车场状况	无停车场
人口	年末总户数	141户
	年末总人口	615人
	民族	彝族、汉族、苗族、壮族
	外出务工人口	10%~20%
用地	村域面积	
	耕地	1000亩左右
	人均建设用地	$120m^2$每户

（2）自然条件状况

海拔1465米，年平均气温16.20℃，年降水量1174.2毫米，近两年未有水灾，降水量较往年少，干旱。

（3）村庄经济产业状况调查

表2　落水洞村经济产业状况调查

村民职业主要构成	农民、外出打工者、学生
村民主要收入来源	农作物（玉米、水稻）经济作物（烤烟、辣椒）、外出打工、养殖
村民收入状况	人均2000元
阻碍村民经济收入增长因素	人均耕地少；缺少外来投资办厂；自身文化水平限制，缺乏专门技术；旅游管理对村民经营农家乐没有积极鼓励政策
旅游经济状况	未发展旅游，村庄旅游发展建设意向是生态农业型

（4）公共基础设施建设状况

①公共设施建设

表 3　落水洞村公共设施建设状况

单位名称	现状	村民意见
小学	附近村	学生上学距离较远，不放心
卫生所	附近村	较远，不方便
活动中心	有老年活动中心	活动中心面积不够，使用率较低
图书馆	无	需要介绍农业知识的书籍
运动场地	无	需要小广场、儿童游戏场地
商店	3 家	基本满意
市场	无	
寺庙	村内有	
道路	长 400m，宽 3~6m，水泥路面及沙子路面，无路灯	窄，路面不好，垃圾多，无路灯
停车场	有，村口闲置地	长远考虑需要规划停车场
供电状况	已完成电网改造，双龙营供电站供电	基本满意，电费较高

②给排水设施建设

表 4　落水洞村给排水设施建设状况

水源	主要是地下水，几乎每户都有水井
污水集中处理设施	无，生活污水一般直接排放，雨天村内道路有积水
雨、污排放方向	湖

③环卫设施建设

表 5　落水洞村环卫设施建设状况

<table>
<tr><td>是否有专人清运垃圾</td><td>有</td><td>垃圾处理方式</td><td colspan="2">堆放</td></tr>
<tr><td>是否进行垃圾无害化处理</td><td>否</td><td colspan="2">是否进行禽畜粪便无害化处理</td><td>否</td></tr>
<tr><td>是否有禽畜集中养殖区</td><td>无</td><td colspan="2">已实现改厕户数</td><td></td></tr>
<tr><td>垃圾站数量、位置</td><td colspan="4">无，垃圾箱少，没有合适摆放位置</td></tr>
<tr><td>公厕数量、位置</td><td colspan="4">无</td></tr>
</table>

（5）能源、资源利用状况

表6　落水洞村能源、资源利用状况

主要使用到的能源	电能、水、沼气
使用到的可再生能源	太阳能热水器
主要使用燃料	沼气、柴、电
水资源使用状况	因地下水充足，几乎每家有水井，村民没有循环用水
沼气使用状况	有6户沼气使用，村民使用意愿较高
太阳能使用状况	约60户使用

（五）村落测绘分析

1. 典型民居调查及测绘

（1）仙人洞村民居现状调查及测绘

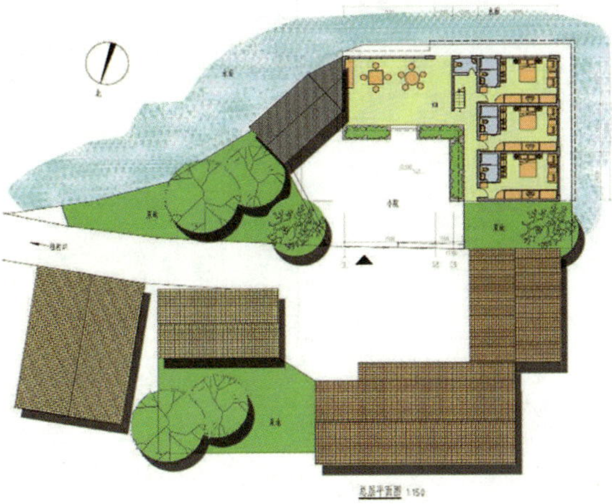

现状分析：

- 1.该户建筑临水而建，与水体并无作任何退让。
- 2.建筑高度超高。
- 3.建筑风貌与村落环境不协调，较怪异。

仙人洞村　清荷院 范家

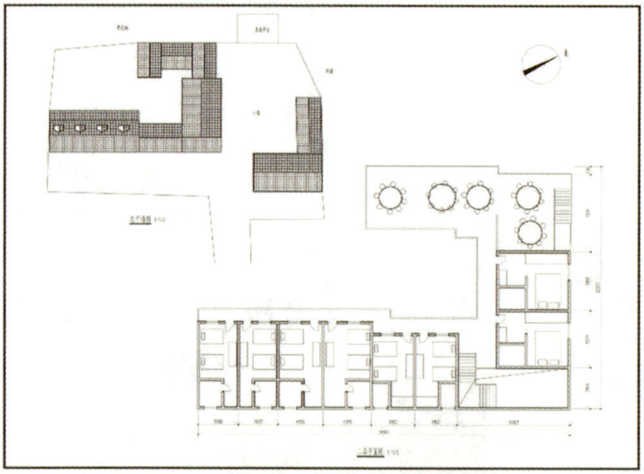

现状分析：

1.该户位于仙人洞村，是一栋通过整体规划设计的大型农家乐。

2.建筑风貌较好，绿化庭院组织得当，选址占据风景最佳处。

3.建筑群体未对水体进行退让。

0 1 2 5m

（2）普者黑村民居调查及测绘

普者黑 彝家饭店—冯尚志家

民居测绘图纸
Surveying and mapping

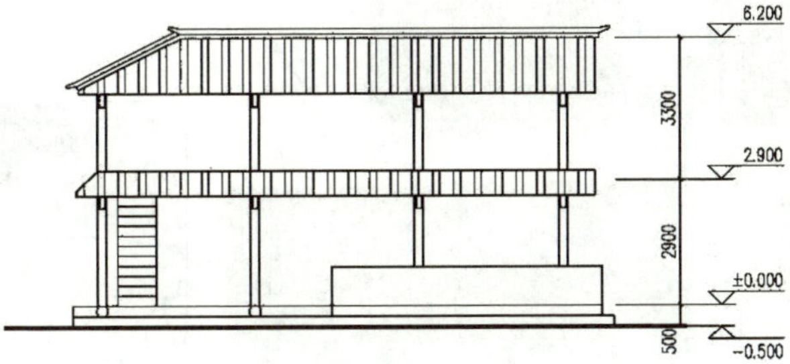

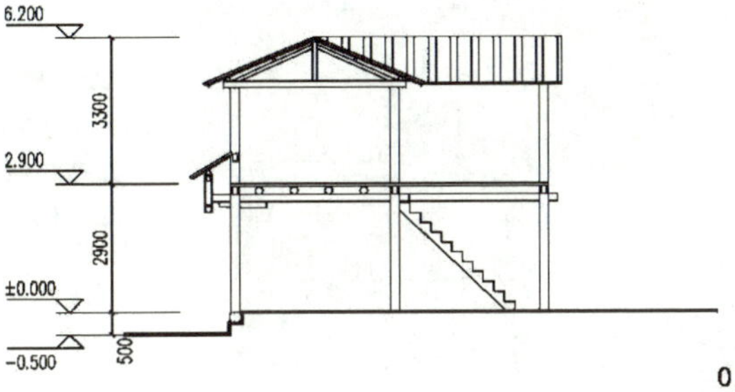

现状分析：

1. 临水临桥，区位优势明显。
2. 主要经营餐饮和住宿。
3. 厨房排污问题没有解决。
4. 紧邻湖岸，卫生和绿化不能得到妥善解决。

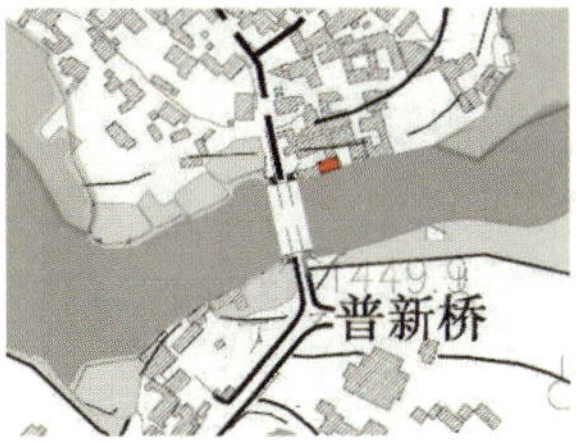

（3）落水洞村民居现状调查及测绘

落水洞村　徐兴权家

民居测绘图纸

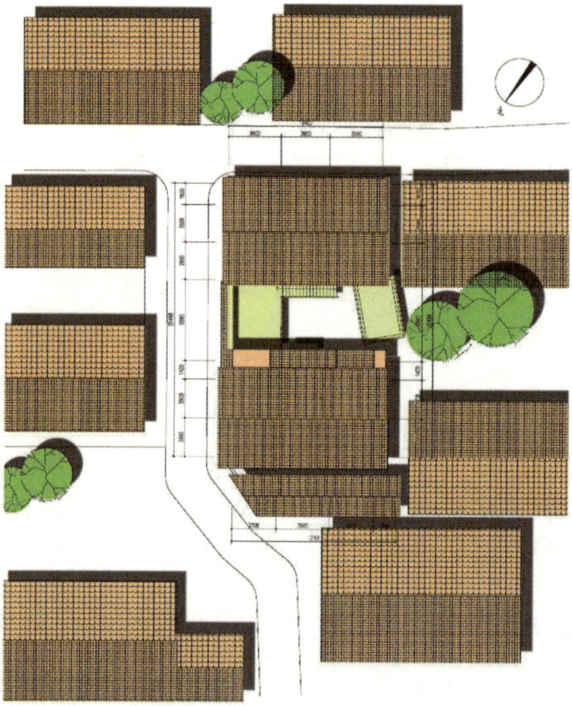

总层平面图 1:150

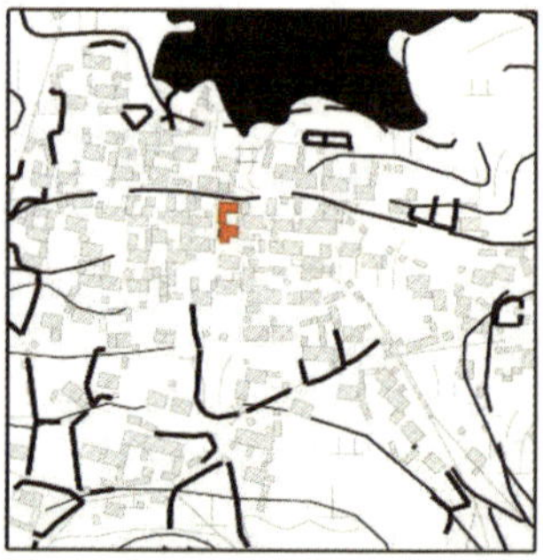

现状分析：

1.该户位于落水洞村，是一栋在原有传统民居的基础上加建组成的一建筑群体。
2.原有建筑风貌较好，新建部分尺度风格与村落整体环境相协调。
3.新建部分日后可作商店使用。

0 1 2　5m

现状分析：

1. 政府曾出资对此户做过改造，土坯墙换成了青砖墙，之后户主自己加建红砖房，并在沿街一面加建小卖部。
2. 青砖与红砖衔接生硬，与村落传统土坯风貌极不协调。

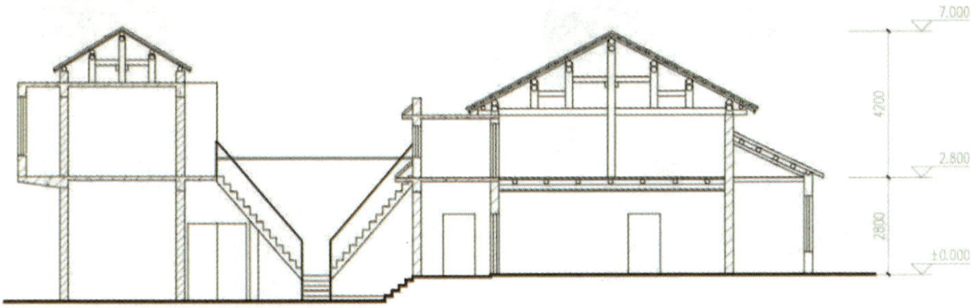

0 1 2 5m

1-1剖面图

2. 普者黑景区民居建构特点分析

一层透视

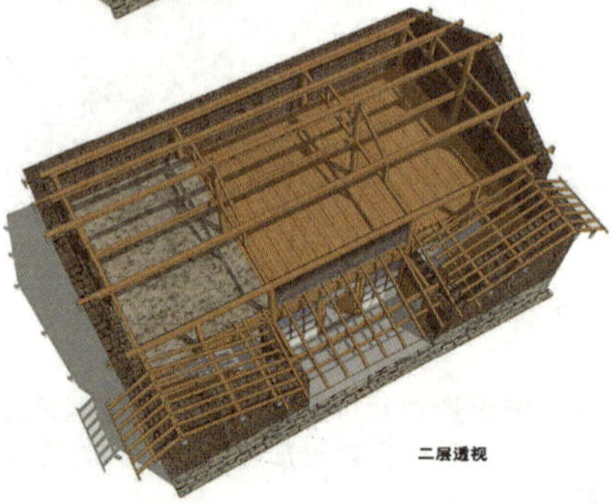

二层透视

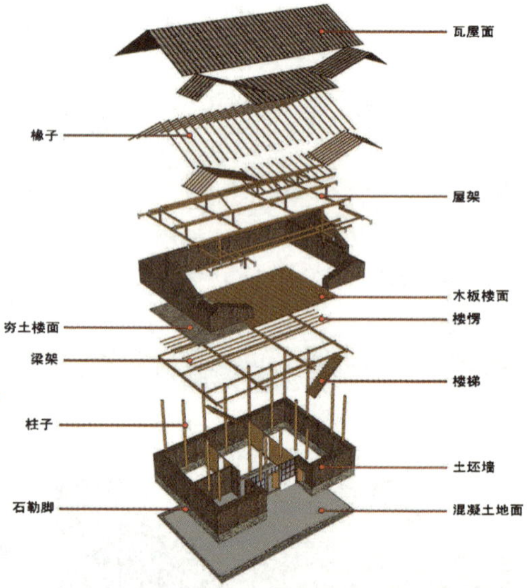

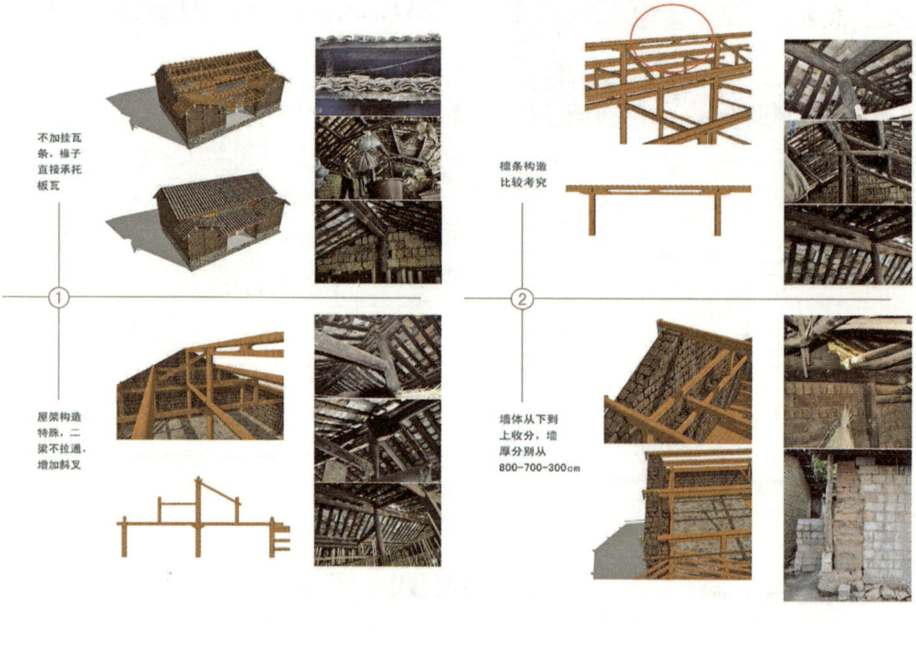

参考文献

［1］刘爱利，刘家明，刘敏．国外飞地旅游研究进展［J］．人文地理，2008（1）．

［2］田里，钟晖，杨懿．旅游景区孤岛效应基本理论研究［J］．思想战线，2016（4）．

［3］田里．旅游经济学［M］．北京：高等教育出版社，2006：298–300.

［4］毛彦斌．社区参与：可持续旅游发展的途径选择［J］．经济研究导刊，2008（10）：198.

［5］王俊平，许洪杰．基于旅游“飞地”视角下的古村落旅游开发——以广西贺州秀水状元村为例［J］．特区经济，2011（7）：157–158.

［6］宋伟河．社区旅游一体化的可持续发展之路——浅析“旅游飞地”现象及问题解决的途径选择［J］．科协论坛（下半月），2011（10）：189–190.

［7］陈友莲．“旅游飞地”对旅游扶贫绩效的影响及其防范［J］．市场论坛，2011（12）：39–40.

［8］曾雪玫．民族地区“飞地”型旅游城镇的建设途径——以香格里拉乡为例［J］．小城镇建设，2007（8）：96–98.

［9］王红宝．基于旅游文化孤岛现象的旅游体验质量提升研究［J］．产业与科技论坛，2013（3）：27–28.

［10］严婷．旅游房地产飞地经济现象的成因及影响研究——以广东省珠海市为例［J］．中国商贸，2013（18）：111–112.

［11］金方梅．贵州喀斯特地区孤岛文化及其旅游开发研究［D］．贵州师范大学，2004.

［12］邢冬梅，李悦铮．温泉飞地旅游开发研究——以熊岳海滨温泉为例［J］．北方经贸，2013（3）：145–147.

［13］唐继刚．乡村旅游“飞地化”的破解之道［J］．农村工作通讯，2012（20）：15–16.

［14］李海瑞．旅游度假区内的农民问题［J］．旅游学刊，1996（5）．

［15］刘家明．国内外海岛旅游开发研究［J］．华中师范大学学报，2000（3）．

［16］束晨阳．旅游度假区规划的思考［J］．中国园林，1996（12）．

［17］王莹，骆文斌．对我国旅游度假区建设与发展的再思考［J］．地域研究与开发，2002.

［18］文彤，单樑．旅游度假区飞地问题的规划解读——以佛山市南国桃园为例［J］．旅游论坛，2011（2）：40.

［19］Stephen G Britton.The political economy of tourism in the third world［J］. Annals of Tourism Research，1982（9）：331–357.

［20］Sassen S.The global city：New York，London，Tokyo［M］. Princeton University Press，1991：127–140.

［21］Robert A. Brltton.Making tourism more supportive of smill state development：the case of ST.Vincent［J］. Annals of Tourism Research，1997，4（5）：268–278.

［22］保继刚．不能把旅游区建成"飞地"［EB/OL］. 南海网——海南日报，2010 博鳌国际旅游论坛．

［23］Brian J.Shaw & Gareth Shaw.Sun and sales：enclave tourism and local entrepreneurship in Indonesia［J］. Curent Issues in Tourism，1999，2（1）：68–81.

［24］Dr.Mary Benbow's homepage EB\OL.http：//home.cc.umanitoba.ca/–benbow/newenclave.html.

［25］Tilman G. FreIETAg. Enclave tourism development：for whom the benefits［J］. Annals of Tourism Research.

［26］Robert A. Brltton.Making tourism more supportive of smill state development：the case of ST.Vincent［J］. Annals of Tourism Research，1997.

［27］N.Kontogeorgopoulos.Accommodation employment patterns and oppertunities［J］. Tourism Management，2005.26.

［28］Ralph Wahnschdfft.Formal and informal tourism sectors：a case study in Pattaya，Thiland［J］.

［29］Din K M.The involvement stage in the evohution of a tourist destination［J］. Tourism Recreational Research.

［30］Brian M.Kermath.Spatial dynamics of resorts：Sosu a，Dominican Repubiic［J］. Annals of Tourism Research.

［31］N.Kontogeorgopoulos.Accommodation employment patterns and oppertunities［J］. Tourism Management，2005.

［32］Joseph E. Mbaiwa.Enclave tourism and its cocio–economic impacts in the Okavango Denta，Botswana［J］. Tourism Management，2005.26：157–172.

［33］王维艳，林锦屏，李强等．泸沽湖摩梭母系文化"孤岛"及其文化生态透视——兼论泸沽湖摩梭母系文化的保护［J］．云南地理环境研究，2009（1）：18–23.

［34］刘益．欠发达地区旅游影响研究［M］．北京：科学出版社，2011.

［35］保继刚，楚义芳．旅游地理学［M］．北京：高等教育出版社，2012.

［36］谢彦君．基础旅游学［M］．北京：商务印书馆，2015.

［37］楚义芳．旅游空间经济分析［M］．西安：陕西人民出版社，1992.

［38］刘蕊，李江风，张恒等．层次分析法在三峡成库后孤岛旅游优先开发中的应用［J］．国土资源科技管理，2009（2）：74–78.

［39］汤榕．桂林：旅游信息从孤岛到共享［J］．中国经济和信息化，2014（5）：90–91.

［40］宋伟河．社区旅游一体化的可持续发展之路——浅析“旅游飞地”现象及问题解决的途径选择［J］．科协论坛（下半月），2011（10）：189–190.

［41］Peter W.Williams.Evaludting Environmental Impact and Physical Carrying Capactiy in Tourism.Travel，Tourism and HospIETAlity Research–A Handook For Management and Research.1989.

［42］杨桂华．旅游景区管理［M］．北京：科学出版社，2006.

［43］赵婷婷．旅游城市人文景观的可持续发展研究［D］．南京林业大学，2010.

［44］陆均良．让信息孤岛相连——谈旅游业的信息化服务现状与信息系统整合［J］．信息与电脑，2005（5）：21–24.

［45］王俊平，许洪杰．基于旅游“飞地”视角下的古村落旅游开发——以广西贺州秀水状元村为例［J］．特区经济，2011（7）：157–158.

［46］周元强．浅谈“文化飞地”廿八都古镇保护与旅游开发［N］．江南游报，2011–07–14（018）.

［47］杨宏伟．新疆绿洲城镇的孤岛效应研究［J］．城市发展研究，2012（7）：36–40.

［48］周元强．浅谈“文化飞地”廿八都古镇保护与旅游开发［N］．江南游报，2011–07–14（018）.

［49］许亦善．基于全球低碳经济发展的旅游飞地建设构想［J］．武夷学院学报，2010（4）：33–37.

［50］解学梅．都市圈城际技术创新“孤岛效应”机理研究［J］．科学学与科学技术管理，2010（10）：78–83.

［51］张红兵．试论公路建设与生态孤岛效应［J］．福建环境，2002（3）41–42.

［52］Hong Sun–kee. Landscape Ecology in Asian Cultures. Japan：Springer，2011.

［53］王波．我国飞地经济发展综评暨对江苏的启示［J］．江苏商论，2007（12）：3–5.

［54］王先锋．“飞地”型城镇研究：一个新的理论框架［J］．农业经济问题，2003（12）：21–31，80.

［55］张德明．文化飞地的空间表征［J］．杭州师范大学学报（社会科学版），2012（6）22–26.

［56］邹雁．广府文化中心地广州的客家飞地［J］．华南理工大学学报（社会科学版），2015（4）：52–57.

［57］黄杏元．GIS 理论的发展［J］．现代测绘，2010（4）：3–7.

[58] 刘颂，许世远 . GIS 在旅游管理和开发中的应用 [J]. 曲阜师范大学学报（自然科学版），2000（2）：91–93.

[59] 张君 . 基于 GIS 的陕西区域旅游资源群开发潜力研究 [J]. 旅游学刊，2007（4）：25–29.

[60] 苗红，张敏 . 基于 GIS 缓冲区分析的西北民族地区"非遗"旅游资源空间结构研究 [J]. 干旱区资源与环境，2014（4）：179–186.

[61] 何瑛 . 旅游线路设计中 GIS 应用的实证研究——以天水市旅游线路通达度分析为例 [J]. 西北师范大学学报（自然科学版），2014（5）：106–109，14.

[62] 马彩虹 . 基于 GIS 的旅游线路设计及其可视化表达——以汉中市为例 [J]. 陕西理工学院学报（自然科学版），2012（1）：73–78.

[63] 杨俭波，黄耀丽，徐颂等 . Web Service/Web GIS 在突发性旅游灾害事件应急预警信息系统中的应用 [J]. 人文地理，2006（4）：79–84.

[64] 王忠，赵黎明，刘慧媛 . 基于 GIS 的旅游景区灾害管理系统研究 [J]. 干旱区资源与环境，2010（7）：196–200.

[65] 崔功豪，魏清泉，陈宗兴 . 区域分析与规划 [M]. 北京：高等教育出版社，1999.

[66] 陆大道 . 区域发展及其空间结构 [M]. 北京：科学出版社，1995.

[67] FriedmannJ R..Regional development policy：a case of Venezuela [M]. Cambridge：MIT Press.1966.

[68] Miossec J M.Elements pour une Theoris Escape Touristique，Les Cahiers Du Tourism.

[69] Hills T L & Lundgren J.The impacts of tourism in the Caribean，A methedologocal study.Annals of Tourism Research.1977.

[70] Smith.V.Anthropology and Tourism–A science–Industry Evaluation [J]. Annals of Tourism Research.1980：13–33.

[71] 保继刚，钟新民，刘德龄 . 发展中国家规划与管理 [M]. 北京：中国旅游出版社，2003.

[72] 邬建国 . 景观生态学——格局、过程、尺度与等级 [M]. 北京：高等教育出版社，2014.

[73] 俞孔坚，李迪华，刘海龙 ."反规划"途径 [M]. 北京：中国建筑出版社，2005.

[74] 周永博，沙润，杨燕等 . 旅游景观意象评价——周庄与乌镇的比较研究 [J]. 地理研究，2011，2：359–371.

[75] 张文 . 旅游影响——理论与实践 [M]. 北京：社会科学文献出版社，2007.

[76] 王子新，王玉成，邢慧斌 . 旅游影响研究进展 [J]. 旅游学刊，2005（2）：90–95.

[77] Burns，P.M.（1999），An Introduction to Tourism & Anthropology，London and

New York：Routledge，P29.

［78］左冰．中国旅游产出乘数及就业乘数的初步测算［J］．云南财贸学院学报，2002（6）：30–34.

［79］李作志，王尔大．旅游卫星账户的模型研究——以大连旅游业为例［J］．旅游学刊，2010（11）：26–33.

［80］乔玮．用投入产出模型分析旅游对上海经济的影响［J］．经济地理，2006（S2）：63–66，86.

［81］戴林琳，盖世杰．节事旅游对乡村聚落影响的居民感知差异研究——以京郊江水河村和长哨营村为例［J］．人文地理，2011（4）：109–114.

［82］张文．审视阳朔旅游的发展：社会文化影响的调查与比较［J］．旅游学刊，2003，18（5）：15–20.

［83］Ap，Crompton J. Respondents'strategies for responding to tourism impacts. Journal of Travel Research，1993，32（1）：47—50.

［84］P.Wathern. An Introductory Guide to EIA. Enviromental Impact Assessment：Theory and Practice.Unwin Hyman Press，1988.

［85］陈娟．云南省香格里拉普达措国家公园生态旅游环境承载力研究［J］. 林业经济，2014（3）.

［86］杨桂华，李鹏．旅游生态足迹：测度旅游可持续发展的新方法［J］．生态学报，2005（6）：1475–1480.

［87］陈志永，李乐京，梁涛．利益相关者理论视角下的乡村旅游发展模式研究——以贵州天龙屯堡“四位一体”的乡村旅游模式为例［J］．经济问题探索，2008（7）：106–114.

［88］刘晖．导游服务质量问题的根源分析与对策研究——基于利益相关者理论和游客感知视角［J］．旅游学刊，2009（1）：37–41.

［89］左冰，保继刚．从“社区参与”走向“社区增权”——西方“旅游增权”理论研究述评［J］．旅游学刊，2008（4）：58–63.

［90］熊元斌，蒋昕．旅游业可持续发展的路径依赖及其创新选择［J］．商业经济与管理，2011（2）：92–97.

［91］杨桂华．生态旅游可持续发展四维目标模式探析［J］．人文地理，2005（5）：80–83.

［92］张帆．“负责任旅游”概念的起源与发展［J］．旅游科学，2006（6）：9–14.

［93］魏敏．基于低碳经济视角的绿色旅游发展模式研究［J］．经济管理，2011，2：102–108.

［94］吕华鲜，程道品．基于“飞地”理论的桂林国家旅游综合改革试验区建设研究［J］．城市发展研究，2010，（07）：127–130.

[95] 于京玄 . 别让西安旅游“飞地”化 [N] . 西安日报，2010-11-27 (002) .

[96] Cevat Tosun (2000) . Limits to Community Participation in the Tourism Development Process in Developing Contries [J] . Tourism Management,（6）.

[97] 赵红梅 . 旅游业中的文化商品化与文化真实性 [J] . 云南师范大学学报，2003 (5) .

[98] 厉新建，可妍 . 国外旅游就业研究综述 [J] . 北京第二外国语学院学报，2006 (1)：32-37.

[99] 唐德彪 . 民族旅游业收益分配的公平性研究 [J] . 桂林旅游高等专科学校学报，2002 (4)：56-58.

[100] 刘相军，杨桂华 . 传统文化视角下的社区参与旅游收益分配制度变迁机理研究——以梅里雪山雨崩藏族村为例 [J] . 旅游论坛，2009 (3)：366-369.

[101] 吴必虎，余清 . 生态博物馆：一种民族文化持续旅游发展模式 [J] . 人文地理，2001 (6) .

[102] 王德刚 . 民俗旅游开发模式研究——基于实践的民俗资源开发利用模式探讨 [J] . 民俗研究，2003 (1)：51-58.

[103] 王德刚 . 表演场迁移——台湾布农族原住民文化旅游化传承的人类学思考 [J] . 民俗研究，2012 (3)：108-111.

[104] 俞孔坚，李迪华 . 城市景观之路——与市长们交流 [M] . 北京：中国建筑工业出版社，2003.

[105] 齐康 . 城市环境规划设计与方法 [M] . 北京：中国建筑工业出版社，1997.

[106] 俞孔坚，李迪华，韩西丽 . 论“反规划” [J] . 城市规划，2005 (9)：64-69.

[107] 邱强 .“反规划”理念在山地城市空间拓展中的应用——以重庆都市区规划为例 [J] . 规划师，2006 (4)：26-29.

[108] 李潮 . 基于“反规划”途径进行城市生态建设——以西宁市湟水河为例 [J] . 价值工程，2015 (20) 234-236.

[109] 俞孔坚，李迪华，刘海龙等 . 基于生态基础设施的城市空间发展格局——“反规划”之台州案例 [J] . 城市规划，2005 (9)：76-80，97-98.

[110] 黄万鹏，方仁 . 区域“旅游反规划”初探 [J] . 桂林旅游高等专科学校学报，2007 (5)：682-685.

[111] 张文香 . 黄金海岸旅游度假区空间形态研究——“反规划”理论的应用 [J] . 中国环境管理干部学院学报，2008 (3)：47-48，65.

[112] 叶舒娟，杨效忠 . 罗世俊 . 基于“反规划”视角的乡村旅游规划新途径探析 [J] . 资源开发与市场，2009 (1)：77-79.

[113] 唐建兵 .“反规划”理论视域下的森林公园旅游规划探讨——以自贡市飞龙峡森林公园旅游规划为例 [J] . 林业资源管理，2014 (2)：26-30，34.

［114］全国旅游标准技术委员会．旅游规划通则 GB/T 18971-2003［S］．北京：中国标准出版社，2003.

［115］汪明林，陈睿智．基于景观生态学理论下的生态旅游线路规划设计——以峨眉山为例［J］．北京第二外国语学院学报，2005（3）：91-95.

［116］邱彭华．旅游地景观生态规划与设计研究［D］．福建师范大学，2003.

［117］胡忠行．城市景观空间格局及景观生态规划与设计研究［D］．福建师范大学，2003.

［118］巫丽芸．区域景观生态风险评价及生态风险管理研究［D］．福建师范大学，2004.

［119］赵婷婷．旅游城市人文景观的可持续发展研究［D］．南京林业大学，2010.

［120］钟晖．三态同构・元阳哈尼村寨构筑的生态观［D］．昆明理工大学，2011.

［121］郑媛媛．国内旅游影响因素分析与模型评估［J］．成都电子机械高等专科学校学报，2005（2）：63-68.

［122］廖嵘，李春秀．脆弱生态地区水资源利用与旅游开发规划——以长流水流域为例［J］．中国水利，2005（13）：142-145.

［123］钟士恩，任黎秀，欧阳怀龙．世界遗产地庐山“圈层飞地”型旅游客源市场空间结构研究［J］．地理与地理信息科学，2007（4）：76-80.

［124］许亦善．基于全球低碳经济发展的旅游飞地建设构想［J］．武夷学院学报，2010（4）：33-37.

［125］张健华，余建辉．旅游景区游客环境影响分析及其调控［J］．北京第二外国语学院学报，2006（1）：95-98.

［126］刘佳雪，沙润，周年兴．南京江心洲旅游景观健康评价［J］．地理研究，2010（4）：748-756.

［127］陈岗，黄震方．旅游景观形成与演变机制的符号学解释——兼议符号学视角下的旅游城市化与旅游商业化现象［J］．人文地理，2010（5）：124-127.

［128］周永博．文化遗产旅游景观意象结构性评价与信息化传播［D］．南京师范大学，2011.

［129］王瑗．流域尺度景观格局时空演变与生态系统健康评价研究［D］．东北师范大学，2012.

［130］李刚．现代旅游景观设计中吉祥符号文化传达研究［D］．浙江工商大学，2014.

［131］徐开源．基于旅游生态学的沈阳卧龙湖景观调查及优化策略研究［D］．哈尔滨工业大学，2013.

［132］代琦．旅游景观规划设计概念及方法初探［D］．重庆师范大学，2004.

［133］尹乐．城市旅游景观视觉形象分析与评价研究［D］．安徽师范大学，2007.

［134］周文丽．国内外旅游对经济增长影响研究综述［J］．经济地理，2011（8）：

1402–1408.

［135］王艳．影视剧对其外景地旅游形象的影响研究［D］．广西大学，2007.

［136］奚宁泉．GIS 与 RS 技术支持下新津县域旅游景观生态系统格局优化研究［D］．四川农业大学，2012.

［137］侯翠荣，宋波，王冲．旅游度假区的景观生态格局分析及优化［J］．山东环境，2000（6）：21–22.

［138］张红菊．基于旅游循环经济理念的旅游资源非优景区发展研究［D］．河北师范大学，2010.

［139］毛剑梅．旅游产业集群的理论分析及实证研究［D］．云南师范大学，2007.

［140］白海霞．西南喀斯特旅游景观开发的空间组织研究［D］．云南师范大学，2009.

［141］代慧甫．社区参与旅游发展的利益保障体系研究［D］．云南师范大学，2009.

［142］舒小林．发展旅游循环经济的初步研究［D］．云南师范大学，2007.

［143］杨敏．旅游区发展循环经济的政策支持体系构建研究［D］．云南师范大学，2009.

［144］吴应香．少数民族社区参与旅游扶贫研究［D］．云南大学，2010.

［145］马创．旅游投资及旅游投资扶贫效应研究［D］．云南师范大学，2005.

［146］龚艳．景区循环型旅游的初步研究［D］．湖南师范大学，2005.

［147］邱膑扬．基于旅游循环经济理念的生态旅游区运行研究［D］．云南师范大学，2006.

［148］高月靖．云南省普者黑风景区旅游开发生态补偿机制研究［D］．云南师范大学，2014.

［149］李亮亮，李亚，王辉．普者黑景区生命周期研究［J］．淮海工学院学报（自然科学版），2015（3）：72–77.

［150］张金凤．普者黑旅游活动对水体质量的影响研究［J］．邢台学院学报，2011（3）：59–61.

［151］高正文，于德永，付晓．云南省普者黑循环经济型旅游业景观生态规划［J］．生态经济，2008（9）：103–106.

［152］李松志，李源，陈烈等．基于旅游调控规划的湖泊旅游环境评价研究——以云南高原湖泊为例［J］．人文地理，2005（4）：69–73，8.

［153］孙春华．山地风景区旅游环境承载力及其调控系统研究［D］．山东师范大学，2002.

［154］李源．云南主要湖泊旅游环境效应及调控初探［D］．云南师范大学，2002.

［155］张健华，余建辉．旅游景区游客环境影响分析及其调控［J］．北京第二外国语学院学报，2006（1）：95–98.

［156］余中元．国际旅游岛建设旅游用地生态效应调控机制研究［J］．生态经济，

2012（1）：166–170.

［157］王凯，黎梦娜，欧艳等．区域旅游发展中的行政冲突及调控机制——以张家界为例［J］．热带地理，2011（6）：616–622.

［158］张秀明．临朐县黑松林旅游度假区旅游环境容量及调控措施研究［D］．山东农业大学，2013.

［159］谢春山．旅游产业的区域效应研究［D］．东北师范大学，2009.

［160］钟晖，田里．旅游孤岛生态效应测度及调控研究［J］．生态经济，2017（6）.

［161］李亚，任敬，赵福祥．云南喀斯特洞穴型旅游目的地生命周期调控机制研究［J］．云南地理环境研究，2003（4）：26–3.

［162］唐凡茗．旅游开发对民俗文化影响的预测与调控［J］．桂林旅游高等专科学校学报，2004（3）：54–57.

［163］侯兵，黄震方，徐海军．乡村旅游地的城市化效应及调控对策——基于旅游影响的分析视角［J］．商业经济与管理，2010（9）：71–78.

［164］曹新向，丁圣彦，张明亮．探析自然保护区旅游开发的景观生态调控［J］．生态经济，2002（12）：57–59，62.

［165］王树馨，俞孔坚．旅游城市景观应该“反规划”［J］．旅游时代，2007（6）：26–29.

［166］胡剑双，戴菲．中国绿道研究进展［J］．中国园林，2010（12）：88–93.

［167］李晓利．俞孔坚生态主义景观设计研究［D］．山西农业大学，2014.

［168］曹静娜．绿色基础设施规划与实施研究［D］．重庆大学，2013.

［169］杨彦锋．旅游景区自然景观的保护与调控机制研究［D］．云南师范大学，2004.

［170］秦趣，冯维波，代稳等．我国城市生态基础设施研究进展与展望［J］．重庆师范大学学报（自然科学版），2014（5）：138–149.

［171］俞孔坚，李迪华，刘海龙等．基于生态基础设施的城市空间发展格局——“反规划”之台州案例［J］．城市规划，2005（9）：76–80，97–98.

［172］俞孔坚．设计生态学：俞孔坚的景观［J］．中华建设，2013（6）：51.

［173］俞孔坚．景观敏感度与阈值评价研究［J］．地理研究，1991（2）：38–51.

［174］Casu Daniela，Ceccherelli Giulia，Curini–Galletti Marco，Castelli Alberto. Human exclusion from rocky shores in a mediterranean marine protected area（MPA）：an opportunity to investigate the effects of trampling.［J］. Marine Environmental Research，2006，62（1）.

［175］Deyà Tortella Bartolomé，Tirado Dolores. Hotel water consumption at a seasonal mass tourist destination. The case of the island of Mallorca.［J］. Journal of Environmental Management，2011，92（10）.

［176］Perea–Milla Emilio，Pons Sergi Mari，Rivas–Ruiz Francisco，Gallofre Anna，Jurado Enrique Navarro，Ales Marco A Navarro，Jimenez–Puente Alberto，Fernandez–Nieto

Fidel, Cerda Joan C March, Carrasco Manuel, Martin Lydia, Cano Damian Lopez, Gutierrez Gonzalo E, Macías Rafael Cortes, Garcia–Ruiz Jose A. Estimation of the real population and its impact on the utilisation of healthcare services in Mediterranean resort regions: an ecological study. [J]. BMC Health Services Research, 2007, 7.

[177] Perea–Milla Emilio, Pons Sergi, Rivas–Ruiz Francisco, Gallofre Anna, Jurado Enrique, Ales Marco, Jimenez–Puente Alberto, Fernandez–Nieto Fidel, Cerda Joan, Carrasco Manuel, Martin Lydia, Cano Damian, Gutierrez Gonzalo , Macías Rafael, Garcia–Ruiz Jose. Estimation of the real population and its impact on the utilisation of healthcare services in Mediterranean resort regions: an ecological study [J]. BMC Health Services Research, 2007, 7 (1) .

[178] Bartolomé Deyà - Tortella, Celso Garcia, William Nilsson, Dolores Tirado. The effect of the water tariff structures on the water consumption in Mallorcan hotels [J]. Water Resour. Res., 2016, 52 (8) .

[179] Bartolomé Deya–Tortella, Celso Garcia, William Nilsson, Dolores Tirado. The effect of the water tariff structures on the water consumption in Mallorcan hotels [J]. Water Resources Research, 2016, 52 (8) .

[180] S. Neelamani, L. Al–Awadi, F. Al–Shatti, M. Al–Khaldi, Mashael Abdullah, Mustafa Hussain. Extreme Wind and Gust Speed at the Territorial Waters of Kuwait, Arabian Gulf [J]. Wind Engineering, 2014, 38 (1) .

[181] Xiong Ying, Fei Hu Chen, Peng Feng. The Enlightenment of the Planning Modes of Foreign Resort Island for Island Resort's Planning in Zhejiang Province [J]. Applied Mechanics and Materials, 2013, 2546 (357) .

[182] Kevin D. Henry, Nathan J. Wood, Tim G. Frazier. Influence of road network and population demand assumptions in evacuation modeling for distant tsunamis [J]. Natural Hazards, 2017, 85 (3) .

[183] Ismail Othman, Abdul Aziz Ab. Latif, Hamzah Omar. Market orientation practices among small and medium hotels (SMHS) in tourist destination island of Langkawi [J]. Asia Pacific Journal of Tourism Research, 2001, 6 (2) .

[184] Konstantinos Andriotis. Tourism in Crete: A Form of Modernisation [J]. Current Issues in Tourism, 2003, 6 (1) .

[185] Erin Heeney. Connection and understanding: the basis of a positive mutual gaze between residents of a small island developing state and a community of multinational ocean cruisers [J]. World Leisure Journal, 2015, 57 (2) .

[186] Douglas Mark Ponton, Vincenzo Asero. The Montalbano effect: re–branding Sicily as a tourist destination ? [J]. On the Horizon, 2015, 23 (4) .

[187] Brittain A W. Cohort size and migration in a West Indian population. [J]. The International migration review，1990，24 (4) .

[188] Daniel Edison Husana，Tomohiko Kikuchi. Concealed Environmental Threat in the Coastal Region Requires Persistent Attention：The Panglao Island，Philippines Example [J]. Journal of Environmental Protection，2013，4 (10) .

[189] Gordon Waitt，Kevin Markwell. Gay Tourism [M].Taylor and Francis：2006.

[190] 赵丹 . 社区参与：破解海南旅游“孤岛现象”的途径选择 [J] . 中国市场，2016 (51)：190–191，201.

[191] 蒙耀远 . 守垴：构筑岜沙文化孤岛的情感基础 [J] . 铜仁学院学报，2016 (6)：33–36.

[192] 赵斌，谢峰 . 完善构建黔东北民族文化产业体系 [J] . 中外企业家，2016 (32)：24–26.

[193] 熊姗姗 . 乡村旅游开发中农业景观廊道网络的构建初探 [A] . 中国城市规划学会、沈阳市人民政府 . 规划 60 年：成就与挑战——2016 中国城市规划年会论文集 (15 乡村规划) [C] . 中国城市规划学会、沈阳市人民政府，2016：12.

[194] 刘亭君 . 对解决我国乡村旅游中飞地化现象模式的思考 [J] . 科协论坛 (下半月)，2007 (6)：75–76.

[195] 吕华鲜，程道品 . 基于“飞地”理论的桂林国家旅游综合改革试验区建设研究 [J] . 城市发展研究，2010 (7)：127–130.

[196] 李萍 . 基于 WebService 的数据共享交换平台的设计与实现 [J] . 计算机时代，2016 (7)：34–37，41.

[197] 卜玉江 . 扬州智慧城市建设中的问题与对策研究 [D] . 扬州大学，2016.

[198] 钟晖 . 旅游景区孤岛效应测度及逆变机理研究 [D] . 云南大学，2016.

[199] 姚丹丹 . 面向旅游安全的地质灾害数据协同服务技术架构研究 [D] . 成都理工大学，2016.

[200] P.Wathern. An Introductory Guide to EIA. Enviromental Impact Assessment：Theory and Practice.Unwin Hyman Press，1988.

[201] 王梅，角媛梅，华红莲等 . 红河哈尼梯田遗产区居民旅游影响感知和态度的村寨差异 [J] . 旅游科学，2016 (3)：69–79.

[202] 贾衍菊，王德刚 . 社区居民旅游影响感知和态度的动态变化 [J] . 旅游学刊，2015 (5)：65–73.

[203] 刘静艳，王雅君，施琼 . 旅游经济收益及旅游影响感知对社区居民环保意向的影响研究 [J] . 旅游科学，2014 (3)：10–21.

[204] 孙九霞，苏静 . 旅游影响下传统社区空间变迁的理论探讨——基于空间生产理论的反思 [J] . 旅游学刊，2014 (5)：78–86.

［205］李宜聪，张捷，刘泽华等．目的地居民对旅游影响感知的结构关系——以世界自然遗产三清山为例［J］．地理科学进展，2014（4）：584–592.

［206］胡林．目的地居民对旅游影响感知的实证研究［J］．企业经济，2013（2）：118–121.

［207］卢小丽．居民旅游影响感知、态度与参与行为研究［J］．科研管理，2012（10）：138–144.

［208］周纯．基于社会交换理论的居民个体利益与旅游影响感知关系实证研究［D］．复旦大学，2012.

［209］张娟娟．少数民族社区居民旅游影响认知研究［D］．陕西师范大学，2012.

［210］卢松，杨兴柱，唐文跃．城市居民对大型主题公园旅游影响的感知与态度——以芜湖市方特欢乐世界为例［J］．旅游学刊，2011（8）：45–52.

［211］程绍文，张捷，徐菲菲等．自然旅游地社区居民旅游发展期望与旅游影响感知对其旅游态度的影响——对中国九寨沟和英国NF国家公园的比较研究［J］．地理研究，2010（12）：2179–2188.

［212］王忠福，张利．旅游地居民旅游影响感知及影响因素研究综述［J］．经济地理，2010（9）：1563–1568+1579.

［213］王素洁，RichHarrill. 目的地居民对旅游影响的评价研究——来自山东省的实证检验［J］．旅游科学，2009（2）：25–30.

［214］卢松，张捷，李东和等．旅游地居民对旅游影响感知和态度的比较——以西递景区与九寨沟景区为例［J］．地理学报，2008（6）：646–656.

［215］张文，何桂培．我国旅游目的地居民对旅游影响感知的实证调查与分析［J］．旅游学刊，2008（2）：72–79.

［216］肖佑兴．旅游影响的因子体系及生成机制——以丽江为例［J］．人文地理，2007（6）：98–104.

［217］李东和，张捷，赵玉宗等．基于旅游地居民感知和态度的旅游影响空间分异研究——以安徽省三河镇为例［J］．地理科学，2007（4）：602–608.

［218］万辉．旅游目的地居民旅游影响的态度研究［D］．四川大学，2007.

［219］肖佑兴．旅游影响调适系统研究［J］．地理与地理信息科学，2006（5）：81–85.

［220］郑媛媛．国内旅游影响因素分析与模型评估［J］．成都电子机械高等专科学校学报，2005（2）：63–68.

［221］曾雪玫．民族地区“飞地”型旅游城镇的建设途径——以香格里拉乡为例［J］．小城镇建设，2007（8）：96–98.

［222］周灿．“旅游＋扶贫”让丘北县仙人洞村富起来［J］．云南农业，2016（10）：20–21.

［223］马丽君，郭留留，吴志才．“爸爸去哪儿”对拍摄地旅游发展的影响——基于游客网络关注度的分析［J］．旅游科学，2016（3）：57–68.

［224］刘晓鹰，杨建翠．欠发达地区旅游推进型城镇化对增长极理论的贡献——民族地区候鸟型“飞地”性旅游推进型城镇化模式探索［J］．西南民族大学学报（人文社科版），2005（4）：114–117.

［225］李亚，陈伟康．贫困喀斯特地区旅游发展研究——以云南丘北县普者黑景区为例［J］．云南地理环境研究，2016（1）：67–72.

［226］李亮亮，李亚，王辉．普者黑景区生命周期研究［J］．淮海工学院学报（自然科学版），2015（3）：72–77.

［227］金露．电视节目对旅游目的地发展的影响研究——以亲子类节目《爸爸去哪儿》为例［J］．中国广播电视学刊，2015（7）：120–122.

［228］陈伟康，李亚．普者黑景区农业景观开发研究［J］．安徽农业科学，2015（13）：137–139+327.

［229］张怡．喀斯特景区农业景观资源开发与保护研究［D］．云南师范大学，2015.

［230］吴素云，李亚．普者黑湿地生态旅游资源开发探析［J］．北方经贸，2015（3）：200–201.

［231］凌花．旅游形象屏蔽视角下的边疆民族旅游地去边缘化研究［D］．云南财经大学，2014.

［232］高月靖．云南省普者黑风景区旅游开发生态补偿机制研究［D］．云南师范大学，2014.

［233］陈笑音．旅游小镇滨水空间设计研究［D］．昆明理工大学，2014.

［234］王琦．基于生态脆弱性评价的旅游区产业生态化管理研究［D］．云南师范大学，2014.

［235］罗群，左俊辉．普者黑旅游景区承载力研究［J］．企业导报，2013（15）：119–121.

［236］骆怡．民族旅游小镇商业建筑及景观风貌设计研究［D］．昆明理工大学，2013.

［237］汤国荣．旅游对乡村聚落景观影响的居民感知研究［D］．上海师范大学，2013.

［238］丁彦砚．旅游开发中农村集体土地流转研究［D］．云南财经大学，2012.

［239］桑彬彬，谯丹，邓永进．旅游循环经济系统运行研究——以云南普者黑旅游休闲度假基地为例［J］．企业导报，2012（4）：90–91.

［240］张金凤．旅游活动对普者黑景区水环境的影响分析［J］．唐山学院学报，2011（3）：37–39.

［241］阎雯雯．基于旅游循环经济下的乡村景观规划设计研究［D］．昆明理工大学，2011.

［242］伍晓阳．普者黑：彝家人念起“生态旅游经”［N］．中国民族报，2010–07–30

（001）.

［243］马铭嘉 . 云南普者黑岩溶地貌特征及旅游地质资源开发［D］. 昆明理工大学，2010.

［244］谯丹 . 普者黑旅游产品转型升级研究［D］. 云南大学，2010.

［245］张金凤 . 论金融危机背景下的新农村建设——以普者黑乡村旅游为例［J］. 中国高新技术企业，2010（9）：76–78.

［246］舒小林，明庆忠 . 旅游循环经济发展指标体系研究［J］. 云南地理环境研究，2009（4）：25–30，36.

［247］代慧甫 . 社区参与旅游发展的利益保障体系研究［D］. 云南师范大学，2009.

［248］高正文，于德永，付晓 . 云南省普者黑循环经济型旅游业景观生态规划［J］. 生态经济，2008（9）：103–106.

［249］李琼，明庆忠，李庆雷 . 普者黑旅游区生态型旅游产业集群发展战略［J］. 西南林学院学报，2008（4）：153–157.

［250］李庆雷，明庆忠 . 旅游循环经济运行的基本模式［J］. 社会科学家，2007（5）：130–132.

［251］荣莉 . 旅游场域中的“表演现代性”——云南省丘北县仙人洞村旅游表演的人类学分析［J］. 云南社会科学，2007（5）：41–44.

［252］查纯涛 . 旅游景区管理中的财产侵权类型及内控管理对策［J］. 经营管理者，2017（2）：315.

［253］董续忠，赵丹，秦田田 . 中国旅游景区管理体制文献研究综述［J］. 旅游纵览（下半月），2016（10）：39–40.

［254］董文亚 . 对完善旅游景区管理体制的思考［J］. 旅游纵览（下半月），2016（10）：29.

［255］张敏 . 不同类型旅游景区管理模式的对比分析［J］. 现代经济信息，2016（18）：343.

［256］徐俊波，李金荣，郭勇强等 . 长白山旅游景区管理问题研究［J］. 经营管理者，2016（25）：135.

［257］胡珊珊 . 我国旅游景区管理存在的问题及发展对策［J］. 品牌（下半月），2015（8）：6–8.

［258］刘婷 . 基于天河潭旅游景区实证分析的旅游景区管理体制研究［J］. 中国市场，2015（35）：216–218.

［259］谢姗 . 生态旅游景区管理存在的问题及对策［J］. 中国管理信息化，2014（15）：82–83.

［260］李梦 . 我国旅游景区前台管理信息化评价研究［D］. 西北大学，2014.

［261］张东燕 . 试论循环经济模式在旅游景区管理中的应用［J］. 延安职业技术学院

学报，2014（2）：9–10，13.

［262］王晓旭．峨眉山旅游景区管理部门公共服务供给的公众满意度调查研究［D］．电子科技大学，2014.

［263］李志勇．低碳经济视角下旅游服务效率评价方法［J］．旅游学刊，2013（10）：71–80.

［264］李志勇，张成．旅游景区管理与服务测评体系构建与实证检验［J］．统计与决策，2013（12）：63–66.

［265］汤国荣．旅游对乡村聚落景观影响的居民感知研究［D］．上海师范大学，2013.

［266］刘荆洪．海南生态旅游景区管理的建议［N］．中国旅游报，2012–11–19（007）.

［267］安栋．不同类型旅游景区管理模式的比较与分析［J］．山西科技，2012（3）：18–20，22.

［268］张玲．基于可持续发展的生态旅游景区管理研究［D］．青岛大学，2012.

［269］刘宇青．中外遗产型旅游景区管理模式比较研究及启示［J］．安徽农业科学，2012（5）：2836–2837+2853.

［270］谭斯亮．张家界国家森林公园管理问题及对策研究［D］．国防科学技术大学，2011.

［271］唐慧．基于社区参与的乡村旅游景区管理模式研究——以农业生态园为例［J］．安徽农业科学，2011（9）：5403，5407.

［272］李新君，林燕春，廖铅生等．武功山生态旅游景区管理模式探讨［J］．湖北农业科学，2010（12）：3264–3267.

［273］刘勤．论公共管理中的社区参与：以旅游景区开发与管理为例［D］．华中师范大学，2010.

［274］张洪双．基于利益相关者理论的黑龙江省农村旅游景区管理研究［J］．经济研究导刊，2010（23）：117–118.

［275］高栓成，石培基．我国旅游景区管理体制改革的战略思考［J］．中国商贸，2010（6）：115–116.

［276］郭进辉．《旅游景区管理》多元化教学模式探讨［J］．武夷学院学报，2009（6）：103–106.

［277］冯刚，任佩瑜，肖维阳等．基于 RFID 模式对景区生态保护的研究——以九寨沟诺日朗餐厅就餐分流为例［J］．西南民族大学学报（人文社科版），2009（11）：151–154.

［278］刘凯．民营化与旅游景区管理体制改革［D］．复旦大学，2009.

［279］林玉娟．对黄果树旅游景区管理体制改革的实证分析［D］．贵州大学，2009.

［280］魏来．旅游景区数字化建设研究［D］．昆明理工大学，2008.

［281］高正文，于德永，付晓．云南省普者黑循环经济型旅游业景观生态规划［J］．

生态经济，2008（9）：103–106.

［282］张明新，姚国荣 . 旅游景区管理模式选择研究——基于景区资源产权关系［J］. 资源开发与市场，2008（7）：661–662，672.

［283］王颖，张剑辉 . 承载乡土基因的旅游生态聚落空间——以云南丘北县普者黑镇彝族旅游小镇规划为例［J］. 规划师，2007（2）：42–45.

［284］张昌亚，张海燕 . 旅游景区管理的社区参与［J］. 科技经济市场，2006（8）：200–201.

［285］杨富斌，韩阳 . 我国旅游景区管理法制状况述评［J］. 北京第二外国语学院学报，2006（1）：1–8.

［286］杨曦东 . 贵州省旅游景区管理体制改革研究［D］. 浙江大学，2004.

［287］刘改芳 . 关于推行旅游景区管理人员职业资格证书的论证［J］. 旅游学刊，2003，（S1）：118–122.

［288］邹统钎 . 体验经济时代的旅游景区管理模式［J］. 商业经济与管理，2003（11）：41–44.

［289］黄新建 . 对江西主要旅游景区管理体制的比较研究［J］. 江西科技师范学院学报，2003（1）：7–10.

［290］桢的 . 云南民族文化生态第一村——仙人洞村［J］. 生态经济，2001（11）：86.

［291］董观志 . 旅游景区管理咨询的商业空间与拓展对策——对深圳锦绣中华的实证分析［J］. 桂林旅游高等专科学校学报，2000（3）：20–22.

［292］李东升，张干，张荣等 . 长江三峡旅游景区管理的问题及对策［J］. 探索，1999（2）：95–97.

［293］黄潇婷，张晓珊，赵莹 . 大陆游客境外旅游景区内时空行为模式研究——以香港海洋公园为例［J］. 资源科学，2015（11）：2140–2150.

［294］赵多平，张燕 . 旅游社区居民参与与感知态度的关系研究——以宁夏沙湖旅游景区为例［J］. 安徽农业科学，2014（33）：11794–11798，11803.

［295］董巧红 . 五台山景区管理体制创新研究［D］. 山西大学，2014.

［296］闾纯 . 旅游经营者的安全保障义务研究［D］. 复旦大学，2014.

［297］李云 . 智慧旅游时代传统旅行社经营模式的转型［J］. 对外经贸，2013（9）：78–80.

［298］陈晓荣 . 重庆市旅游景区用地综合评价研究［D］. 重庆大学，2012.

［299］黄蓉 . 旅游景区复合型人才培养研究［J］. 人力资源管理，2012（5）：116–117.

［300］郭燕，周梅华，黄大志 . 旅游景区游客满意度的测评指标体系研究——以连云港花果山风景区为例［J］. 资源开发与市场，2011（10）：945–947，950.

［301］柴寿升，鲍华，赵娟．旅游景区电子商务典型发展模式研究［J］．山东社会科学，2010（9）：131–134.

［302］郑鹏，马耀峰，孟颖等．以虚拟旅游为核心的综合性旅游信息传播网站之实现研究——以大唐芙蓉园景区为例［J］．北京第二外国语学院学报，2010（7）：69–74.

［303］李梦．华山风景名胜区管理控制信息化研究［D］．西北大学，2010.

［304］唐建兵．“旅游规划与开发”课程教学现状与改革分析——以成都大学旅游文化产业学院为例［J］．教育与教学研究，2010（1）：85–88.

［305］李洪波，吴建华．试析旅游景区中的权力关系及其管理体制［J］．广州大学学报（社会科学版），2005（8）：53–57.

［306］肖朝霞，杨桂华．生态旅游景区管理的游客满意度动态监测——以香格里拉碧塔海景区为例［J］．资源开发与市场，2005（1）：70–72.

［307］常玉生．绿化和文化是城市的灵魂——驻德归来随想［J］．中国园林，2001（6）：60–61.

后 记

旅游飞地指旅游景区与周边社区存在显著差异并缺少相互联系，形成孤立发展的旅游现象。这种孤立发展表现在经济利益上的割裂性、社会文化上的挤出性和景观生态上的破碎性等。随着我国旅游业的持续发展，旅游景区的飞地现象逐渐凸显，影响着景区在社会文化、经济利益和生态环境上的可持续发展。旅游景区受空间区位、资源特征、生态环保等影响因素，在旅游演进的发展过程中，政府、旅游企业、开发商、社区村民等的利益诉求有所差异，呈现出的旅游飞地效应程度、频度、范围等各异，矛盾突出，是我国旅游景区发展阶段中面临的典型问题。

本书遵循“背景综述—基本理论—测度指标—模型构建—实证研究—逆变调控”的研究思路。将飞地概念应用于旅游研究，形成旅游飞地内涵、成因、演化、特征、类型等基本概念，建立旅游飞地理论体系；根据经济飞地、文化飞地、生态飞地三种类型效应，提出测度指标体系、确立测度指标权重、优选定量测度方法，构建旅游飞地效应测度模型；从规划、预警、反馈、调控、措施等探索旅游飞地效应逆变机制，建立旅游飞地效应逆变调控机制。通过基本概念、测度模型，逆变调控的研究建立“理论—方法—实证”的学术应用逻辑。通过研究建立旅游景区与周边社区协调发展模式，为调解“景区—社区”二元结构矛盾提供理论指导；抑制旅游景区孤立发展的极化负效应，充分发挥旅游景区开发对周边区域的关联带动效应，为旅游景区扩散效应的发挥提供技术方法。通过旅游飞地效应测度模型构建，系统、科学、定量地测度经济利益、社会文化和景观生态等方面的正负效应，为旅游景区的规划布局、社区参与、业态提升提供理论指导，为旅游景区与区域社会、经济和生态的可持续发展提供应用指导。

该书写作过程中阅读和参考了大量国内外相关学术论文、学位论文、报纸报道、统计数据等资料，这些都在脚注中进行注释，在资料来源中加以说明，并列出参考文献，对这些文献和资料的作者和机构表示深深的敬意和感谢。

钟晖

2021.7

项目统筹： 郭海燕
责任编辑： 郭海燕
责任印制： 冯冬青
封面设计： 鲁　筱

图书在版编目（CIP）数据

旅游飞地效应研究 / 钟晖，田里著. -- 北京 : 中国旅游出版社，2021.9
（云岭旅游经济丛书）
ISBN 978-7-5032-6797-0

Ⅰ. ①旅… Ⅱ. ①钟… ②田… Ⅲ. ①旅游业发展－研究－中国 Ⅳ. ①F592.3

中国版本图书馆CIP数据核字(2021)第188502号

书　　名： 旅游飞地效应研究

作　　者： 钟晖，田里著
出版发行： 中国旅游出版社
（北京静安东里 6 号　邮编：100028）
http://www.cttp.net.cn　E-mail:cttp@mct.gov.cn
营销中心电话：010-57377108，010-57377109
读者服务部电话：010-57377151
排　　版： 北京旅教文化传播有限公司
经　　销： 全国各地新华书店
印　　刷： 北京盛华达印刷科技有限公司
版　　次： 2021 年 9 月第 1 版　2021 年 9 月第 1 次印刷
开　　本： 710 毫米 ×1000 毫米　1/16
印　　张： 16.25
字　　数： 280 千
定　　价： 68.00 元
I S B N　978-7-5032-6797-0
